中国渔船法律制度主要问题研究

戴瑜 著

A Study of the Major Issues of the
Chinese Legal System for Fishing Ships

——北京——

图书在版编目（CIP）数据

中国渔船法律制度主要问题研究／戴瑜著. -- 北京：法律出版社，2025. -- ISBN 978－7－5244－0061－5

Ⅰ. D922.44

中国国家版本馆 CIP 数据核字第 202582T4Z9 号

中国渔船法律制度主要问题研究
ZHONGGUO YUCHUAN FALÜ ZHIDU
ZHUYAO WENTI YANJIU

戴　瑜　著

责任编辑　杨悦芊
装帧设计　贾丹丹

出版发行	法律出版社	开本	710 毫米×1000 毫米　1/16
编辑统筹	学术・对外出版分社	印张	17.5　　字数 228 千
责任校对	李慧艳	版本	2025 年 5 月第 1 版
责任印制	胡晓雅　宋万春	印次	2025 年 5 月第 1 次印刷
经　　销	新华书店	印刷	北京虎彩文化传播有限公司

地址:北京市丰台区莲花池西里 7 号(100073)
网址:www.lawpress.com.cn　　　　　　销售电话:010－83938349
投稿邮箱:info@lawpress.com.cn　　　　客服电话:010－83938350
举报盗版邮箱:jbwq@lawpress.com.cn　　咨询电话:010－63939796
版权所有・侵权必究

书号:ISBN 978－7－5244－0061－5　　　　定价:89.00 元

凡购买本社图书，如有印装错误，我社负责退换。电话:010－83938349

目 录

引 言 ·· 1
 一、问题提出 ································ 2
 二、选题意义 ································ 4
 三、研究现状 ································ 8
 四、研究思路 ································ 16
 五、研究方法 ································ 18
 六、本书主要创新点及不足 ···················· 19

第一章 中国渔船现行法律制度的解构与重构原理
·· 21
 第一节 有关中国渔船的法律现状 ·············· 21
  一、中国渔船法律制度的理论基础 ············ 22
  二、中国渔船法律制度的主要法律渊源 ········ 30
 第二节 中国渔船法律制度的主要内容 ·········· 47
  一、渔船港航交通安全法律制度 ·············· 47
  二、渔船营运法律制度 ······················ 49
  三、渔船环境污染防治法律制度 ·············· 53
 第三节 中国渔船法律制度的特点及有待完善之处
·· 54
  一、以渔业法为侧重的制度构成 ·············· 55

二、以渔船监管为核心的法律规范设计 …………………… 56
　　三、中国现行渔船法律制度存在的有待完善之处 ………… 57
第四节　中国渔船法律制度借鉴商船法律制度的重构原理　58
　　一、中国渔船和商船求同存异的法律制度基础 …………… 59
　　二、借鉴商船法律规范的现实需求 ………………………… 65
本章小结 ………………………………………………………… 75

第二章　中国渔船港航交通安全法律制度的相关问题 …… 77

第一节　中国渔船港口安全法律制度的相关问题 ………… 77
　　一、商船和渔船皆可适用的港口安全法律规范 …………… 78
　　二、商船港口交通安全法律规范对渔船的排除适用 ……… 79
　　三、渔船港口交通安全法律制度的相关问题 ……………… 82
第二节　中国渔船适用船舶碰撞法律制度的相关问题 …… 83
　　一、渔船适用的船舶碰撞法律规范 ………………………… 83
　　二、商船和渔船适用有关船舶安全性法律规范的差异 …… 85
　　三、渔船适用船舶碰撞法律制度的相关问题 ……………… 88
第三节　中国渔船适用海难救助法律制度的相关问题 …… 90
　　一、渔船适用的海难救助法律规范 ………………………… 91
　　二、渔船对商船海难救助标准合同的可适性 ……………… 96
　　三、渔船适用海难救助法律制度的相关问题 ……………… 98
第四节　中国渔船适用海上拖航制度的相关问题 ………… 103
　　一、渔船适用的海上拖航规则 ……………………………… 104
　　二、渔船适用海上拖航规则的相关问题 …………………… 105
第五节　中国渔船适用共同海损规则的相关问题 ………… 106
　　一、渔船可以适用的共同海损规则 ………………………… 107
　　二、渔船适用共同海损规则的相关问题 …………………… 108
本章小结 ………………………………………………………… 109

第三章　中国渔船营运法律制度的相关问题 ……………………… 110
第一节　中国渔船适用船舶物权法律制度的相关问题 …………… 110
一、渔船可以适用的船舶物权法律规范 …………………………… 111
二、渔船被有关国际船舶物权公约排除适用 ……………………… 113
三、渔船和商船适用船舶登记制度的差异 ………………………… 117
四、渔船适用船舶物权法律制度的相关问题……………………… 120

第二节　中国渔船适用租船规则的相关问题 ……………………… 122
一、渔船适用的租船规则 …………………………………………… 123
二、渔船在船舶租赁方式上的特别要求 …………………………… 124
三、渔船适用商船租船规则的相关问题 …………………………… 125

第三节　中国渔船船员适任和职业保障法律制度的相关问题 …… 127
一、渔船船员适任和职业保障的相关法律规范 …………………… 127
二、渔船船员适任和职业保障法律制度的相关问题……………… 128

第四节　海事赔偿责任限制对中国渔船营运的保障和相关问题 … 139
一、国际海事赔偿责任限制公约可以适用于渔船 ………………… 140
二、《海商法》海事赔偿责任限制规定对渔船经营人的保障……… 141
三、渔船经营人适用海事赔偿责任限制的相关问题……………… 143

第五节　中国渔船适用海上保险规则的相关问题 ………………… 145
一、渔船适用的海上保险法律规则 ………………………………… 146
二、渔船适用海上保险规则的相关问题 …………………………… 147

本章小结 ……………………………………………………………… 149

第四章　中国渔船环境污染防治法律制度的相关问题 …………… 151
第一节　海洋环境污染防治法律规范对中国渔船的可适性分析 … 152
一、渔船适用的国际海洋环境污染防治公约 ……………………… 152
二、渔船适用的国内海洋环境保护法律规范 ……………………… 161
三、部分海洋环境污染防治法律规范对商船和渔船适用的差异
……………………………………………………………………… 167

第二节　大气环境污染防治法律规范对中国渔船的可适性分析 …… 174
一、渔船适用的大气环境污染防治法律规范…………………… 174
二、部分大气环境污染防治法律措施对渔船的排斥……………… 178
第三节　船舶环境污染防治国际法理念演化的影响………………… 182
一、船舶海洋污染从"防止"到"防治"转变的影响………… 183
二、船舶大气污染防治原则由差别待遇向同等责任转变的影响
…………………………………………………………………… 188
第四节　中国渔船海洋和大气环境污染防治法律制度的相关问题
………………………………………………………………………… 193
一、渔船海洋环境污染防治法律制度需要完善的问题………… 193
二、渔船大气环境污染防治法律制度需要完善的问题………… 197
本章小结………………………………………………………………… 202

第五章　中国渔船法律制度完善的实施路径 …………………… 204
第一节　中国渔船法律制度完善的设计理念和路径………………… 204
一、中国渔船法律制度完善的设计理念………………………… 205
二、中国渔船法律制度完善的路径……………………………… 212
第二节　中国渔船港航交通安全法律制度的完善…………………… 219
一、船舶碰撞法律制度的完善…………………………………… 220
二、在渔业法中增加渔船的适航规则…………………………… 221
三、海难救助规则的完善………………………………………… 223
四、海上拖航和海难救助标准合同适用的慎重选择…………… 225
第三节　中国渔船营运法律制度的完善……………………………… 226
一、渔船登记法律制度的完善…………………………………… 226
二、船员适任与培训制度的完善………………………………… 229
三、船员职业保障制度的完善…………………………………… 231
第四节　中国渔船环境污染防治法律制度的完善…………………… 235
一、渔船海洋环境污染防治法律制度的完善…………………… 235

二、渔船大气环境污染防治法律制度的完善 …………………… 240
第五节　审慎加入国际公约和积极参与国际渔船事务 ………… 242
一、谨慎考虑是否加入有关的国际海事公约 …………………… 243
二、积极参与国际渔船规则的制定和开展区域性合作 ………… 246
三、重视环境污染防治国际公约对渔船活动的影响 …………… 247
本章小结 …………………………………………………………… 252

结　语 ……………………………………………………………… 254

主要参考文献 ……………………………………………………… 258

引　言

2016年农业部《关于加快推进渔业转方式调结构的指导意见》中要求，我国要调整优化产业结构，推动渔业转型升级。在该要求下，渔船的海洋捕捞产业需要积极推进捕捞产业化经营、确保渔船安全生产并强化对渔业资源和生态环境的保护。《"十四五"全国渔业发展规划》提出了我国渔业法律政策保障体系仍不健全的问题，并提出了巩固提升渔业综合生产能力、强化渔业风险防范和健全渔业治理体系等总体要求。我国在《"十四五"全国渔业发展规划》中指出，要完善渔业法律法规体系，切实维护好渔业生产秩序和渔民群众生命财产安全。该规划还进一步要求改善水域生态环境并挖掘渔业减排增汇潜力，为实现碳达峰、碳中和做出渔业贡献。《"十四五"全国渔业发展规划》中将"强化渔业风险防控，促进渔业安全发展"和"推进开放发展、促进合作共赢"作为渔业发展的重点任务之一。渔船海洋捕捞是渔业生产中的重要组成部分，因此，本书选取中国渔船法律制度中存在的主要问题进行研究，其目的是通过这些主要问题的研究为健全"十四五"渔业法律政策保障体系提供支持。

一、问题提出

当前,中国渔船法律制度的特点是以渔业法为中心,提及渔船法律制度及其完善,首先往往会考虑相关的渔业法律制度,中国渔船法律制度在渔业法方面的相关问题研究已经较为成熟,但这种思考模式多少影响了我国渔船法律制度的发展。目前,中国渔船法律制度存在的主要问题在于如何突破受渔业法强烈影响而局限的法律制度完善思路,以应对随着中国渔船的发展所带来的对海商法和环境法的适用需求问题和适用效果问题。

从使用目的上来看,船舶可以用于运输或者捕鱼。以海上运输为核心的商船法律制度和以规范捕捞活动为核心的渔船法律制度从创设之初便带有各自鲜明的制度倾向。随着渔业捕捞活动的发展和渔船海上航行能力的提升,一些以商船为规范对象的法律制度逐渐与渔船产生交集,相关的法律规则可以被渔船适用。

在我国,渔业船舶[1]可以分为渔船和渔业辅助船,[2]渔船是指"用于商业性捕捉鱼类、鲸类、海豹或其他生物资源的船舶之统称"[3]。法律制度是围绕法的制定和实现所产生的各种制度,法律规则是法律制度的基本内容。[4] 本书的研究基础是渔船可以适用商船法律制度,而商船法律制度主要源于海上航行和贸易活动规则,[5]因此,本书的渔船指从事海上捕捞活动的船舶,不包括在内陆水域进行捕捞活动的船舶。

本书所研究的中国渔船法律制度是以渔船为规范对象的法律制度,

---

[1] 《渔港水域交通安全管理条例》第4条,"渔业船舶是指从事渔业生产的船舶以及属于水产系统为渔业生产服务的船舶"。

[2] 《渔业船舶基本术语》(SC/T 8002-2000)第2.1条,"渔业船舶是指用于商业性捕捞和为其服务的船舶之统称"。

[3] 《渔业船舶基本术语》(SC/T 8002-2000)第2.2条。

[4] 参见舒国滢主编:《法制现代化的理论基础》,知识产权出版社2010年版,第84~85页。

[5] 自古以来,商、航相连,航海与国际贸易以及国家经济的发展密切相关。海上商业将影响一个国家的财富及实力。近代以来,国际贸易和海上运输的结合带动了世界经济发展。参见郭瑜:《海商法的精神——中国的实践和理论》,北京大学出版社2005年版,第1~8页。

与渔船相关的法律规则是中国渔船法律制度中的基本内容。本书采用中国渔船法律制度的表述一方面是为了打破法律部门的限制，将与渔船相关的法律制度进行概括性的表述；另一方面是为了将渔船和商船[①]相关的法律制度进行对比分析，便于突出二者之间求同存异的制度交集，有利于向相对较为成熟的商船法律制度进行合理的借鉴。当前中国渔船法律制度中的不足之处是源于渔船逐渐可以适用一些商船法律制度的情形没有受到足够重视，同时，渔船在适用商船法律制度时也会存在一定不适配的情况。例如，渔船并不能完全适用商船法律制度在船舶物权、船员适任和职业保障以及环境污染防治等方面的法律规范，而一些商船法律规范虽然可以适用于渔船但也会在诸如海难救助、海上拖航和海事赔偿责任限制等方面存在适用性不强的问题。这些不适配的情况及适用法律中产生的问题将是我国渔船法律制度需要完善的内容。

商船法律制度的重要组成部分是海商法和环境法的相关内容。海商法中涉及的环境保护法律规范并不多，因此，本书将商船法律规范中有关环境污染防治的内容置于环境法下集中讨论。书中所指的"海商法"将不涉及船舶的环境污染防治规范。有学者认为我国广义海商法的表现形式是国内立法、国际海事条约和国际航运惯例，国内立法中的民事法律、行政法规及相关的程序法构成了我国的海事立法。[②] 在我国相关的海事行政法律规范中，渔船总体上可以适用，只是在具体到某一行政法律规范时可能会产生和商船在适用中的差异。与海事民事和行政实体法相对应的程序法也是我国渔船法律制度中的重要内容，但渔船对程序法的适用与商船并无二致。例如，在海事诉讼特别程序法律制度和一般民事诉讼程序法律制度中都以船舶为规范对象而不具体地区分船舶类型，本书对其进行讨论的必要性不大，受篇幅所限，本书将不研究

[①] 《联合国海洋法公约》第二部分第三节 B 分节和第 95 条、第 96 条中将船舶分成了商船、用于商业目的的政府船舶、军舰和其他用于非商业目的的政府船舶以及渔船四种主要类型。结合我国《海商法》第 1 条和第 2 条对海商法制定目的的规定，本书中的商船特指以商业行为为目的，运载货物和旅客的海船。

[②] 参见傅延中：《海商法》（第 2 版），法律出版社 2017 年版，第 5~7 页。

有关程序法的相关内容。因此,对于海商法,本书将主要对其中的国际公约、国际惯例以及国内法中以《海商法》为核心的民事法律和相关行政法律实体规范等内容进行分析。

二、选题意义

随着国际法专业化和领域化,国际法已经对诸如"贸易法""环境法""海洋法"等专门的体系进行了分割,各相关领域都有着其自己的原则和组织机构,领域化的分割使得各规则和规则体系之间存在着冲突以及偏离整体的情况。① 以渔船为规范对象的国际公约也受到国际法专业化和领域化的影响,主要体现为国际渔业公约。从国内法角度来看,渔业法中对于渔船的规范主要体现在发展渔业经济和控制渔船捕捞总量等方面。我国渔业法律制度中为渔船设置的权利主要为捕捞权,而捕捞权又与捕捞许可证制度相关,渔船的捕捞权体现出了行政法的性质。② 我国现行渔船法律制度的主要特征是以渔业法为核心且具有行政法性质。

我国渔船海上捕捞能力的增强使渔船对商船法律制度的适用性得到一定程度的提升。渔船在涉及海上安全、船舶物权、租船以及环境保护等方面需要适用商船法律制度中的相关内容。在司法实践中,渔船在有关海上安全和环境保护等领域已经明确可以适用海商法和环境法的相关法律规范。例如,我国在司法裁判中已经确定了渔船应当适用《1972年国际海上避碰规则公约》,③渔船船东负有船舶经营安全管理义

---

① The Study Group of the International Law Commission, *Fragmentation of International Law: Difficulties Arising From The Diversification And Expansion of International Law* (A/CN.4/L.682), 2006, p.11.

② 根据我国《渔业法》第23条第1款的规定,渔业捕捞实行渔业捕捞许可证制度。但捕捞许可证制度的建立是以行政管理为预设目的的,捕捞许可证并不当然保障捕捞权。例如,渔业辅助船舶的渔业捕捞生产活动也需要取得捕捞许可证。参见刘文钊、李志文:《论渔业权及其性质》,载《理论与改革》2015年第5期。

③ 参见巴拿马易发航运公司与钟孝源等船舶碰撞损害赔偿纠纷再审案,载《最高人民法院公报》2000年第5期。

务并可享有海事赔偿责任限制,①但有关渔船海洋生态环境的纠纷目前还大都源于渔船非法捕捞对生态资源的破坏。② 同时,远洋捕捞业的发展对渔船海上航行安全、营运和环境保护相关法律制度的完善提出了更迫切的要求。我国的远洋渔业发展迅速,截至2019年年底,中国拥有合法远洋渔业企业178家,批准作业的远洋渔船2701艘,其中公海作业渔船1589艘,作业区域分布于太平洋、印度洋、大西洋公海和南极海域以及其他合作国家管辖海域。③ 据宁波海事法院统计,2016~2020年,该院共受理涉外渔业案件(指案件当事人、合同履行地、合同发生地、合同缔结地和侵权行为地等有涉外因素的渔业生产经营相关案件)267件,其中2018年受理18件,2019年受理57件,2020年受理103件,案件数量总体呈上升趋势。④ 从案件类型上看,近年来远洋渔船相关的案件包括了船员劳务合同纠纷、海事海商纠纷、船舶共有纠纷、海事债权确权纠纷、海上人身损害责任纠纷和船舶碰撞损害责任纠纷等。⑤ 随着渔船进行远洋活动,涉渔船的纠纷主要暴露出三类问题:一是船员与船东之间管理运作不规范的问题,二是政策调整或阶段性举措引发的纠纷问题,三是船员出海作业突发疾病的救治及责任承担问题。⑥ 在新冠疫情后,渔船船员由于缺少相应的权益保障法律规范,一些疫情期间的船员权益保障案件适用了《民法典》中关于生命健康权的规定。⑦

---

① 参见蒋某某诉林某某船舶碰撞损害责任纠纷案[(2019)浙72民初1036号],中华人民共和国最高人民法院2020年全国海事审判典型案例(2021年8月17日)。
② 参见江苏省泰州市人民检察院诉王小朋等59人生态破坏民事公益诉讼案[(2019)苏民终1734号],中华人民共和国最高人民法院指导案例175号(2021年)。
③ 参见中国远洋渔业履约白皮书(2020年),中华人民共和国农业农村部(2020年11月),第1页。
④ 参见宁波海事法院涉外渔业案件审判白皮书(2016—2020年),宁波海事法院(2021年12月),第3~4页。
⑤ 参见宁波海事法院涉外渔业案件审判白皮书(2016—2020年),宁波海事法院(2021年12月),第6页。
⑥ 参见《宁波海事法院发布全国首份涉外渔业纠纷审判情况白皮书》,载宁波市人民政府口岸办公室网,http://kab.ningbo.gov.cn/art/2022/1/5/art_1229104354_58893662.html。
⑦ 参见王某等五名船员诉青岛某水产有限公司涉新冠肺炎疫情船员劳务合同纠纷五案,青岛海事法院优化海洋法治营商环境十个典型案事例之七(2022年1月14日)。

原农业部《关于加快推进渔业转方式调结构的指导意见》中要求，我国渔业要积极推进捕捞产业化经营、确保渔业安全生产并强化对渔业资源和生态环境的保护。[1] 因此，对我国渔船法律制度的主要问题的分析将围绕有关渔船港航安全、渔船营运以及环境保护三个方面展开。商船和渔船作为海上航行工具具有共性，使得商船港航交通安全、船舶营运和环境保护的法律制度可以被渔船适用和借鉴。这些法律制度中，除和海上运输相关的法律规范外，大部分的商船法律规范可以被渔船适用并借鉴。商船在海上运输中需要面对的特殊风险使"安全"成为海商法的首要价值目标，而"安全"包括了船、货和环境安全等方面。[2] 诸如海难救助、共同海损、海事赔偿责任限制等制度突破了传统的民商法理论，是海商法特殊价值追求的体现。[3] 这些以商船为规范对象的法律制度设计完全突显了商船在海上贸易活动中的实践和需求，这些特别的海上制度随着渔船捕捞能力和航行区域的拓展而逐渐适用于渔船。由于商船法律制度具有特殊的法律价值以及其制度较为成熟，渔船对于相关制度和法律规范的适用便不需要"另起炉灶"重新创设一套新的制度。渔船对于商船法律制度的借鉴一方面可以通过与商船法律制度的对比确定哪些法律制度和规范可以适用于渔船以减少立法成本，另一方面也可以为当代渔船法律制度的统筹发展提供参照的范本，在诸如应对温室气体减排等方面起到重要作用。但需要注意我国渔船在适用"跨界"法律制度上的"不适配"的情况，在相关的法律制度和法律规范的借鉴中需要以渔船为核心对相关问题予以应对。

第一，渔船可以适用商船法律制度的现实性需要引起重视，对我国渔船法律制度的重构可以加强相关渔船法律规范的确定性和指引作用。

---

[1] 参见农业部《关于加快推进渔业转方式调结构的指导意见》，载中华人民共和国中央人民政府网 2016 年 5 月 4 日，http://www.gov.cn/zhengce/2016-05/22/content_5075683.htm。

[2] 参见胡正良、赵迪：《海商法价值的理论证成与实现路径》，载《东北师大学报（哲学社会科学版）》2020 年第 2 期。

[3] 参见胡正良、赵迪：《海商法价值的理论证成与实现路径》，载《东北师大学报（哲学社会科学版）》2020 年第 2 期。

由于渔船和商船具有不同的使用目的,商船法律制度在创设时一般不会考虑到渔船适用的可能性,渔船法律制度在创设时一般也不会考虑商船适用的可能性。在商船和渔船法律制度形成的最初一段时间内,商船和渔船的法律制度基于各自需要保护的法益而不存在过多的交集,海上航行活动的规则也大都以商船为规范对象体现在商船法律制度中。随着渔船海上活动能力的增强,渔船开始逐渐需要适用一些海上航行活动的规则。渔船和商船法律制度开始出现交集。一些商船法律规范在立法时"不排除适用"的规定给渔船适用商船法律制度提供了适用法律的可能。国际海事组织(International Maritime Organization, IMO)以及相关行业协会在商船海上航行实践中构建了一系列国际统一制度,这些制度本身在创设时依赖于海上贸易并以商船为规范对象。随着渔船能够适用商船法律规范的可能性逐渐增加,为了便于规则的遵守,需要明确哪些规则可以适用于渔船以及还有哪些法律规范可以予以完善。

第二,提升对渔船环境污染防治的整体意识,有助于落实船舶环境污染防治的相关措施。从国内立法上对渔船的环境污染法律规范进行完善,有利于实行更加环保的捕捞作业。渔船环保意识地提高有助于加强我国对有关环保公约的履约水平。同时有意识地在国际公约中对渔船的要素进行考量,有助于我国审慎地对待相关国际公约的加入。近年来,我国在保护海洋环境基础上鼓励和发展渔船捕捞业,渔船在数量、质量和海上活动能力等方面得到了提升,[①]但在捕捞作业中对海洋环境和大气环境的污染防治问题却鲜少有人提及。目前,提及渔船对海洋环境的影响大都是和捕捞行为对海洋生物资源的影响有关,但其实渔船也要向海洋和大气排放污染物质。目前的国际公约和我国的国内法对渔船污染环境的认识尚不足够。相关的国际公约和国内法在立法时大都只考虑了商船的污染防治,对渔船则采用"不排除渔船适用"的方式或者

---

① 参见《70年来我国渔业取得巨大成就》,载中华人民共和国农业农村部网 2019 年 10 月 22 日,http://www.yyj.moa.gov.cn/gzdt/201910/t20191022_6330346.htm。

从根本上排除了渔船的适用可能性。对我国渔船环境污染法律制度的完善也是对渔船对海洋环境和大气环境污染立法仍有缺失的填补,有利于我国参与相关的国际环境治理工作。

第三,完善我国的渔船法律制度有利于规范我国渔船的捕捞活动,减少与相邻国家的渔业摩擦。近年来,我国在黄海、东海和南海海域与周边国家发生渔业摩擦的频率较高,这些摩擦会影响船舶正常的海上作业活动和安全。以渔船为主要工具的渔业捕捞生产具有很强的流动性,随着我国渔业捕捞技术的发展和渔业生产能力的增加,越来越多的渔民开始进行远洋捕捞。这将增加我国与沿海国以及其他从事海上活动的国家之间的交集,也在一定程度上增加了产生摩擦的风险。我国渔船法律制度的完善中包含了海上安全和营运活动的相关内容,这些法律规范的完善将提高我国渔船的海上安全作业水平,也能够对外国渔船的侵权行为提供执法和司法依据。

商船法律制度的构建具有其特定的历史渊源且具有较强的系统性。虽然渔船与商船具有本质上的不同,但不论是从有关国际公约还是我国国内法的规定来看,很多商船法律规范并没有排除对渔船的适用。因此,以商船法律制度为借鉴对我国渔船法律制度的完善进行研究具有理论上和实践上的可行性。

三、研究现状

我国渔船法律制度主要涉及渔船港航交通安全法律制度、渔船营运法律制度和渔船环境保护法律制度,对于国内外学者的研究情况将从这三个方面分别概括。

(一)国内学者的研究现状

在 20 世纪末,有个别学者针对渔船单独立法表达出自己的观点。[①]

[①] 参见邱天霞、崔方力、高清廉:《关于我国制订渔船法可行性研究的探讨》,载《现代渔业信息》1999 年第 11 期。

现有研究大都分别集中在商船和渔船各自的领域,且相对而言对商船法律制度的研究要远多于对渔船方面的研究。而有关渔船法律制度的研究大都集中在渔业法对渔船的规范上,学者们关注海洋渔业资源立法对可持续发展的作用。但目前对于渔船法律适用的研究仍以渔业法律适用为主,学者的研究范围或理论基础也大都是为了促进我国海洋渔业的发展而从渔业法律规范或渔业权的角度对有关渔船的法律适用问题进行研究。

第一,在渔船港航交通安全制度方面,国内学者对渔船的安全作业问题较为关注,但一般都与渔船的管理相结合,或者仅就渔船可以适用的商船法律制度的某一方面进行分析,例如有关渔船的碰撞等,但总体上缺少渔船适用商船海上航行安全法律规范的整体性分析。李永生、王沉平提出了渔船安全风险评估概念,通过研究影响渔船安全的诸多因素,建议建立国内海洋渔船安全风险评估指标体系。[1] 周振路、齐绍江认为当前商船与渔船的碰撞事故中,习惯性地认为商船在海上航行中应该负有避让渔船的责任,这种对船舶之间避让关系的模糊认知会影响事故处理的客观公正,为了减少商船与渔船会遇时可能造成的碰撞损失以及保证碰撞后事故责任认定的公平、公正,从避碰法规的角度来看,需明确商船、渔船在避让中的船舶种类归属以及双方承担的责任以便为碰撞后的事故责任认定提供明晰的责任划分依据。[2] 黄溢认为需要通过渔船船员的安全和业务知识培训以及完善渔船通信导航设备(特别是遇险报警和遇险寻位设备)来提高渔船的安全生产能力,将渔船纳入全球海上遇险与安全系统(GMDSS)安全管理是提高渔船海上安全保障的有效途径。[3]

第二,国内学者对渔船营运制度的研究主要体现在对渔船的监管规

---

[1] 参见李永生、王沉平:《国内海洋渔船安全风险评估体系的研究》,载《浙江海洋大学学报(自然科学版)》2020年第2期。

[2] 参见周振路、齐绍江:《商船、渔船避让的规则适用与责任划分》,载《世界海运》2016年第10期。

[3] 参见黄溢:《我国海上作业渔船安全问题及其对策》,载《水运管理》2021年第6期。

则以及对渔船船员权益保障、海上赔偿责任限制和渔业保赔保险等问题的关注上。大部分学者研究的出发点在于通过我国渔船捕捞活动的限制以实现海洋生态资源的养护。对船舶登记制度的研究也大都基于监管考虑，但也有个别学者对渔船融资租赁进行了研究。对船员适任和权益保障也主要从管理的角度认为我国渔船船员的适任标准和权益保障水平还有待提高。我国学者十分关注对非法、不报告、不受管制（IUU）捕鱼的打击。但总体上国内学者还缺少对渔船在营运活动中对船舶、船员和责任承担方面有关海事规则的系统性研究。黄硕琳和唐议认为中国渔业管理比其他国家都更复杂，我国已经初步形成了以《渔业法》为基本框架的渔业管理制度，这为捕捞业等相关产业的发展起到了促进作用。[1] 戴瑛、裴兆斌通过对渔业捕捞许可制度、渔获量限制制度、渔业资源的养护管理制度从渔业法律的角度对涉及渔船的有关制度进行了介绍，并认为上述制度在赋予行为人从事渔业活动权利的同时也需要承担按照核定和许可事项本身开展渔业活动的义务。[2] 华敬炘认为以负责任的方式开展渔业行为（包括从事渔业捕捞）是现代渔业法的基本准则，需要综合采用多种管理工具确保负责任的渔业行为的标准和原则得到遵守。[3] 薛桂芳等认为近年来频频发生的远洋渔业涉外安全事件表明，我国的远洋渔业安全生产机制有待健全，国家对远洋渔业的发展缺乏科学、合理的战略规划，需要在切实履行渔业资源保护的国际法义务的同时合理借鉴远洋渔业发达国家的相关经验完善对远洋渔船的监控。[4] 张晏瑲与张旭东认为南海渔业受到 IUU 捕捞活动的威胁，越南、菲律宾等周边国家的渔船与我国渔船之间冲突不断，而现有的与渔业相

---

[1] 参见黄硕琳、唐议：《渔业管理理论与中国实践的回顾与展望》，载《水产学报》2019 年第 1 期。

[2] 参见戴瑛、裴兆斌编著：《渔业法新论》，东南大学出版社 2017 年版，第 73～131 页。

[3] 参见华敬炘：《渔业法学通论》（上册），中国海洋大学出版社 2017 年版，第 1～4 页。

[4] 参见薛桂芳、房旭：《我国远洋渔业涉外安全事件及安全生产的保障措施研究》，载《广西大学学报（哲学社会科学版）》2017 年第 1 期。

关的法律文件过于笼统,并没有从根本上消除国家间的渔业利益冲突。① 张晏瑢认为国际渔业法律制度已经逐步由国际规制发展到主要由沿海国进行规制,新的制度实际上影响了捕鱼量、许可证费用等。② 韩翔希认为海洋渔业由近海向远洋转型升级已成为当今国际海洋渔业发展的潮流,远洋渔船是开发远洋渔业资源最重要的工具。③ 丁国斌分析了《渔业船舶登记办法》的诸多不足,其认为需要对其进行完善以保障当事人的合法权益。④ 吴景洪认为我国目前对渔业捕捞船舶的融资租赁登记尚无明确法律法规,渔船融资租赁需参照商船光船租赁登记的相关规定,但渔船的融资租赁登记与商船不同,建议在《海商法》中增设有关船舶融资租赁的专章并在此基础上尽快修订《渔业船舶登记办法》增加渔业船舶融资租赁登记内容。⑤ 姚宏伟从渔船对船员的需求以及当今渔船船员适任发证和发证后的管理现状出发,分析了渔船船员适任管理机制体系,认为需要加强渔业船员适任的方法和制度。⑥ 任玉清等认为《1995年渔船船员培训、发证和值班标准国际公约》(以下简称 STCW-F)已经生效,为避免公约实施中以港口国监督为代表的国际通行做法对中国远洋渔业带来的不利影响,中国应积极主动应对公约,承担保障渔船安全的责任和义务。⑦ 徐天然认为海事赔偿责任限制有利于促进海上运输业的稳步发展,也有利于保障重大海上事故发生后船舶责任人的权益,虽然在渔业保险中能够适用海事赔偿责任限制的情况并不

---

① 参见张晏瑢、张旭东:《论南海区域渔业活动所面临的困境与解决方案》,载《海南大学学报(人文社会科学版)》2020年第6期。
② 参见张晏瑢:《国际渔业法律制度的演进与发展》,载《国际法研究》2015年第5期。
③ 参见韩翔希:《国内外渔船研究现状》,载《船舶工程》2019年第4期。
④ 参见丁国斌:《完善渔船登记办法 保障申请人合法权利》,载《中国渔业经济》2011年第4期。
⑤ 参见吴景洪:《我国海洋捕捞渔船融资租赁登记制度研究》,载《法制与社会》2016年第26期。
⑥ 参见姚宏伟:《渔业船员适任性研究》,载《中国水产》2020年第10期。
⑦ 参见任玉清等:《中国应对〈STCW-F公约〉生效的策略》,载《大连海事大学学报(社会科学版)》2016年第4期。

多见,但海事赔偿责任限制在渔业保险中的适用是必要的。① 潘云竹认为渔业保赔保险存在法律缺失,缺少规范渔业保赔保险的特别法,在专门立法之前我国的渔业保赔保险首先可以适用《海商法》的规定,其次是适用《保险法》与《合同法》,这些法律均无规定的,适用《农业保险条例》。②

第三,国内学者对渔船海洋生态环境保护制度的分析集中在控制船舶捕捞活动对海洋生物资源养护的负面影响,而对渔船的海洋污染和大气污染问题的研究较少。华敬炘认为长期养护和可持续利用水生生物是现代渔业法的第一要务,为有效地保护渔业水域生态环境,重点是控制不合理的资源开发利用活动,重视过度捕捞、IUU 捕捞对渔业水域环境污染和生态破坏的外部影响。③ 薛桂芳认为非法捕捞作业不仅毁坏了鱼类资源的种群数量而且也损害了生态环境,我国虽然限制使用破坏性的渔具渔法进行捕捞作业,但非法捕鱼现象仍屡禁不止。④ 刘丹认为,作为船旗国,我国要禁止未经授权的远洋渔船从事海上捕捞活动,我国可以主动与大洋岛国合作、加强区域合作,我国的渔业法律政策也要加强对生态系统的养护和远洋渔船的监管等方面的规定,在法律位阶较高的层面上加强立法。⑤

由于渔船往往是作为船舶环境污染防治的一部分而受到相关法律规范的约束,因此,有必要提及学者对船舶环境污染防治关切的内容。目前学者们对船舶环境污染防治的研究仍主要集中在商船上。在有关海洋环境救助、船源污染的控制方面,学者们更多是在研究制度本身存

---

① 参见徐天然:《浅谈"海事赔偿责任限制"在渔业船舶财产损害中的适用性及使用方法》,载《中国水产》2020 年第 5 期。
② 参见潘云竹:《我国渔业保赔保险法律适用问题研究》,载《珠江水运》2020 年第 16 期。
③ 参见华敬炘:《渔业法学通论》(下册),中国海洋大学出版社 2017 年版,第 256~292 页。
④ 参见薛桂芳:《国际渔业法律政策与中国的实践》,中国海洋大学出版社 2008 年版,第 240~243 页。
⑤ 参见刘丹:《海洋生物资源保护的国际法》,上海人民出版社 2012 年版,第 183~213 页。

在的不足之处,而大都没有意识到渔船的适用问题。高俊涛认为"污染者付费,受益者补偿"是生态法的基本原则,在船舶污染损害立法中,船舶所有人是承担环境损害严格责任的主体,其应成为环境救助报酬的支付主体。① 白洋和刘变叶认为国际防治船源污染海洋的立法经历了从单一污染防治到多源污染防治的发展历程,在国际公约方面已经形成了以《联合国海洋法公约》和IMO制定的船源污染防治国际公约为核心的法律制度框架。② 在船舶的大气污染防治方面,针对航运业的减排,法学领域和非法学领域都十分重视。法学领域的学者主要关注国际减排规则的执行和影响等内容,而非法学领域的学者从技术和实务的角度出发研究如何优化减排方案和实施节能策略。张晏瑢认为考虑到减少温室气体排放的紧迫性以及航运业流动性和全球性的特点,国际社会已经意识到处理国际航运业二氧化碳排放是当务之急并开始构建相关监管制度。③ 张晏瑢认为针对IMO新采用的能效措施,我国航运业市场机制措施还不成熟,必须纳入"共同但有区别责任"原则。④ 李晓东、匡海波和胡燕通过纳什还价决策以及港航协作节能减排决策的四种模型的分析,为港航整合决策、收益共享、供应链整体销路等提供了策略支持。⑤

(二)国外学者的研究现状

对于中国渔船法律制度,国外学者鲜有著作进行研究。关于渔船,国外学者主要关注渔船过度捕捞、对海洋渔业资源的保护开发、海洋捕捞渔业可持续发展和从事捕鱼的劳动者权益保护等方面,较少涉及渔船

---

① 参见高俊涛:《海洋环境救助报酬多层支付主体解构》,载《中国海洋大学学报(社会科学版)》2016年第3期。
② 参见白洋、刘变叶:《论国际船源污染防治法的历史演进和立法趋势》,载《中国海洋大学学报(社会科学版)》2010年第5期。
③ 参见张晏瑢:《论国际航运温室气体排放的法律属性》,载《北方法学》2019年第3期。
④ 参见张晏瑢:《论航运业碳减排的国际法律义务与我国的应对策略》,载《当代法学》2014年第6期。
⑤ 参见李晓东、匡海波、胡燕:《污染排放控制下港航企业合作减排策略研究》,载《系统工程理论与实践》2021年第7期。

对商船法律制度的适用问题。

第一,在渔船港航交通安全制度方面,国外学者对于渔港安全的研究主要体现在通过对渔港的管理来打击 IUU 捕鱼行为。大部分学者的研究重点在《港口国措施协定》的作用和不足,对渔船适用的海上航行安全规范较少关注。Emma Witbooi 认为《港口国措施协定》为港口国监管提供了最低标准,这有助于港口国阻止和防止 IUU 捕鱼,但 IUU 捕鱼仍然没有消除且会给沿岸地区的鱼类种群的养护带来不利影响,因此,港口的监管应采取多种措施应对 IUU 捕鱼,例如考虑引入市场因素。① Judith Swan 认为《港口国措施协定》虽然能够在一定程度上打击 IUU 捕鱼,但各国港口的监管能力不同,联合国粮食及农业组织(Food and Agriculture Organization of the United Nations, FAO)也在通过其他方式和计划加强港口国的作用。② Valentin J. Schatz 认为过去的学术讨论主要集中在船旗国对公海 IUU 捕鱼的打击义务上,但现在沿海国也应当注意对在其专属经济区内 IUU 捕鱼的管辖权、控制权和监管,因为船旗国根据目前的法律规范应当不具有打击沿海国专属经济区内 IUU 捕鱼的责任。③

第二,国外学者对渔船营运制度的研究主要体现在通过对 IUU 捕鱼的打击来发展合法渔业捕捞活动。从总体上来看,国外学者关注的是从国际社会层面如何开展国际合作以及对各自国家内的相关制度如何进行完善以保障渔船的合法营运并提高渔船船员的工作保障水平。但有关渔船物权、租船、船员适任和权益保障以及海事赔偿责任限制等方面并没有较多的学者进行研究。Baris Soyer 等学者指出对于打击 IUU 捕鱼这一全球性问题,除对 IUU 船舶进行监管之外,还可以从责任保险

---

① See Emma Witbooi, *Illegal, Unreported and Unregulated Fishing on the High Seas: The Port State Measures Agreement in Context*, International Journal of Marine and Coastal Law 29, No. 2, p. 290 – 320(2014).

② See Judith Swan, *Port State Measures to Combat IUU Fishing: International and Regional Developments*, Sustainable Development Law & Policy 7, No. 1, p. 38 – 43(2006).

③ See Valentin J. Schatz, *Combating Illegal Fishing in the Exclusive Economic Zone-Flag State Obligations in the Context of the Primary Responsibility in the Coastal State*, Goettingen Journal of International Law 7, No. 2, p. 383 – 414(2016).

角度对 IUU 渔船进行限制。① S. M. Ayoob 和 M. A. M. Fowsar 认为依靠捕鱼为生的渔业劳动者虽然为国家经济做出重大贡献,但大都生活贫困需要提高其生活保障水平。② Richard Coles 和 Andrew Serdy 认为国际渔业委员会对从事非法捕捞船舶进行的处罚和禁令无法影响船舶物权的设定和转移,有关针对非法捕捞的措施都不能实现其预期效果,因此,可以采取将非法捕捞处罚在船舶登记过程中予以记录,如果该船在相关海域进行非法捕捞那么便可以据此对其进行处罚。③ Azmath Jaleel 和 Devinder Grewal 认为虽然在国际公约和国际法律的约束下一些有关船舶经营的规定可以与商业航运相媲美,但更多的是由于实施不合规的行为,在某些地区的渔船船员就业和工作条件仍令人担忧。④ Carl-Christian Schmidt 认为 IUU 捕鱼是由经济因素驱动的活动,强调了国际和区域合作对打击 IUU 捕鱼的重要性,但从长远来看需要更普遍的预防措施为渔民提供收入来源。⑤

第三,国外学者对渔船海洋生态环境保护制度的研究主要侧重于渔业捕捞对海洋生物资源养护的影响,有关渔船对海洋环境和大气环境的污染鲜少提及。Reg A. Watson 和 A. Tidd 以全球渔业管理模式为视角,通过地图捕获以及卫星数据等方式对 1869～2015 年的全球海洋渔业数据进行分析,阐明了渔业可持续发展的重要性。⑥ M. Jaya Kumar Jacob 等专家认为使用机械化拖网渔船等现代捕鱼技术将直接导致过度

---

① See Baris Soyer, George Leloudas & Dana Miller, *Tackling IUU Fishing: Developing a Holistic Legal Response*, Transnational Environmental Law 7, No. 1, p. 139 - 164(2018).
② See S. M. Ayoob & M. A. M. Fowsar, *Dependency, Exploitation and Poverty among the Labourers of the Fishing Community*, Journal of Politics and Law 13, No. 3, p. 248 - 255(2020).
③ See Richard Coles & Andrew Serdy, *Ship Registration and Brexit*, Tulane Maritime Law Journal 43, No. 2, p. 289 - 318(2019).
④ See Azmath Jaleel & Devinder Grewal, *A Perspective on Safety and Governance Issues of Fishing Vessels*, Ocean Yearbook 31, p. 472 - 501(2017).
⑤ See Carl-Christian Schmidt, *Economic Drivers of Illegal, Unreported and Unregulated (IUU) Fishing*, International Journal of Marine and Coastal Law 20, No. 3 - 4, p. 479 - 508(2005).
⑥ See Reg A. Watson & A. Tidd, *Mapping nearly a century and a half of global marine fishing: 1869 - 2015*, Marine Policy 93, p. 171 - 177(2018).

捕捞,虽然会带来短期经济收益,但也会对环境的可持续性造成损害进而影响基于生态环境产生的长期收益。[①] Shigeru Oda 认为有关渔业捕捞公约并没有确保放弃公海捕鱼的国家能获得利益,因此,国家间应在平等竞争的基础上且在保护资源的限制范围内捕获渔业资源。[②]

综上可知,中外学者大都没有对渔船适用商船法律制度及产生的问题进行较多的研究。国外学者一般不关注中国渔船法律制度的完善,而我国国内学者的研究要么是在渔业法中对渔船的相关制度进行研究,要么是针对渔船海上航行中有关安全、船员适任及权益保障等某一方面进行分析,缺少对我国渔船适用商船法律制度的系统性研究。国内外学者对渔船的环境污染防治还缺少足够的关注,而渔船向海洋和大气中排放污染物的行为需要受到重视及约束。由此,本书将重点对我国渔船适用商船法律制度的情况进行整体性分析,通过商船和渔船在港航交通安全、营运以及环境保护方面的相关制度的对比,提出完善我国渔船现行法律制度的建议。

四、研究思路

本书的目的在于通过对中国渔船法律制度中主要问题的分析健全我国现行的渔船法律制度。本书的研究思路是:明确中国渔船现行法律制度的主要问题并将该主要问题按照我国对渔船捕捞产业发展的要求分解为三个方面予以具体分析,进而对相关问题提出具有针对性的建议。

第一章是对中国渔船现行法律制度的总体分析,阐释了我国渔船法律制度的理论基础,提出目前中国渔船法律制度中的主要问题源于总体上忽视了渔船可以且需要适用一部分的商船法律制度,并分析了我国渔

[①] See M. Jaya Kumar Jacob & P. Brahmaji Rao, *Socio-ecological studies on marine fishing villages in the selective south coastal districts of Andhra pradesh*, Ecotoxicology and Environmental Safety Volume 134, Part 2, p. 344 – 349(2016).

[②] See Shigeru Oda, *Recent Problems of International High Sea Fisheries*:*Allocation of Fishery Resources*, Philippine International Law Journal 1, No. 4, p. 510 – 519(1962).

船法律制度借鉴商船法律制度予以完善的理论可行性和现实要求。中国渔船现行法律制度在港航交通安全、渔船营运和环境保护三方面已有规范，这些规范体现出了以渔业法为核心的特点。中国渔船法律制度的这一特点使其对渔船可适用的商船法律制度关注不足，然而这些商船法律制度对于解决渔船的港航安全、船舶营运以及环境保护问题有着重要意义。一些商船法律制度已经在相关的渔业法规范中得以适用，渔船对于商船法律制度的适用不仅具有理论上的可行性还具有实践上的迫切性。因此，目前中国渔船法律制度的完善在于如何将可适用的商船法律制度借鉴到渔船法律制度中来。

第二章、第三章、第四章是对具体问题的分析。这三章分别从中国渔船法律制度的三个主要方面即港航交通安全法律制度、渔船营运法律制度和环境保护法律制度进行分析，明确了哪些商船法律规范可以被渔船适用，在适用的过程中还存在哪些立法不足和法律规范不适配的问题。虽然商船法律制度源于商船海上贸易活动习惯，但商船法律制度中的很多规范并不排斥渔船的适用。商船和渔船的活动都可能对海洋环境和大气环境造成影响，一些环保法律规范也没排除渔船的适用。此部分的研究重点在于通过和商船法律制度的对比，进一步明确我国渔船法律制度中存在哪些需要完善的问题。

第五章对第二章、第三章、第四章分析出的问题提出了相应的完善建议，也根据第一章的"重构"原理明确了中国渔船法律制度具体的完善路径。总体上，中国渔船法律制度的完善要在整体设计理念的引领下，合理借鉴商船法律制度。具体的完善措施分为我国国内立法的完善和对国际公约的审慎加入两个主要方向。对我国国内立法的完善主要是对制度结构和法律规范内容上的完善，最终的目的是实现完整的金字塔形的制度结构和对相关法律规范内容的完善。对加入国际公约的审慎态度主要是为了和我国的渔船捕捞发展相结合，需慎重考虑是否加入一些国际公约。

五、研究方法

本书主要采用了基于文本的规范分析方法、实证分析方法、比较研究方法和历史研究方法进行论述。

(一) 基于文本的规范分析方法

本书立足于与渔船相关的法律制度和法律规范本身,通过对法律文本的分析来发现渔船适用商船法律规范中的问题。我国渔船法律制度完善的研究基础是渔船对商船法律制度中相关法律规范的适用性分析。因此,商船法律制度中的相关法律规范是本书需要重点研究的内容。

(二) 实证分析方法

法律的实施效果也是法律制度是否完善的一个考量标准。通过实证分析可以探寻渔船适用相关商船法律规范的实践效果,便于发现实践中存在的问题。笔者以"渔船""渔船损害""渔船碰撞""渔船船员""渔船环境损害"等关键词在北大法宝司法案例库和中国裁判文书网中进行检索,以"渔船的海上事故""船员权益保障""海洋环境保护"等关键词在国家海事部门、IMO、FAO 等国内外机构网站上进行搜索,也对图书馆的馆藏资源进行了相关查询,通过对第一手资料的收集和分析力图探寻有关渔船法律制度在理论和实践中存在的适用困境,从而使相关研究可以有的放矢地展开。

(三) 比较研究方法和历史研究方法

通过比较研究方法和历史研究方法,在文中实现一横一纵的法律维度,为我国渔船法律制度的完善提供整体设计的思路。

从横向的比较分析来看,我国渔船法律制度的完善与渔业法、海商法、环境法等法律部门之间具有千丝万缕的联系,需要通过多部门法律规范的对比分析发现渔船适用法律规范中的问题。从纵向的历史研究来看,人类以渔船为工具认识和利用海洋的历史漫长。就我国而言,中华人民共和国成立后至今,渔业法律制度也经过了数十年的演变与发展。历史研究方法以时间维度肯定了现行渔船法律制度和法律规范对渔船活动的积极影响，这些法律规范也是我国渔船法律制度完善的基础，充分利用好现行法律制度可以减少立法成本和资源浪费。

六、本书主要创新点及不足

（一）本书的主要创新点

1. 选题具有创新性

本书以我国渔船法律制度中的主要问题作为研究对象，为我国渔船法律制度的完善提供了创新性的路径，也响应了国家"十四五"渔业发展规划中对于健全法律制度的要求。目前有关船舶相关法律问题的研究主要集中在对商船的研究，学界和实务界对渔船适用海商法、环境法的研究较少。对渔船法律制度的相关研究存在不均衡的情况，具体表现为：渔船管制、渔船捕捞限制以及渔业捕捞活动与海洋生态保护等涉及渔业方面的论述和研究较多。国际公约和我国国内法中对于渔船在港航交通安全、船舶营运和环境保护所需要适用的法律规范一直被忽视且相对不健全。本书将与渔船密切相关的商船法律制度作为参照，能够为我国渔船法律制度的完善提供新的思路。

2. 研究角度的创新

本书以全新的视角，以商船法律制度为参照系，可以完整地、系统性地对渔船可适用的相关海商法和环境法规范进行整理和分析。渔船法律制度中容易被忽视的部分是渔船作为船舶可以适用的海商法和环境法规范。而包括渔船在内的船舶环境污染防治问题近年来也成为国际组织和各国都非常关注的议题，这些有关船舶环境污染防治的法律制度也大都与商船有关。因此，以商船法律制度为参照视角可以回答本书需要解决的三个重要问题：一是渔船可以适用的有哪些商船法律制度，二是渔船对这些商船制度在适用中存在哪些问题，三是如何对相关问题进行完善。这种创新和突破性的研究视角能为中国渔船法律制度的完善提供崭新的路径。

3. 研究内容的创新

随着我国渔船捕捞活动范围从沿海向远洋的延伸，渔船的海洋捕捞活动需要面临与商船类似的海上活动区域以及海上活动风险。本书跳出了渔船研究主要集中在渔业法律制度的思维定式，将对渔船适用法律的研究领域向海商法、环境法领域拓展。随着我国渔船捕捞活动范围从沿海向远洋的延伸，渔船在海上航行中需要面临与商船法律规则对接和适用的问题，而这些问题在过去往往被忽视。这也导致了渔船目前在适用海商法、环境法等法律制度中往往通过"不排除渔船适用"的方式进行适用，这种适用方式一方面为渔船适用相关规则留下了适用空间和条件，但另一方面也为我国渔船法律制度的完善带来了理论和实践问题。本书通过对中国渔船现行法律制度的特点和不足的分析提出了当前中国渔船法律制度存在的主要问题。围绕这些主要问题，本书创新性地将渔船可以适用的商船法律制度进行了系统性的梳理，并将中国渔船法律制度的主要问题具化为与渔船相关的港航交通安全、船舶营运和环境保护三个方面进行研究。为健全中国渔船法律制度，本书创新性地提出了中国渔船法律制度重构的原理，这为我国渔船法律制度的完善路径提供了有力的支撑。

(二) 研究的不足

本书主要围绕国际公约和我国国内法进行分析，尚缺少对有关国外经验的介绍与借鉴。这主要是由于渔船捕捞活动与国家的海洋权益密切相关，各国会基于自身对于国家海洋权益的理解、历史传统和权益保护等多方面因素而建立起符合本国利益的渔船法律制度。这会给如何筛选具有"适格"借鉴资质的外国法律制度带来选择标准的不确定性。有关国外的经验还有待日后的进一步研究。

第一章　中国渔船现行法律制度的解构与重构原理

中国渔船现行法律制度体现出以渔业法为中心的特点。随着渔船航行能力的提升和渔业捕捞经济的发展,渔船活动范围已经由近海走向"深蓝"。渔船的海上捕捞作业需要遵守一定的规则,这些规则往往与商船法律制度有关。通过对中国渔船现行法律制度的解构,可以明确中国渔船法律制度的主要内容及其目前存在的有待完善之处。目前渔船对商船法律制度的可适用性没有得到更多的关注,而商船法律制度中的一些内容又不排除渔船的适用,这是导致目前我国渔船法律制度产生问题的主要原因。因此,中国渔船法律制度的重构将以商船法律制度中的相关内容为借鉴以应对中国渔船法律制度在渔船港航交通安全、营运和环境保护方面在制度架构和法律规范内容上的相关问题,并在此基础上寻求相应的完善路径。

第一节　有关中国渔船的法律现状

有关渔船海洋捕捞活动的法律从"自由"到"限制"的发展体现出了国际社会对人与自然可持续发展

的认知。可持续发展理论成为国际上以及我国有关渔船法律规范创设与完善的理论基础。从国际公约上来看,对渔船的规制主要体现在我国加入的由 FAO、IMO 等国际组织所制定的有关渔船捕捞作业和渔船安全的公约和协定。从国内法上来看,渔船法律制度最核心的部门法是《渔业法》,该法第三章是关于捕捞业的规定。渔船作业涉及有关渔业法、海洋法、海商法和环境保护法等诸多法律部门。

一、中国渔船法律制度的理论基础

我国自古以来就具有保护生物资源多样性的观念,该观念也体现在对渔业捕捞活动的认识中,在近代以前,这一观念更多体现在思想的认知上。在中华人民共和国成立后到改革开放之前,我国主要秉持鼓励海洋捕捞的理念。随着近海渔业资源的逐渐枯竭以及国际社会对海洋渔业捕捞可持续发展的重视,我国有关渔船的法律制度和法律规范在制定中也逐渐受到国际渔业法律制度相关理念的影响而开始对海洋捕鱼权利进行限制,形成了以渔业法为核心的我国渔船法律制度。绿色渔业理念是可持续发展理念的时代发展,除延续可持续性行业发展的要求之外,更加关注对低碳环保的发展要求和法律制度建设。

(一)以可持续发展为核心的基本理论

渔船法律制度主要与捕鱼活动有关,以渔船为规范对象的相关国际法律制度的建立与当代海洋法的发展密不可分。1608 年,格劳秀斯发表了《海洋自由论》并通过该书阐明了捕鱼自由,即捕鱼对所有人都是自由和开放的。[1] 自此,随着国际法和国际海洋法理论的构建,公海捕鱼自由随着海洋自由理论逐渐被国际社会接受。但捕鱼本身的开发技术门槛低,而且人类对鱼类资源具有较高的依赖性,这会使渔业资源随着自由取得原则的确立而产生"公地悲剧",主要是因为当一项资源为

---

[1] See Hugo Grotius, *Mare Liberum*, Peace Palace Library, 2009, p.23.

大众所拥有或无人拥有绝对所有权时,消耗殆尽就是这项资源的最终结局。① 随着可持续发展理论的提出,世界渔业捕捞法律制度随之产生了变化,可持续发展理念逐渐融进了海洋捕捞活动中。公海捕鱼自由的理论受到了一定程度的限制。国际社会在可持续发展为核心的理念下开始注重海洋捕捞活动的发展与海洋生物多样性保护之间的平衡。

1. 从捕鱼自由到可持续发展的国际海洋捕捞理论

在格劳秀斯提出公海捕鱼自由理论之后,英国法学家塞尔登的《闭海论》和荷兰学者宾刻舒克所发表的《海洋主权论》将领海的概念带入捕鱼自由的理论体系中。而最终使"公海捕鱼自由在表面上成为确定无疑的"是1893年英美之间的"白令海海豹仲裁案"的裁决,该案中正面肯定了"公海捕鱼自由"原则并揭示了其与"为实施养护规则而进行必要的限制"这样的一对矛盾,从而影响了"公海捕鱼自由"含义的变化。② 在此期间,为了维持公海捕鱼秩序、避免无序竞争,1882年5月6日英国、比利时、丹麦、法国、德国和荷兰等北海六国在海牙签订了《北海渔业管理公约》。③ 19世纪学者普遍认为海洋的自然性质无法被特定国家所占有,应保留给所有国家使用,这一观点也被20世纪的学者所承袭。④ 此时期的规则基本上对渔船的捕鱼限制较少,整体上倾向于对公海捕鱼自由权利的保护,除非这种自由已经影响到了有关国家的垄断权利。这一时期的权利保护核心也与当时捕捞能力低下有关。第二次工业革命之后,捕鱼技术得到了长足的发展,不加限制地对海洋资源的捕捞使全球海洋生物资源的可持续性受到了严重影响。根据FAO统计,在生物不可持续水平上捕捞的鱼类种群比例从1974年的10%增加到

---

① 参见周怡:《渔业资源保育与可持续发展原则之研究——以贸易措施为手段》,武汉大学2011年博士学位论文,第14页。
② 参见许立阳:《国际海洋渔业资源法研究》,中国海洋大学出版社2008年版,第67页。
③ 参见华敬炘:《渔业法学通论》(上册),中国海洋大学出版社2017年版,第54页。
④ 参见周怡:《渔业资源保育与可持续发展原则之研究——以贸易措施为手段》,武汉大学2011年博士学位论文,第36页。

2015年的33.1%。① 世界海洋鱼类种群生物不可持续比例的增加意味着世界海洋渔业资源状况的持续衰退,进而给海洋捕捞业的发展带来了消极影响,例如产生消极生态后果以及消极的社会和经济后果等。②

可持续发展理论的提出是人类社会对日益恶化的环境资源危机的第一次系统性思考与回应,该理论提出之后便获得了世界各国的积极赞成和响应并逐渐成为国际上主流的发展理论和战略。③ 第二次世界大战后到20世纪70年代,随着人们掌握的渔业知识增加以及渔业捕捞活动的发展,人们逐渐认识到渔业资源虽可再生但并非取之不尽用之不竭,渔业资源需要进行适当管理以满足不断增长的世界人口的需要。④ 1972年《联合国人类环境会议宣言》在其共同原则中明确了人类"负有保护和改善这一代和将来的世世代代的环境的责任"。⑤"可持续发展"一词在国际文件中最早出现于1980年由国际自然保护同盟制定的《世界自然资源保护大纲》,最初是源于生态学,后被广泛用于经济学和社会学范畴。⑥ 一般认为可持续发展的概念是在世界环境与发展委员会在其1987年的报告《我们共同的未来》中首次提出的,该报告将可持续发展定义为"既满足当代人的需要又不对后代人满足其需要的能力构成危害的发展"。⑦

可持续发展理论为保护海洋生物资源促进海洋捕捞活动的可持续提供了重要的理论支撑。脆弱的海洋生态系统表现为物质性或功能性

---

① See *The State of World Fisheries and Aquaculture* 2018, FAO, 2018.
② 参见史磊、秦宏、刘龙腾:《世界海洋捕捞业发展概况、趋势及对我国的启示》,载《海洋科学》2018年第11期。
③ 参见李传轩:《从妥协到融合:对可持续发展原则的批判与发展》,载《清华大学学报(哲学社会科学版)》2017年第5期。
④ 参见王芸:《我国海洋渔业捕捞配额制度研究》,中国海洋大学2012年博士学位论文,第17页。
⑤ See Report of the United States Conference on the Human Environment, UN, 1972.
⑥ 参见李龙熙:《对可持续发展理论的诠释与解析》,载《行政与法(吉林省行政学院学报)》2005年第1期。
⑦ See Our Common Future, World Commission on Environment and Development, 1987, p.27.

脆弱,最脆弱的生态系统是易受干扰、恢复很慢或可能永远无法恢复的生态系统。[①] 为了对海洋捕捞活动进行限制,1982年《联合国海洋法公约》中强化了对公海捕鱼自由的限制。《联合国海洋法公约》生效后,海洋渔业的可持续发展问题,特别是公海渔业的可持续发展问题受到国际社会的普遍关注。这主要是由于海洋渔业资源与海洋生态环境密不可分,海洋捕捞活动与海洋生物资源的依存度较高且相互影响。渔业的可持续发展问题是海洋渔业治理的一个重要问题。联合国及其有关组织制定了与《联合国海洋法公约》配套的国际渔业协定。这些国际渔业协定重在养护和保持海洋生物多样性并以此为宗旨进一步规范渔船并要求各成员国加强对捕捞作业的限制和对IUU捕鱼的禁止与严惩。随着全球渔船捕捞作业水平的提升,远洋、深海和极地的捕捞作业已经逐渐被有能力航行和作业的国家纳入可捕捞的活动区域。进入21世纪以来,国际社会对海洋渔业的可持续发展的关注达到了新的水平。2005年,联合国大会在其报告中指出:没有海洋区域不受人类活动的影响,且一半的海洋区域受到多种因素的严重影响,例如过度捕捞、海洋酸化、破坏性渔具等。[②] 一系列的全球或区域协定,以及可持续渔业和海洋生态环境保护的决议、宣言,共同构建起了全球海洋渔业治理的法律框架。[③] 2023年6月,《联合国海洋法公约》框架下的《〈联合国海洋法公约〉下国家管辖范围以外区域海洋生物多样性的养护和可持续利用协定》(以下简称《公海协定》)经联合国会议达成,《公海协定》对应对气候变化、生物多样性减少和污染等问题的解决具有重要意义。[④] 在全球海洋渔业治理的可持续发展法律框架下,国家需要肩负起对渔业资源养护与管

[①] See International Guidelines for the Management of Deep-sea Fisheries in the High Seas, FAO, 2009, p. 5.

[②] See Resolution adopted by the General Assembly on 17 November 2004 (A/RES/59/25), UN General Assembly, 2005, p. 66–69.

[③] 参见黄硕琳、邵化斌:《全球海洋渔业治理的发展趋势与特点》,载《太平洋学报》2018年第4期。

[④] See UN, *Intergovernmental Conference on Marine Biodiversity of Areas Beyond National Jurisdiction*, UN, UN(June 20, 2023), https://www.un.org/bbnj/.

理的责任,例如,国家需要建立捕捞批准和登记制度,确立渔船、渔具标志制度,渔船船员培训发证制度,等等。渔船的船旗国应对违法行为采取相应措施以确保国际渔业养护和管理制度得到有效遵守。

2. 我国由古至今对可持续发展理念的思考与承继

我国古代就有对渔船捕鱼的管制理念,但由于我国古代法律制度礼法合一的特性,这种理念更多的是一种思想上的认识,主要表现为对于自然要取之以时、取之有度的思想,这些思想有十分重要的现实意义。中国古代的"天人合一"等思想体现出了我国看待人与自然关系的基本理念:人要学会尊重自然并利用自然规律,这在渔船捕鱼方面体现出了人顺应自然以及生态保护的思想和实践,也体现出了我国古代对渔业捕捞的限制。[1] 虽然该时期的渔业捕捞活动仅限于在内陆的河流湖泊中,还未涉及海上捕捞,但这种限制渔业捕捞以休养生息的做法其实与当代对渔船捕捞作业的限制一脉相承。[2] 中国古代的发展与生态观念还存在着一定的唯心主义色彩,但这些中华优秀传统文化是新时代建设中国特色社会主义可持续发展的根基。

中华人民共和国成立后的一段时期内为了满足生活需求而鼓励渔业捕捞生产,缺乏对渔业资源的保护意识,从而造成近海渔业资源的衰退。[3] 20世纪80年代以后,我国海洋捕捞产业高速发展,沿海省市过分强调发展海洋捕捞业,盲目地增添渔船、渔网,无节制地捕捞,使海洋捕捞作业结构与海洋渔业资源状况不适应的矛盾加剧,加之沿海环境进一

---

[1] 例如,夏商时期就有"三月滗不入网罟,以成鱼鳖之长",这句话的意思是:夏季三个月,江湖中不准下网罟,以成就鱼类的成长。内容及释义出自:《逸周书·大聚解第四十》译文,载个人图书馆网2015年9月5日,http://www.360doc.com/content/15/0905/15/22310545_497043625.shtml。

[2] 春秋时期,渔业捕捞活动开始从内陆江河湖泊转向了近海,《管子·八观》中写道:"江海虽广,池泽虽博,鱼鳖虽多,网罟必有正。船网不可一财而成也。"这句话的意思是:江海虽宽,池泽虽大,鱼鳖虽多,捕鱼之业必须有官管理;船网之民不可只依靠单一财路来维持生活。内容及释义出自:《〈管子〉八观原文及译文》,载个人图书馆网2018年12月6日,http://www.360doc.com/content/18/1206/15/53128774_799745505.shtml。

[3] 参见史磊、李泰民、刘龙腾:《新中国成立70年以来中国捕捞渔业政策回顾与展望》,载《农业展望》2019年第12期。

步恶化,导致海洋渔业资源逐年减退。① 1986 年《渔业法》颁布,该法成为发展海洋捕捞的法律基础并注重对渔业资源保护,通过投入控制措施(捕捞许可证与船网工具指标控制制度等)对捕捞活动的数量进行限制。这些控制措施是从渔业生产、成本收益和管理实践的角度出发,为了实现渔业生产的可持续发展从而对渔船的捕捞活动进行的限制。一般会采用技术措施、投入控制和产出控制三种类型的方法(见表 1-1)。

表 1-1 渔业管理方法分类

技术措施	投入控制	产出控制
上岸规格和性别限制 禁渔区和禁渔期 幼体保护区	许可证制度 个别捕捞努力量配额 渔具和渔船限制	总可捕量制度 个别配额制度 个别渔船配额制度

资料来源:FAO 渔业管理分类方法(1997)。参见王芸:《我国海洋渔业捕捞配额制度研究》,中国海洋大学 2012 年博士学位论文,第 22 页。

我国开始推行可持续发展思想战略是从 1992 年联合国发展大会提出可持续发展行动纲领之后,当时,国务院批准并发布了"中国环境与发展的十大对策"。② 随后在 1994 年《中国 21 世纪议程》中,明确了中国可持续发展的总体战略和政策,其中包括了经济的可持续发展以及资源合理利用与环境保护这两大重要内容。有关渔船海洋捕捞的法律制度也随着我国对可持续发展理念认识的深入和总体布局要求的加深而在相关的立法和修法活动中秉持了对可持续发展的基本理念,逐渐形成了当今以可持续发展理念为核心的法律制度。

(二)绿色发展理念对我国渔船法律完善的促进

随着科学的发展和人类对人与自然关系的反思,人们的价值观不断转变,联合国开发计划署在 2002 年首次提出绿色发展。绿色发展理念

---

① 参见王芸:《我国海洋渔业捕捞配额制度研究》,中国海洋大学 2012 年博士学位论文,第 93 页。
② 参见杨帆:《人类命运共同体视域下的全球生态保护与治理研究》,吉林大学 2020 年博士学位论文,第 56 页。

赋予了可持续发展理念新的科学内涵并注入了新的时代特征。①

渔船海洋捕捞的可持续发展受环境影响较大。在"生态优先、绿色发展"理念下,对生态环境的保护更是在养护海洋生物种群的基础上向包括海洋环境和大气环境污染防治在内的生态系统综合治理方向拓展。在当前国际渔业捕捞活动中,以《联合国海洋法公约》为基础的渔船法律制度构建十分重视对海洋生物资源多样性的养护,这也是可持续发展的要求。渔船作为船舶的一个重要类型,除在捕捞活动中会对海洋生物产生影响之外,还会因为"航行"这一行为而对海洋水体和大气环境造成影响。对于船舶的海洋污染防治,国际社会从20世纪开始便保持密切关注。这主要是源于商船的海上污染事故所带来的深刻教训。绿色发展理念中的低碳要求表现为对大气污染防治的关切。

有关渔船的大气污染防治法律制度包含在有关船舶大气污染防治法律制度之中。而船舶的大气污染防治与国际社会对气候变化的关注有关,相关的法律制度也与国际气候变化综合治理有关。20世纪七八十年代,温室气体造成全球变暖引起国际社会广泛关注,特别是1990年政府间气候变化专门委员会(IPCC)提交的《第一次气候变化评估报告》中指出,温室气体是造成全球气温升高的主要原因,而自工业革命以来,人类排放的温室气体对其的增加产生了实质性的影响,如果不加以控制这种排放将导致更严重的后果。② 1992年,联合国环境与发展大会上签署了《联合国气候变化框架公约》(UNFCCC),该公约中规定了国际气候制度中的重要原则"共同但有区别的责任"。③ 1997年12月,第三次缔约方大会(COP3)在日本京都召开并达成《〈联合国气候变化框架公约〉京都议定书》(以下简称《京都议定书》),为发达国家和发展中国家

---

① 参见潘加军、张乐:《我国绿色发展理念的演进与践行》,载《湘潭大学学报(哲学社会科学版)》2021年第6期。
② See IPCC First Assessment Report, IPCC, 1990, p. 53-56.
③ UNFCCC第3条。

制定了减排总体目标和各自的指标。① 2015年12月12日,第21届联合国气候变化大会(COP21)在巴黎召开,最终通过对2020年后全球气候变化行动做出制度性安排的全球气候变化新协议——《巴黎协定》,该协定开启了全球向清洁能源转型的行动时代。② 船舶的海上运输已被证实会显著和持续地加剧气候变化,考虑到减少温室气体排放的急迫性以及船舶航行的流动性和全球性的特点,国际社会意识到应着手构建对船舶温室气体排放控制的相关制度。③ 为此,IMO在《联合国气候变化框架公约》下制定并不断完善一些有关船舶温室气体减排的相关法律。

绿色发展理念中对低碳环保的要求能够促使渔船进行海洋捕捞活动时进一步重视其对海洋和大气环境的影响。而气候变化将会影响一个国家渔业发展水平,特别是一些高度依赖海洋渔业提供食物的国家,气候变化对海洋捕捞的影响会使海洋渔业的发展具有高脆弱性,进而可能会影响到国家的粮食安全。④ 因此,需要重视由于渔船航行而导致的对海洋的水体以及大气的污染,这也彰显了绿色发展理念在海洋渔业领域中"绿色"和"发展"的时代特征。

可持续发展观在我国的实践和需求中逐渐蜕变为绿色发展观,节能减排、低碳发展成为绿色发展的核心使命。⑤ 就我国对发展与可持续之间关系的认识而言,党的十七大报告创造性地提出了"生产发展、生活富裕、生态良好的文明发展道路"。2015年中共中央、国务院《关于加快

---

① See Kyoto Protocol to the United Nations Framework Convention on Climate Change (UNFCCC/CP/1997/L.7/Add.1), UNFCCC, 1997, Annex B.
② See UNFCCC, *Lima Call for Climate Action Puts World on Track to Paris 2015*, UNFCCC(December 14, 2014), https://newsroom.unfccc.int/news/lima-call-for-climate-action-puts-world-on-track-to-paris-2015.
③ 参见张晏瑲:《论国际航运温室气体排放的法律属性》,载《北方法学》2019年第3期。
④ 参见丁琪:《全球海洋渔业资源可持续利用及脆弱性评价》,上海海洋大学2017年博士学位论文,第89~91页。
⑤ 参见邓一丹、卫欢:《绿色发展博弈分析及法治进路研究》,载《重庆文理学院学报(社会科学版)》2023年第1期。

推进生态文明建设的意见》首次提出绿色发展理念。2015 年中共中央《关于制定国民经济和社会发展第十三个五年规划的建议》中将绿色发展与创新、协调、开放、共享等发展理念共同作为发展的五大理念。绿色发展理念是马克思主义生态文明理论同我国经济社会发展实际相结合的创新理念，是深刻体现新阶段我国经济社会发展规律的重大理念。党的二十大报告更是进一步要求推动绿色发展。

绿色发展作为可持续性的战略理念，为发展绿色渔业提供了重要途径和新思路。国务院在 2013 年《关于促进海洋渔业持续健康发展的若干意见》中高度重视对海洋生态环境的保护以及外海和远洋渔业的发展，促进渔业发展的转型升级。绿色发展理念还融入了对低碳环保的新要求，践行绿色发展理念是我国响应全球气候治理和人类命运共同体要求的体现。中国作为绿色发展理念的倡导者，需要承担起引领绿色低碳发展的责任。

我国渔船法律制度中以渔船为规范对象的海洋和大气环境污染法律规范并不多，在很多情况下，渔船需要适用对船舶整体或者商船进行规范的环境保护法律制度，这些针对船舶整体或商船的海洋污染防治法律制度中大部分都没有排除对渔船的适用。这些法律规范成为目前包含渔船在内的船舶整体进行大气污染防治的重要依据。但显然，这些有关船舶整体的大气污染防治的法律制度主要针对商船的海上运输。而渔船由于航行范围的扩大和绿色环保的整体要求，能够适用一些有关船舶整体的环境污染法律制度。这些法律制度的适用为规范渔船的污染防治工作提供了法律依据。

二、中国渔船法律制度的主要法律渊源

由于中国渔船法律制度呈现出对行政监管的侧重，中国渔船法律制度的主要法律渊源也由此表现出以渔业法为主导的特点。从国际公约上来看，对渔船的规制主要体现在我国加入的由 FAO、IMO 等国际组织所制定的有关渔船捕捞作业和渔船安全的公约和协定。从国内法上来

看,渔船法律制度核心的部门法是《渔业法》,该法第三章是关于捕捞业的规定。

(一)国际公约

与渔船相关的国际公约大都体现在国际渔业公约对海洋生物资源的养护和国际海事公约对海上航行安全的保障上,这些公约体现出了渔船作为捕捞工具和海上航行工具的双重特性。我国海岸线绵长,与周边国家在渔业捕捞上存在着不同程度的纠纷和摩擦,中国与相关国家签订了双边渔业协定为渔业捕捞等领域提供了合作平台。[1]

1. 中国参加的联合国和 FAO 的主要国际渔业公约和协定

第二次世界大战后,美国总统杜鲁门在 1945 年 9 月 28 日发表了《关于公海上某些地区沿海渔业的美国政策的第 2668 号总统公告》,该公告宣布在毗连美国海岸的公海中设立保护区。[2] 随后全球范围内开始了沿海国家的"海洋圈地运动"。为了遏制"海洋圈地运动",联合国于 1958 年第一次召开海洋法会议开始探讨对海洋渔业活动的规制问题。1982 年《联合国海洋法公约》生效,为海洋活动以及渔船海上作业提供了框架性的法律规定。

《联合国海洋法公约》生效之后,有关专属经济区的设定为沿海国对海洋资源的管辖和控制权的合法性和合理性提供了法律支持。基于沿海国对于专属经济区渔业活动的管理制度和发展计划,沿海国都按照本国国情对外国渔船在其专属经济区内的捕捞作业活动进行了相关的规定和限制。1995 年,联合国通过了《联合国鱼类种群协定》,意在加强对渔业资源的养护。从 20 世纪 80 年代开始,全球环境恶化、生物多样

---

[1] 参见相京佐等:《中日韩民间渔业安全作业协议书对依法治渔的影响》,载《沈阳农业大学学报(社会科学版)》2019 年第 2 期;张晏瑢、张旭东:《论南海区域渔业活动所面临的困境与解决方案》,载《海南大学学报(人文社会科学版)》2020 年第 6 期。

[2] See HARRY S. TRUMAN, *Proclamation 2668 —Policy of the United States with Respect to Coastal Fisheries in Certain Areas of the High Seas*, The American Presidency Project(September 28,1945), https://www.presidency.ucsb.edu/documents/proclamation-2668-policy-the-united-states-with-respect-coastal-fisheries-certain-areas.

性遭到破坏,过度捕捞、IUU捕捞形势严峻。FAO和联合国开始制定与《联合国海洋法公约》配套的国际渔业协定。这些国际渔业协定重在养护和保持海洋生物多样性并以此为宗旨进一步规范渔船并要求各成员国加强对于捕捞作业的限制和对IUU捕捞的禁止与严惩。

随着全球渔船捕捞作业水平的提升,远洋、深海和极地的捕捞作业已经逐渐被有能力航行和作业的国家纳入可捕捞的活动区域。与捕捞能力相适应的渔船法律机制也从第二次世界大战前对于公海捕鱼自由的保护转向对渔业捕捞的限制。[①] 换言之,自《联合国海洋法公约》之后,国际渔业法律制度对渔船的管制已经逐渐从开放自由向管制限制转变。而且对于渔船的管制也突破了船旗国专属管辖的限制,对于与船旗国并无直接关系的港口国也增加了对于外国渔船管制的责任。

从20世纪80年代开始,我国积极响应国际社会对于渔船规制和渔业可持续发展的倡议并陆续加入多个国际公约(见表1-2)。

表1-2　中国参加的与渔船相关的主要国际渔业公约和协定

序号	文件名称	生效日期	对中国生效日期
1	《国际捕鲸管制公约》	1948.11.10	1980.9.24
2	《养护大西洋金枪鱼国际公约》	1969.3.21	1996.10.24
3	《南极海洋生物资源养护公约》	1982.4.7	2005.10.19（不适用于中国香港）
4	《联合国海洋法公约》	1994.11.16	1996.7.7
5	《建立印度洋金枪鱼委员会协定》	1996.3.27	1998.10.14（不适用于中国香港）

---

① 1608年,格劳秀斯发表了《海洋自由论》并通过该书阐明了渔业自由,即捕鱼对所有人都是自由和开放的。See Hugo Grotius, *Mare Liberum*, Peace Palace Library, 2009, p. 23. 自此,随着国际法和国际海洋法理论的构建,公海捕鱼自由随着海洋自由理论逐渐被国际社会接受而成为国际渔船法律制度体系建立的基础。由此,国际渔船法律制度可以分为19世纪至第二次世界大战前以捕鱼自由为主的近代法律制度和第二次世界大战之后以维护生物多样性和可持续发展的当代法律制度两个重要时期。

续表

序号	文件名称	生效日期	对中国生效日期
6	《中西部太平洋高度洄游鱼类种群养护和管理公约》	2004.6.19	2004.12.2（不适用于中国香港）
7	《南太平洋公海渔业资源养护和管理公约》	2012.8.24	2012.8.24（不适用于中国香港）

数据来源：中华人民共和国外交部、中华人民共和国条约数据库、联合国、联合国公约与宣言检索系统。

注：该表为笔者根据相关数据自制的表格。数据截至2021年10月30日。

2. 中国参加的涉渔船国际海事公约和规则

除 FAO 和联合国之外，IMO、国际海事委员会（Comite Maritime International，CMI）以及国际劳工组织（International Labor Organization，ILO）对渔船的安全、船员的安全和环保等问题也保持高度关注。IMO 作为联合国特别机构旨在通过合作促进航运安全、环保、高效和可持续，因此，IMO 制定的相关国际规则也都为实现这一目标。而 CMI 的主要宗旨是促进国际海商法、海事管理和实践做法的统一，对渔船影响较大的是《1972年国际海上避碰规则公约》。《1972年国际海上避碰规则公约》是针对海上船舶航行而制定的交通规则，而该规则已经成为当前包括渔船在内的船舶在海上航行的国际通行规则。渔船可以适用的国际海事公约和规则大都体现在对海上航行安全的保障上（见表1-3）。

表1-3 中国参加的与渔船有关的主要国际海事公约和规则情况

序号	文件名称	生效日期	中国参加情况
1	《1910年关于统一船舶碰撞某些法规定的国际公约》（以下简称《1910年碰撞公约》）	1931.3.1	1994.9.28生效
2	《1972年国际海上避碰规则公约》	1977.7.15	1980.1.7生效
3	《1973年国际防止船舶造成污染公约》（以下简称MARPOL73）	1973.11.2	1984.9.7生效

续表

序号	文件名称	生效日期	中国参加情况
4	《1989年国际救助公约》	1996.7.14	1994.3.30加入，对第30条第1款(a)(b)(d)项作出保留，1996.7.14生效
5	《2001年船舶燃油污染损害民事责任公约》	2008.11.21	2009.3.9生效

数据来源：IMO 官方网站、CMI 官方网站、北大法宝数据库、中华人民共和国海事局。
注：该表为笔者根据相关数据整理而成。数据截至2021年10月30日。表格中所显示的仅为有关公约，不涉及之后的相关议定书。

3. 中国参加的涉渔船国际环境公约

目前尚无专门以渔船为规范对象的国际环境公约，可适用于渔船的国际环境公约主要将船舶作为公约的适用对象。而船舶对环境的污染主要体现为对海洋的污染和对大气的污染，中国参加的有关船舶污染防治的国际公约也主要体现在对海洋污染的防治和对大气污染的防治。专门以船舶为规范对象的国际环境公约由 IMO 制定。因此，除 IMO 制定的相关环境公约之外的其他环境公约主要是对海洋环境和大气环境的综合保护，并不专门针对船舶或者渔船。例如，《联合国海洋法公约》为海洋污染的防治提供了原则性的规定，而 UNFCCC 以及其议定书则是目前大气污染防治最为重要的公约体系。

4. 中国与有关国家的双边渔业协定

为规范渔船在公海、他国管辖海域或特定区域从事捕捞作业活动，中国与相关国家签订了双边渔业协定（见表1-4）。而有关的双边协定中尤其要注意的是中国与海洋邻国的双边协定，例如中日和中韩之间的协定。通过双边协定，中国与日本、韩国针对黄海和东海的捕鱼问题达成谅解和友好合作。这在一定程度上有利于规范协议区域的海上捕捞作业以及海洋生物资源的保护。例如，中国和日本的双边协定中就特别提出渔船要遵守有关国际航行的一般惯例以及在附件二中作出的关于渔业作业秩序的规定。这些双边协定对于协调中国和周边海洋邻国之间的渔业捕捞作业起到了积极作用。

表1-4 中国与外国签订的主要双边渔业协定

序号	协定名称	签订日期	生效日期
1	《中华人民共和国政府和美利坚合众国政府关于美国海岸外渔业协定》	1985.7.23	1985.11.19
2	《中华人民共和国政府和苏维埃社会主义共和国联盟政府渔业合作协定》	1988.10.4	1988.10.4
3	《中华人民共和国政府和澳大利亚联邦政府渔业协定》	1988.11.17	1989.3.1
4	《中华人民共和国政府和委内瑞拉共和国政府农牧渔业合作协定》	1993.9.29	1993.9.29
5	《中华人民共和国政府和马绍尔群岛共和国政府渔业合作协定》	1995.4.24	1995.4.24
6	《中华人民共和国政府和智利共和国政府渔业合作谅解备忘录》	1995.11.24	1995.11.24
7	《中华人民共和国政府和巴布亚新几内亚独立国政府渔业合作协定》	1996.7.16	1996.11.1
8	《中华人民共和国政府和日本国渔业协定》	1997.11.11	2000.6.1
9	《中华人民共和国政府和大韩民国政府渔业协定》	2000.8.3	2001.6.30
10	《中华人民共和国政府和越南社会主义共和国政府北部湾渔业合作协定》	2000.12.25	2004.6.30
11	《中华人民共和国政府和越南社会主义共和国政府北部湾渔业合作协定补充议定书》	2004.4.29	2004.6.30

数据来源：中华人民共和国条约数据库、中华人民共和国农业农村部。

注：该表为笔者根据相关数据自制的表格。选取数据区间为1985年1月1日至2021年10月30日。

5. 未对中国生效的国际条约

最高人民法院明确了我国对未对中国生效的国际条约的态度和适用规则，我国并没有完全排除未对我国生效的国际条约的适用，但该适用具有一定的条件。[①] 首先，未对我国生效的国际条约需要经过当事人

[①] 最高人民法院《关于适用〈中华人民共和国涉外民事关系法律适用法〉若干问题的解释（一）》（2020年修正）第7条。

合意选择适用。其次,当事人选择适用之后诉至法院,法院有权决定该条约是否应当在该案中适用。因此,对于未对我国生效的国际条约的适用与否,最终的决定权在我国法院而不在当事人。而这些条约的适用与否也应当是个案处理,同一未对中国生效的国际条约可能在不同的案件中由于案情不同而产生不同的法律后果。综上,对于未对中国生效的国际条约对渔船具有适用的可能性,但是能否最终作为适用的法律依据需要根据个案的不同情况由法院决定。

(二)中国的国内法

目前,我国有关渔船的立法主要体现在渔业法、海商法和环境法中。就目前中国渔船法律制度中的相关规范而言,渔业法对渔船捕捞活动的影响最为直接。

1. 与渔船相关的渔业法律规范

《渔业法》是对渔船捕捞活动的总体性规定,在《渔业法》之下又由原农业部①、农业农村部、原交通部和交通运输部等部门制定了相关的行政法规和部门规章。这些行政法规和部门规章相对于法律更加直接、具体和有针对性。

(1)《渔业法》中的相关规定

在《渔业法》②实施后,中国加入了《联合国海洋法公约》并在此之后陆续加入了一些和海洋渔业捕捞活动相关的国际公约与协定。随着我国海洋捕捞作业活动能力的提升以及与周边沿海国家间的国际关系、国际社会对于海洋捕捞活动的管制形势等情况发生了重大变化,2000年10月31日《渔业法》第一次修正。③ 在此次修改中,2000年的《渔业法》

---

① 2018年3月,根据第十三届全国人民代表大会批准的国务院机构改革方案对一些机构的职能进行调整,原农业部调整为农业农村部。但书中一些渔业法规和规章在制定、修正和修订时早于国家机构改革,因此,一些相关法律文件的制定和颁布主体仍是农业部。

② 《渔业法》于1986年7月1日开始实施。参见1986年中华人民共和国主席令(第34号)。

③ 参见《全国人大常委会委员在审议渔业法执法检查报告时建议适时启动渔业法修改程序》,载中国人大网2019年12月27日,http://www.npc.gov.cn/npc/c30834/201912/t20191227_304122.html。

对1986年的《渔业法》进行了多处修改,具体体现在渔业资源的限额捕捞、渔船管理等方面。① 此后,《渔业法》又历经了四次修正,但总体修改内容篇幅不大。②

综合来看,在1986年《渔业法》制定并生效之后,与第一次修正之间间隔时间较长。而2000年之后,《渔业法》的修改则较为频繁。究其原因,《渔业法》的频繁变动体现出了渔业活动中的现实需求。在2000年之后,中国渔船的远洋航行能力得到提升,同时由于近海资源逐渐衰退,中国的渔业发展开始探寻远洋之路。与此同时,国际社会诸如FAO、IMO和世界贸易组织(World Trade Organization,WTO)等国际组织开始积极开展对IUU捕鱼以及渔船海上航行安全的管制。中国作为有关国际组织的成员方以及相关国际公约的缔约方或参加方需要履行相关的国际义务。因此,不论是为了更好地保障中国远洋渔业的发展还是为了履行相关的国际义务,我国都需要重视法律层级的规范对渔业、渔船的综合治理。

(2)相关的渔业法规和规章

《水产资源繁殖保护条例》由国务院于1979年2月10日颁布施行,目的在于对水产资源的繁殖进行保护。③ 该条例自实施之后便未再修改,其第二章"保护对象和采捕原则"、第三章"禁渔区和禁渔期"和第四章"渔具和渔法"在保护水生动植物的同时也对渔船的捕捞行为进行了一定程度的限制。《水产资源繁殖保护条例》第五章是对水域环境的维护,该章规定禁止向渔业水域排弃有害水产资源的污水、油类、油性

---

① 参见逯文君:《〈渔业法〉修改前后主要内容的比较研究》,载《中国水产》2004年第11期。
② 为了对接于2004年7月1日生效的《行政许可法》中的有关许可事项的规定,2004年8月28日,《渔业法》进行了第二次修正,此次修改幅度不大并于修正当日公布并实施。2009年8月27日,《渔业法》第三次修正,此次是关于《渔业法》第14条的修改。2013年12月28日全国人民代表大会常务委员会对《渔业法》进行第四次修正,此次修改的内容为《渔业法》第23条第2款。2019年8月28日,农业农村部向社会公布《渔业法修订草案(征求意见稿)》及其说明,意在对《渔业法》进行再次修订。
③ 《水产资源繁殖保护条例》第1条。

混合物等污染物质和废弃物。① 这一规定面向的主体范围较广,其中当然也包括了在渔业水域中作业的渔船。

《渔业法实施细则》由国务院于1987年10月14日批准,原农牧渔业部于1987年10月20日颁布并实施。《渔业法实施细则》第2条第2款明确了"中华人民共和国管辖的一切其他海域"的实施范围并规定了根据不同类型的渔船作业方式分别由国务院渔业行政主管部门及其所属的海区渔政管理机构和毗邻海域的地方政府行政主管部门监督管理。2020年国务院决定对该细则进行修订,最新的修订自2020年11月29日起实施。但此次对《渔业法实施细则》的修订并没有对有关渔船的内容进行修改,修订的内容集中在第16条和第36条中有关外商投资的内容。

《水生野生动物保护实施条例》于1993年9月17日由国务院批准,1993年10月5日由原农业部发布的关于保护水生野生动物、管理水生野生动物等内容的行政法规。②《水生野生动物保护实施条例》于2011年1月8日和2013年12月7日进行了两次修订,③这两次修改并没有对其实质内容作出较大变动,主要是随着刑法的修改进行了修订。该条例从水生野生动物④保护的角度对捕捉行为进行了约束,禁止捕捉和杀害国家重点保护的水生野生动物,确需捕捉的必须申请特许捕捉证。⑤因此,渔船在进行捕捞作业中应严格遵守国家对水生野生动物保护的规定。

《渔业船舶登记办法》由原农业部发布于1996年1月22日,此后经

---

① 《水产资源繁殖保护条例》第12条。
② 参见《水生野生动物保护实施条例》,载中华人民共和国中央人民政府网,http://www.gov.cn/flfg/2005-08/06/content_20939.htm。
③ 参见中华人民共和国国务院令第588号,2011年1月8日;中华人民共和国国务院令第645号,2013年12月7日。
④ 《水生野生动物保护实施条例》第2条对本条例中水生野生动物的定义,"水生野生动物是指珍贵、濒危的水生野生动物"。
⑤ 《水生野生动物保护实施条例》第12条。

过了 1997 年、2012 年、2013 年和 2019 年的修订和修正。①《渔业船舶登记办法》的制定是为了进一步规范对渔业船舶的监督管理,确定渔业船舶的权属制度以及明确渔船的登记办法。②

《管辖海域外国人、外国船舶渔业活动管理暂行规定》由原农业部于 1999 年 6 月 24 日发布实施。③ 2004 年 7 月 1 日,原农业部对其进行了修正,此次修正增加了对外国渔业船舶在我国管辖水域从事生产的需申请并要取得许可的规定。④ 2022 年,农业农村部对其进行了修订,此次修改主要是针对处罚方面的内容。⑤ 该规定从维护我国海洋权益的角度出发对外国人和外国船舶在我国管辖海域内从事渔业生产、生物资源调查等涉及渔业的有关活动进行了规范。⑥ 该规定中明确禁止外国人或外国船舶在我国内水和领海内从事渔业生产活动,对在内水和领海之外的管辖海域中的渔业活动要求其必须进行申请和审批。⑦

《远洋渔业管理规定》由原农业部于 2003 年 4 月 14 日审议通过,自 2003 年 6 月 1 日起实施。⑧ 2004 年 6 月 25 日,原农业部第一次对《远洋渔业管理规定》进行修改,修改内容是在第 6 条中增加了一个有关省级人民政府渔业行政主管部门行政审核的规定。⑨ 2020 年经农业农村部常务会议审议通过,新修改的《远洋渔业管理规定》自 2020 年 4 月 1 日起施行。此次修改更加强调养护和合理利用海洋渔业资源、可持续发展远洋渔业、合理控制船队规模并明确禁止 IUU 渔船进行捕鱼活动,进一

---

① 参见《渔业船舶登记办法》,载北大法宝 2019 年 4 月 25 日,https://www.pkulaw.com/chl/bfbb20196731eec5bdfb.html? keyword = 中华人民共和国渔业船舶登记办法 &way = listView。
② 《渔业船舶登记办法》第 1 条。
③ 中华人民共和国农业部令第 18 号。
④ 中华人民共和国农业部令第 38 号第 6 条。
⑤ 中华人民共和国农业农村部令 2022 年第 1 号。
⑥ 《管辖海域外国人、外国船舶渔业活动管理暂行规定》第 2 条、第 3 条。
⑦ 《管辖海域外国人、外国船舶渔业活动管理暂行规定》第 3 条、第 4 条。
⑧ 中华人民共和国农业部令第 27 号。
⑨ 中华人民共和国农业部令第 38 号第 30 项。

步加强对渔船和船员的责任的明确要求,尤其是强化安全生产责任。[1]

《渔业船舶检验条例》已于2003年6月27日由国务院公布,自2003年8月1日起施行。[2] 该条例是在《渔业法》框架下制定的,旨在规范渔业船舶的检验。《渔业船舶检验条例》明确了对渔船强制检验的要求,[3]并对有关船舶检验的机构、人员、业务范围和技术规范等内容进行了规定。[4]

《渔业船员管理办法》由原农业部于2014年5月23日发布,2015年1月1日起实施。2017年11月30日原农业部对其进行了修改,此次修改只删除了第11条第2款。[5] 该办法加强了主管部门对渔船船员的管理,使船员的合法权益得以通过专门立法予以维护,渔船及船上人员的人身和财产安全可以获得有效的保障。《渔业船员管理办法》明确了由农业农村部负责中国籍渔船船员的管理工作,同时,该办法强化了渔船安全生产主体责任,整合了渔船船员证书类别,调整了渔业职务船员等级和职级划分以及船员的最低配员标准等内容。[6] 2022年,农业农村部对其进行了再次修订,此次主要是针对船员任职年龄、船员的义务以及处罚等内容进行了修订。[7]

2. 与渔船相关的海商法律规范

海商法是以船舶和海上运输为核心而制定的法律。对于渔船而言,其中的一些与港航安全、船舶营运等方面相关的法律规范可以被适用。

---

[1] 参见《新〈远洋渔业管理规定〉公布,4月1日起施行》,载中华人民共和国农业农村部网2020年2月24日,http://www.moa.gov.cn/xw/bmdt/202002/t20200224_6337614.htm。

[2] 中华人民共和国国务院令第383号。

[3] 《渔业船舶检验条例》第四章为"临时检验"的相关规定。

[4] 《渔业船舶检验条例》第二章为"初次检验"的相关规定、第三章为"营运检验"的相关规定、第五章为"监督管理"的相关规定。

[5] 中华人民共和国农业部令2017年第8号附件——《农业部决定修改的规章和规范性文件》第15项。

[6] 参见《农业部发布〈中华人民共和国渔业船员管理办法〉》,载中华人民共和国中央政府网,http://www.gov.cn/xinwen/2014-05/26/content_2687622.htm。

[7] 中华人民共和国农业农村部令2022年第1号。

(1)《海商法》和《海上交通安全法》中的相关规定

《海商法》于1993年7月1日起施行,2018年9月全国人民代表大会常务委员会决定对其进行修订工作。① 《海商法》在制定时并没有过多地对渔船进行考量,这与我国当时的渔船建造水平和作业能力有关。《海商法》作为向国际公约、国际规则和英国相关法律制度学习的产物,在立法时主要是为了给以海上货物运输和旅客运输为核心的航运经济提供制度上的支持和保障,但《海商法》在制定时并没有排除对渔船的适用。

《海上交通安全法》于1984年起施行,② 由此确立了我国海上交通安全管理的基本制度,有力地保障了船舶的海上航行安全。但随着经济发展和船舶航行能力的提升,为了更好地保障船舶的海上航行安全,2021年4月29日,全国人大常委会修订了《海上交通安全法》,修订后的法律于2021年9月1日起施行。此次修订从防范海上安全事故、强化海上交通管理、健全搜救和事故调查处理机制等方面作出了完善。《海上交通安全法》对船舶的定义范围较为广泛,其中包括了渔船。③

(2)相关的海事法规和规章

《非机动船舶海上安全航行暂行规则》自1958年7月1日起施行。④ 该暂行规则制定于改革开放之前,其第1条中规定的适用的船舶还停留在人力、风力、拖力的非机动船,对目前海上捕捞作业的影响已经

---

① 参见交通运输部《关于〈中华人民共和国海商法(修订征求意见稿)〉公开征求意见的通知附件二》。
② 《海上交通安全法》于1983年9月2日全国人民代表大会常务委员会审议通过,1984年1月1日起施行。参见《海上交通安全法》,载中华人民共和国中央人民政府网,http://www.gov.cn/banshi/2005-08/23/content_25604.htm。
③ 《海上交通安全法》第117条:"船舶,是指各类排水或者非排水的船、艇、筏、水上飞行器、潜水器、移动式平台以及其他移动式装置。"
④ 该规则于1958年3月17日由国务院批准,1958年4月19日由原交通部、原水产部发布。参见《非机动船舶海上安全航行暂行规则》,载北大法宝1958年4月19日,https://www.pkulaw.com/chl/7ca20b6f74060996bdfb.html?keyword=中华人民共和国非机动船舶海上安全航行暂行规则&way=listView。

不大。

《渔港水域交通安全管理条例》由国务院于 1989 年 7 月 3 日发布,1989 年 8 月 1 日起实施。① 该条例经过 2011 年 1 月 8 日、2017 年 10 月 7 日和 2019 年 3 月 2 日三次修订。② 2011 年的修改内容只是针对第 26 条中所指向的法律名称进行了修订,③2017 年的修订内容则是删除了第 10 条中有关渔业捕捞等生产活动批准的规定,④2019 年的修订则是删除了和修改了一些条款中的某些措辞。⑤ 虽历经几次修改,但是修改幅度不大,大体上仍然延续了 1989 年立法时的精神和规定。《渔港水域交通安全管理条例》是在《海上交通安全法》框架下制定的适用于沿海渔港和渔港水域的条例。具体而言,该条例涉及渔业船舶在安全航行、停泊、作业等方面的问题,明确了渔港管理职能部门,对于维持渔港、渔船良好秩序,促进安全生产具有重大意义。⑥

《关于不满 300 总吨船舶及沿海运输、沿海作业船舶海事赔偿限额的规定》由原交通部发布,自 1994 年 1 月 1 日起施行。⑦ 该规定是对《海商法》第 210 条有关海事赔偿责任限制计算赔偿限额的补充性规定⑧,旨在对不满 300 总吨船舶的海事赔偿责任限制提供算法。

---

① 参见《渔港水域交通安全管理条例》,载中华人民共和国中央人民政府网,http://www.gov.cn/ztzl/2006-05/27/content_292775.htm。

② 参见《渔港水域交通安全管理条例》,载北大法宝 2017 年 10 月 7 日,https://www.pkulaw.com/chl/f486ae306e53d68bbdfb.html。

③ 中华人民共和国国务院令第 588 号第 30 项。

④ 中华人民共和国国务院令第 687 号第 3 项。

⑤ 中华人民共和国国务院令第 709 号第 44 项。

⑥ 参见杨建锋:《加强渔港监督 提高渔业安全管理水平——1989 年 7 月国务院发布〈中华人民共和国渔港水域交通管理条例〉》,"2008(舟山)中国现代渔业发展暨渔业改革开放三十年论坛"论文,2018 年 10 月于中国浙江舟山。

⑦ 该规定于 1993 年 11 月 7 日由国务院批准,1993 年 11 月 15 日由原交通部发布。参见《关于不满 300 总吨船舶及沿海运输、沿海作业船舶海事赔偿限额的规定》,载北大法宝 1993 年 11 月 15 日,https://www.pkulaw.com/chl/5d6ba811e2868845bdfb.html?keyword=关于不满 300 总吨船舶及沿海运输、沿海作业船舶海事赔偿限额的规定&way=listView。

⑧ 《海商法》第 210 条对赔偿限额的计算适用于总吨位 300 吨以上的船舶。

《渔业船舶检验管理规定》于2020年1月1日起施行。[1] 交通运输部自2018年机构改革之后开始正式履行对渔业船舶检验和监督管理职责。交通运输部在深入了解渔业船舶检验现状和存在问题的基础上决定颁布有关渔业船舶检验管理的部门规章,该规定厘清了与渔业船舶检验有关的各方职责,重点在于推进商船和渔船检验制度的融合。

3. 与渔船相关的环境保护法律规范

在法律位阶上,商船和渔船适用的环境保护法律规范并无不同。总体来说,我国将船舶作为一个整体进行了约束,大多数的法律规范中并没有对商船和渔船进行明确区分。

(1)环境保护法律

《环境保护法》[2]是我国环境法领域中最基础和最核心的部门法。它的制定和修改并非针对渔业或渔船,主要是随着国家对环境保护问题的高度重视从土壤、大气、水等多方面围绕生态文明建设和环境保护的制度建设进行的完善。2014年的修订主要体现在将环境保护宣示为国家的基本国策、确立了环境公益诉讼条款、改进环境执法和实施主体功能区计划等方面。2014年修订后的《环境保护法》为我国环境治理首次提供了一个比较完整的制度框架。[3]

《海洋环境保护法》于1983年3月1日正式开始实施,全国人大常委会于1999年12月25日对其进行了修订并于2013年12月28日、2016年11月7日、2017年11月4日和2023年10月24日对其修订和修正。[4] 1999年的修订将"防止"修改为了"防治",从立法理念上得到了新的提升,同时,还增加和完善了有关海洋污染事故应急制度、船舶油

---

[1] 中华人民共和国交通运输部令2019年第28号。
[2] 由全国人民代表大会常务委员会于1989年12月26日审议通过并同日公布施行。2014年4月24日,全国人民代表大会常务委员会对其进行了修订。
[3] 参见王曦:《为完善环境治理的法制保障而努力——〈环境保护法〉修改研究回顾》,载《环境法评论》2018年第00期。
[4] 参见《海洋环境保护法》,载北大法宝2023年10月24日,https://www.pkulaw.com/chl/4de29ac9bdae5c71.html。

污损害民事赔偿制度、船舶油污保险制度等规定。对于船舶污染的防治,《海洋环境保护法》设有"船舶及有关作业活动污染防治"专章进行规范,对船舶防污染设施配备及证书文书取得、污染危害性货物运输、污染物接收处置、船舶污染应急处置及强制清污进行了规定,对国际条约的引入及优先适用予以了明确。① 《海洋环境保护法》努力寻求海洋生态环境保护与科学合理开发利用海洋自然资源之间的平衡,为保护海洋生态环境提供法律保障。②

《大气污染防治法》自 1988 年 6 月 1 日起施行。③ 2000 年修订之后,为加强机动车船排气污染的控制,将防治机动车船排放污染单独作为一章,对机动车船制造、销售和进口、机动车船使用和维修、燃油品质、监督检测等环节分别作出了规定。④ 2015 年修订后的《大气污染防治法》对机动车船的综合防治作出了具体规定,强化了有关主体的要求使规定更符合大气污染防治的现状。船舶排放的废气具有较高的危害性,但在《大气污染防治法》中并没有针对船舶的空气污染进行深入的规定,目前对机动车船的排放标准进行的规定尚停留在原则性的框架层面。总体而言,目前的修订没有为实现"环境质量目标"或"不逾规定总量"的规制目标配备规制手段,或虽有配置但规制手段不够有力。⑤ 2018 年该法再次被修改,此次修改主要是在国家机构改革后对法律中的相关行政部门名称进行了更改。⑥

---

① 参见高宁:《我国船舶污染防治存在问题及其完善建议》,载《浙江海洋大学学报(人文科学版)》2020 年第 6 期。

② 参见张海文:《〈中华人民共和国海洋环境保护法〉发展历程回顾及展望》,载《环境与可持续发展》2020 年第 4 期。

③ 1995 年 8 月 29 日全国人民代表大会常务委员对其第一次修正,2000 年 4 月 29 日对其第一次修订,2015 年 8 月 29 日对其第二次修订,2018 年 10 月 26 日对其第二次修正。参见《大气污染防治法》,载北大法宝 2018 年 10 月 26 日,https://www.pkulaw.com/chl/56d189e827f94116bdfb.html?keyword=中华人民共和国大气污染防治法&way=listView。

④ 参见骆敏:《大气污染防治战略的十大转变》,载《环境导报》2000 年第 4 期。

⑤ 参见徐祥民、姜渊:《对修改〈大气污染防治法〉着力点的思考》,载《中国人口·资源与环境》2017 年第 9 期。

⑥ 中华人民共和国主席令第 16 号。

(2)与渔船环保相关的行政法规和部门规章

《渔业法》实施之后,从行政法规和部门规章的角度来看,我国对于渔船的安全航行、作业以及渔业作业的人身和财产安全的规定缺乏相关的在具体实施层面上的规范文件。因此,国务院和农业部门等有关部门以渔船海上作业安全为核心制定了有关的实施细则。从海事制度的角度来看,交通部门制定的规章也是重点对渔船安全进行考虑。但从环境保护法规和规章来看,适用于渔船的法律规范较少。

《防治船舶污染海洋环境管理条例》[①]旨在防治船舶及其有关作业活动对海洋环境造成的污染。该条例要求制定有关污染海洋环境应急能力建设规划、应急反应机制和预案并健全对海上作业活动污染海洋的监测和监视等预防为主、防治结合的措施。根据《海洋环境保护法》《防治船舶污染海洋环境管理条例》进一步与我国加入的国际公约接轨,并在总结防治船舶及其有关作业活动对海洋环境造成污染的基础上健全防治船舶污染的监管机制。[②]

(三)国际惯例

根据国际法上的定义,国际惯例包括两类习惯规则:一类是调整国家间关系的"国际习惯",另一类是调整商人之间交易关系的"国际商事惯例"。[③]渔船因为与国家主权的关系十分紧密,相关法律规范的形成主要体现为国家对渔业捕捞行为的监管,而商船的海上活动与贸易活动相关,在长时间的实践中形成了国际海事惯例。[④] 因此,形成于国际商

[①] 2009年9月9日由国务院公布。该条例目前修订了六次,分别是:2013年7月18日第一次修订,2013年12月7日第二次修订,2014年7月29日第三次修订,2016年2月6日第四次修订,2017年3月1日第五次修订,2018年3月19日第六次修订。参见《防治船舶污染海洋环境管理条例》,载北大法宝2018年3月19日,https://www.pkulaw.com/chl/f2629ec0aeb6b1bbbdfb.html?keyword=防治船舶污染海洋环境管理条例&way=listView。

[②] 参见《国务院法制办负责人就〈防治船舶污染海洋环境管理条例〉答记者问》,载中国人大网,http://www.npc.gov.cn/c2/c188/c219/201905/t20190522_172063.html。

[③] 参见车丕照:《〈民法典〉颁行后国际条约与惯例在我国的适用》,载《中国应用法学》2020年第6期。

[④] 参见傅廷中:《国际海事惯例适用之反思》,载《社会科学辑刊》2020年第5期。

事活动中的国际惯例在渔业法领域并不具备发生的条件。根据《联合国国际法院规约》第 38 条的规定,国际习惯的构成要素之一是"法律确信",而国际商事惯例是商人的实践所形成的规则,严格来说并非法律,不需要"法律确信"作为其构成要件。① 因而,国际海事惯例源于长期反复的海上实践,由航运主体基于航运活动的客观实际调试形成,②国际海事惯例是法律的渊源之一,对立法起到重要的补充作用。③ 从广义的角度来看,海事惯例可以分为私法上的惯例和公法上的惯例,公法上的惯例需要经国家的同意和认可方能对该国产生法律上的效力,而私法上的海事惯例大多属于任意性,当事人可以约定适用。④ 例如,在共同海损中的《约克 - 安特卫普规则》。国际海事惯例是根据航运习惯和习惯法逐渐形成的,由于其与交易习惯具有极大的关联性,因此,其相较于成文法典而言更具有灵活性和时代性。根据我国现行法律的规定,我国的法律或我国缔结或参加的国际条约没有规定的,可以适用国际惯例。⑤ 由于渔船可以适用部分的海商法,海商法中的一些海事惯例便可由此适用于渔船。但是由于这些海事惯例大都与海上运输活动有关渔船可以适用的情况不多。

总的来说,目前中国渔船法律现状包括了国际公约、国内法以及国际惯例三大部分。与渔船相关的法律规范体现在渔业法、海商法和环境法中。但无论是法律规范的数量还是以渔船为规范对象的针对性,我国与渔船相关的法律规范在总体上仍以渔业法为主。

---

① 参见车丕照:《〈民法典〉颁行后国际条约与惯例在我国的适用》,载《中国应用法学》2020 年第 6 期。
② 参见司玉琢:《海商法专论》(第 4 版),中国人民大学出版社 2018 年版,第 468 页。
③ 参见傅廷中:《国际海事惯例的适用之反思》,载《社会科学辑刊》2020 年第 5 期。
④ 参见傅廷中:《国际海事惯例的适用之反思》,载《社会科学辑刊》2020 年第 5 期。
⑤ 《海商法》第 268 条。

第二节　中国渔船法律制度的主要内容

渔船与从事海上运输活动的商船不同,渔船通过海上航行进行捕鱼活动,故而渔船的法律制度将围绕捕捞活动和航行活动展开。原农业部《关于加快推进渔业转方式调结构的指导意见》中要求,我国渔业要积极推进捕捞产业化经营、确保渔业安全生产并强化对渔业资源和生态环境的保护。因此,我国渔船法律制度将围绕有关渔船港航安全、捕捞产业营运以及生态环境保护三个方面展开。中国渔船的法律制度离不开渔业法相关规定的约束,尤其是渔业捕捞限额制度和渔业捕捞许可证制度对渔船海上活动的直接影响。而渔船作为海上航行的工具同样需要遵循相关的海上航行和港口交通规则以保障海上航行安全和防治环境污染。中国渔船法律制度的主要内容也将围绕着渔业法、海商法和环境法的相关制度展开。

一、渔船港航交通安全法律制度

渔港是渔船停泊、避风、装卸渔获和补充物资的人工港口或自然港湾,[①]渔港包括了综合性港口中渔业专用码头、渔业专用的水域和渔船专用的锚地。[②] 渔船的港航交通安全包括了渔船在渔港的交通安全以及海上航行中的安全。随着中国近海资源的逐渐枯竭,国家开始扶持和鼓励远洋渔业的发展。无论是在中国管辖海域内进行捕捞的渔船还是在远洋从事捕捞作业的渔船,对作业安全的高度重视是保障人身和财产安全的重要内容。

[①] 《渔港水域交通安全管理条例》第4条。
[②] 《港口法》第60条。

(一)渔港水域交通安全制度

《海上交通安全法》将渔港水域内的海上交通安全管理交由县级以上人民政府渔业渔政主管部门负责。① 《渔港水域交通安全管理条例》是针对渔船港口交通安全的行政法规。渔船进出渔港必须遵守渔港管理章程以及国际海上避碰规则,②为了保障渔港进出的航行安全,渔港水域交通安全管理制度还包括在渔港内的航道、港池、锚地和停泊区禁止从事有碍海上交通安全的捕捞、养殖活动。③ 如果船舶之间发生事故,渔船之间的事故需要向就近的渔政渔港监督管理机关报告。④ 渔港的监督管理机构还要实施对 IUU 捕鱼的监管,对外籍渔船可登临检查证件、渔具和渔获。⑤

(二)渔船海上航行安全制度

中国沿海渔场众多,航行情况复杂,为了保证渔船的海上航行安全,需要从航行规则、船员值班等方面进行规范。第一,渔船船员的值班制度。船员值班一般需要通过视觉和听觉来对当下所处的环境进行判断。在航行中船员需保持正规瞭望,使用安全航速并正确判断碰撞风险。《渔业船舶航行值班准则(试行)》对渔业船舶的航行值班、捕捞作业值班、机舱值班、渔船锚泊和交接班的操作规程与注意事项等进行了详细规定。该值班准则适用于船长 24 米及以上的渔船,24 米以下的渔船可参照执行。⑥ 第二,渔船的海上安全航行制度。渔船在海上航行和作业时需要严格遵守《1972 年国际海上避碰规则公约》的要求,正确使用号灯、声号,准确表达船舶状态。

---

① 《海上交通安全法》第 118 条。
② 《渔港水域交通安全管理条例》第 6 条。
③ 《渔港水域交通安全管理条例》第 10 条。
④ 《渔港水域交通安全管理条例》第 16 条。
⑤ 参见华敬炘:《渔业法学通论》(下册),中国海洋大学出版社 2017 年版,第 333 页。
⑥ 原农业部《渔业船舶航行值班准则(试行)》第 7 条。

二、渔船营运法律制度

船舶经营人通过渔船进行捕捞作业除满足自身的生活需求之外,在大部分情况下是为了将所获得的渔获进行交易。渔船除作为海上航行工具之外还是生产工具。而渔船所进行的海上捕捞作业活动和国家的海洋权益以及可持续发展理念相关,渔船捕捞作业通常由沿海国家严格控制捕捞以避免国家管辖水域内生物资源的枯竭。渔船的营运活动将直接受到国家对渔船政策的影响。除国家政策之外,渔船需要必要的生产条件以完成捕捞作业,包括船舶、人员的配备等。

(一)渔业捕捞限额制度和渔业捕捞许可证制度

渔业捕捞限额制度和渔业捕捞许可证制度是从渔业资源管理的角度对渔业捕捞活动的管理活动进行投入控制。[1] 渔业捕捞限额制度是国家根据渔业资源的增长量,在增长量之下确定总可捕捞量的制度。[2] 渔业捕捞活动由于其与国家的海洋权力、全球海洋资源养护以及可持续发展有关,因此,渔业捕捞活动的准入与对海洋资源养护密切相关。有限度的准入可以实现人类需求和资源极限之间的平衡,这一制度的落实需要国际组织和相关国家的共同努力。就渔业捕捞准入法律制度而言,渔船是主要规范的对象。一般首先是通过捕捞许可证制度对渔船的数量进行限制,进而通过其他的附加条件为从事捕捞活动的渔船附加其他的义务。[3]

我国国内法对于渔业捕捞限制的规定主要体现在《渔业法》和《渔业捕捞许可管理规定》中。我国的渔业捕捞许可制度最早是通过《水产资源繁殖保护条例》确定的,[4]《渔业法》进一步明确了我国捕捞限制制

---

[1] 参见戴瑛、裴兆斌编著:《渔业法新论》,东南大学出版社2017年版,第73页。
[2] 《渔业法》第22条。
[3] 参见唐建业:《国外海洋渔业准入制度的实践分析》,载《广东海洋大学学报》2011年第2期。
[4] 《水产资源繁殖保护条例》第17条。

度和捕捞许可证制度。这为我国渔船进行渔业捕捞活动的准入制度奠定了基础。① 《渔业捕捞许可管理规定》是对《渔业法》相关规定的进一步细化,主要涉及合理利用渔业资源和控制捕捞强度、维护渔业生产秩序和保障渔业生产者合法权益等内容。

(二)船网工具控制指标制度

船网工具控制指标是指"渔船的数量及其主机功率数值、网具或其他渔具的数量的最高限额"②。渔业资源具有流动性和共享性,如果不加限制地在开放海域中进行捕捞活动将会导致捕捞业的无序竞争,最终因捕捞强度超过了渔业资源生长和维持的能力,造成海洋生物资源的枯竭。③ 渔船的船网工具控制指标与渔业捕捞许可证有着密切联系,由于渔业捕捞许可的目的是控制捕捞渔船的总体数量,因此,渔业捕捞许可证的批准需要控制在船网工具指标之内。④ 对于从事捕捞活动的船舶,我国特别对其规定了渔业船网工具指标批准书作为获得船籍的必要条件,⑤否则,渔船将无法航行和从事捕捞作业活动。《渔业法》中对船网控制指标进行了总体规定,但是该制度在《渔业法》中也只体现为其中的一个法律条款,具体的细则体现在《渔业捕捞许可管理规定》中。⑥

(三)船舶登记制度

船舶需要通过船舶登记来明确船舶所有权和船籍等相关信息,船舶在一国登记之后才可以悬挂该国国旗在海上航行。《海上交通安全法》将渔业船舶的登记管理交由县级以上人民政府渔业渔政主管部门负责。⑦ 为了规范渔船的登记,原农业部制定了《渔业船舶登记办法》。通

---

① 参见黄硕琳、唐议:《渔业管理理论与中国实践的回顾与展望》,载《水产学报》2019年第1期。
② 《渔业捕捞许可管理规定》第55条。
③ 参见戴瑛、裴兆斌编著:《渔业法新论》,东南大学出版社2017年版,第77页。
④ 《渔业法》第23条。
⑤ 《渔业船舶登记办法》第17条。
⑥ 《渔业捕捞许可管理规定》第二章专门对船网工具指标进行了规定。
⑦ 《海上交通安全法》第118条。

过船舶登记可以确定渔船的所有权①以及船籍②,同时,通过船舶登记渔船方可获得航行权。③ 渔船船舶登记制度中对远洋渔业船舶进行了特别规定,远洋渔业船舶的登记要向船舶所在地的省级登记机关申请,④从非远洋渔业转向远洋渔业的船舶也需要向省级登记机关换发相应的证书,⑤如果加入他国国籍才能开展远洋渔业的船舶需要向省级登记机关中止渔业船舶国籍。⑥

(四)渔业船舶检验制度

为了确保渔船的营运安全,渔船需要经过检验机构对其技术状况等检验以确保船舶能够保持良好的营运状态。渔船在下水从事捕捞作业前必须经过检验部门检验合格,而具体的管理办法由国务院规定。⑦ 渔业船舶的检验由海事管理机构负责。⑧《渔业船舶检验条例》是根据《渔业法》为规范渔业船舶检验而制定的部门规章。⑨ 该条例中规定了渔船检验的强制检验制度,并将其分为初次检验、营运检验和临时检验。⑩ 初次检验一般是在渔船建造完毕之后的首次检验,营运检验是对已经投入营运一定时间的渔船的检验,临时检验是由于突发影响安全或者变更船名等因素而需要的检验。为了加强渔业船舶检验管理和规范渔业船舶检验行为,交通运输部公布了《渔业船舶检验管理规定》。⑪《渔业船

---

① 《渔业船舶登记办法》第1条。
② 《渔业船舶登记办法》第4条。
③ 《渔业船舶登记办法》第16条。
④ 《渔业船舶登记办法》第6条。
⑤ 《渔业船舶登记办法》第18条。
⑥ 《渔业船舶登记办法》第19条。
⑦ 《渔业法》第26条。
⑧ 《海上交通安全法》第118条。
⑨ 2003年6月27日由中华人民共和国国务院令第383号发布,自2003年8月1日起施行。
⑩ 《渔业船舶检验条例》第4条。
⑪ 2019年11月20日由中华人民共和国交通运输部令2019年第28号公布,2020年1月1日起施行。该规定第40条明确了从事国际航行的渔业辅助船舶检验适用《船舶检验管理规定》。

舶检验管理规定》继续秉承了渔业船舶强制检验的要求,渔业船舶检验适用于船舶以及船用产品的强制检验。① 该规定中将渔船分为远洋渔船和国内渔业船舶,对远洋船舶的检验交由交通运输部设置的船舶检验机构负责,国内渔业渔船则交由地方渔业船舶检验机构负责。②

除保障渔船的航行安全之外,船舶检验的另一个目的在于防止渔船航行和作业对环境的污染。这主要体现在用于制造、改造渔业船舶航行、作业及防治污染环境的重要设备需要经过检验之后方可使用,③对于营运中的渔船,其更换的防止污染环境的重要设备和部件等应当在使用前实施检验。④

(五) 渔业船员管理制度

渔业船员的管理制度一方面是为了使船员满足基本的适任需求,另一方面是为船员的职业保障提供相关标准。渔船是进行捕捞活动的工具,而渔船船员是具体从事捕捞活动的人。船旗国政府负责有关船员的适任工作。⑤ 在我国,船员必须持有船员适任证书也必须经过相应的技术培训。⑥《渔业船员管理办法》中规定了渔业船员任职、发证、配员、职责、培训、职业管理与保障等方面的内容。船舶能够正常营运需要满足最低安全配员的需求,并需要配备掌握避碰、通信和救生等专业技能的人员。⑦ 渔船船员在上船之前应当符合《渔业船员管理办法》中规定的最低配员标准,该最低配员标准包括了需要持有渔业船员证书,在远洋渔船上工作的中国籍船员还需要具有中华人民共和国海员证。⑧ 为保证渔船船员的身心健康,渔船所有人或经营人应当保障船员生活和工作

---

① 《渔业船舶检验管理规定》第2条。
② 《渔业船舶检验管理规定》第9条。
③ 《渔业船舶检验条例》第9条。
④ 《渔业船舶检验管理规定》17条。
⑤ 《联合国海洋法公约》第94条。
⑥ 《海上交通安全法》第13条。
⑦ 《海上交通安全法》第33条。
⑧ 《渔业船员管理办法》第4条、第5条。

环境的安全,提供满足船上工作在健康、卫生和医疗等方面的必要条件。[1]

三、渔船环境污染防治法律制度

我国渔船现行的环境污染防治法律制度从制度创设上倾向于从渔业法的角度进行相关的防治工作,主要包括两方面:一方面是对生物资源保护的法律制度,其目的是保障生物多样性和促进可持续发展;另一方面是对水体保护的法律制度,其目的是防止船舶在航行或作业的过程中对海洋和港口水域造成污染。

(一)休禁渔制度

除捕捞许可证规定的作业许可内容之外,渔业捕捞活动的时间和场所还要遵守禁渔期和禁渔区等规则的限制。[2]《水产资源繁殖保护条例》也对禁渔区和禁渔期制度进行了规定。该条例中规定了对某些重要鱼虾贝类的产卵场、越冬场和幼体索饵场应当合理规定禁渔区和禁渔期。[3] 禁渔期和禁渔区是在该期间和该区域完全禁止捕捞活动,通过经纬度坐标划定一定的范围或者由政府颁布的禁止渔业生产的期间内禁止渔业捕捞活动。禁渔期和休渔制度具有相似之处,但又有差别。禁渔期是法律明确规定的不能从事渔业捕捞活动的期间,这一期间由政府相关部门划定,与自然季节无关。而休渔制度则是在某一时间段内暂停捕捞活动,通常与自然环境相关,一般为伏季休渔,具体的时间根据不同的海域状况而有所不同。我国对水产资源保护的决心和力度都很大,对于未获得捕捞许可证擅自捕捞的行为人来说,首先需要承担行政责任,如

---

[1] 《渔业船员管理办法》第五章。
[2] 《渔业捕捞许可管理规定》第20条,"禁止在禁渔区、禁渔期、自然保护区从事渔业捕捞活动"。
[3] 《水产资源繁殖保护条例》第7条。

果行政机关认为情节严重的就需由人民法院进行综合审查。① 在海洋水域,在禁渔区、禁渔期或者违规使用禁止使用的工具、方法捕捞水产品要承担刑事责任。②

(二)渔船捕捞的海洋和大气环境污染防治制度

渔业水域是渔船捕捞作业活动的空间,包括渔船捕捞作业的海洋。渔业水域环境的变化将会对渔业捕捞活动产生直接或间接的影响。《渔业法》对渔业水域的污染防治制度进行了总体性的规定。③《环境保护法》中并没有对渔船海洋捕捞作业造成的污染作出专门的规定。《海洋环境保护法》和《水污染防治法》是从水体污染防治(其中包括海洋污染防治)的角度对有关的污染排放、倾倒等行为进行了规范。《大气污染防治法》中是将机动车船作为一个整体,对其实施减少高油耗、高污染的措施。④

综上可知,中国渔船法律制度的主要内容体现在渔船港航交通安全法律制度、渔船营运法律制度和渔船环境污染防治法律制度,这些法律制度大都从行政监管以及渔业法的角度创设。随着渔船海上活动范围的扩大,现行的渔船港航交通安全法律制度中已经体现出了渔船对商船法律制度的适用。

第三节　中国渔船法律制度的特点及有待完善之处

中国渔船法律制度涉及渔业法、海商法和环境法的相关制度。渔船进行捕捞活动的产出可以促进渔业经济的发展,因此,我国渔船法律制

---

① 最高人民法院《关于审理发生在我国管辖海域相关案件若干问题的规定(二)》(法释〔2016〕17号)第10条。
② 《刑法》第340条。
③ 《渔业法》第36条。
④ 《大气污染防治法》第50条、第51条。

度的特点是现行的法律规范以渔业法为侧重,对渔船仍以监管为主。对于海上活动中需要遵守的相关规则还未引起足够重视。

一、以渔业法为侧重的制度构成

中华人民共和国成立初期,百废待兴,中央和沿海地方政府积极开展各项措施,恢复和发展渔业生产。国务院和国务院渔业行政主管部门陆续发布了一些渔业法规,例如,1962年7月国务院批准水产部制定《渤海区对虾资源繁殖保护试行办法》等。[1] 这一时期我国渔业生产能力较低,渔业政策以恢复和发展渔业生产为主,缺乏渔业基本法方面的立法。渔业立法的范围小,内容单一,主要都是针对海洋捕捞业。有关渔船作业、海洋资源的保护和利用仍然缺乏系统的法律制度保障。1978年改革开放之后,作为改革开放的重要内容,各领域的立法活动受到国家的重视。在渔业方面,渔业立法得到恢复并开始全面建设和发展,渔业立法中关于渔船的规范也从粗放型立法向集约型立法转变。

《渔业法》的立法目的在于加强渔业资源的保护、增值、开发和合理利用,保护渔业水域生态环境,保障水产品有效供给,维护渔业生产者的合法权益,促进渔业可持续发展。[2] 作为对渔业部门的总体规范性的规定,《渔业法》第三章"捕捞业"对渔船的捕捞活动进行了总体规定并明确了扶持远洋捕捞业的发展方针。中华人民共和国成立后的一段时间内,我国捕捞业是以满足人民群众生活和生产需要为主的内向型发展模式,而随着我国近海海洋生物资源的逐渐衰退和远洋捕捞能力的提升,外海捕捞也出现过度捕捞的情况,因此,在《渔业法》中对于渔船的管制倾向于合理调整捕捞力量和捕捞结构,为捕捞的可持续发展提供方向。

《渔业法》中对于渔船捕捞活动的规定较为原则性,尤其是对捕捞限额制度、捕捞许可证制度等有关海洋资源可持续发展的规定。对渔船

---

[1] 参见戴瑛、裴兆斌编著:《渔业法新论》,东南大学出版社2017年版,第16页。
[2] 《渔业法》第1条。

的制造、检验、改造等具体事项由国务院规定,[①]有关公海捕捞作业的许可由国务院渔业行政主管部门批准发放。[②] 因此,行政法规、部门规章的内容更为细化,这些规定多涉及渔船、渔业、部分海域有关休渔规定等方面。由于渔船捕捞与生物养护的关联性较大,因此,大多数规范渔业的法规和规章中都会对渔船的捕捞作业行为进行规范。

二、以渔船监管为核心的法律规范设计

FAO 以推动全球渔业产业发展为目的而间接实现对渔船的管制,这些规定散见于各类渔业发展法律文件中。FAO 制定的《负责任渔业行为守则》及有关发展渔业的标准、准则、行动计划和战略都为推动渔业的产业治理起到了重要作用。为了专门应对有关渔业和水产养殖的重大问题,基于对渔船海上安全、监管以及防止 IUU 捕鱼的要求,联合国、FAO、IMO 和 ILO 等国际组织都对渔船的监管保持了高度关注。在我国国内法上,全国人大常委会、国务院、农业农村部和交通运输部等部门都对渔船的监管进行了立法。

国内渔业法律制度的一个重要目的是发展渔业生产和维护渔业生产经营秩序。我国海岸线绵长,除在《联合国海洋法公约》框架下享有公海捕鱼的自由之外,更重要的是有义务为国家管辖海域中的生物资源的开发、利用和养护提供法律制度的保障。我国的渔业捕捞船舶和渔民数量增加迅猛,远洋渔业捕捞逐渐规模化,但中华人民共和国成立后的一段时间内由于我国的渔业政策以温饱和发展沿海地区经济为主,长时间粗放型的捕捞方式使沿海地区面临海洋资源枯竭等问题。改革开放以后,我国开始重视渔业管理并陆续颁布了一系列水产资源养护的法律规范,而《渔业法》的颁布标志着中国渔业管理制度的形成,中国渔业进

---

① 《渔业法》第 26 条。
② 《渔业法》第 23 条。

入全面管理时代。① 以《渔业法》为核心的渔业法律制度的构建,为规范我国国内渔船的管理和明确渔船责任建立了坚实基础。在国内渔船管制方面,《渔业法》第三章有关捕捞业的规定,为国家设立了渔业捕捞许可证制度和捕捞限额制度,并为渔业船舶检验、渔业监督管理设置了最主要的法律依据。在国外渔船管制方面,《渔业法》规定了外国人和外国渔船在我国管辖水域内的相关活动必须经国务院有关主管部门批准并遵守我国的法律法规以及我国签订的条约与协定。②

三、中国现行渔船法律制度存在的有待完善之处

中国现行渔船法律制度从行政法以及行政监管的角度对渔船的生产作业活动进行了制度设计。这些法律制度主要体现出以渔业法为侧重和以渔船监管为核心的设计理念,在一定程度上忽视了渔船作为船舶在海上活动的特性,也未考虑渔船对商船法律制度的可适性。

第一,在我国渔船现行的港航交通安全法律制度中,存在忽视渔船可以适用大部分有关海上交通安全的商船法律规范的情况。而这些商船法律规范中的一部分已明确规定渔船同样需要遵守,例如渔船的海上航行需要遵守《1972年国际海上避碰规则公约》。但在其他有关航行安全的法律规范适用上尚未引起足够的重视。例如,渔船可以适用的海难救助规则、海上拖航规则等。无论是国际规则、国际惯例还是我国的国内法,有关海上安全保障方面的法律制度在设计上都体现出了对海上风险的防控和对人生命安全的保障。这些制度原则上都不排除渔船的适用。

第二,在我国渔船现行的营运法律制度中,未考虑到渔船在船舶物权、租船、船员适任和职业保障以及海事赔偿责任限制等方面可以适用一些商船法律规范。因而,渔船在上述方面的法律需求需要引起重视。商船和渔船之间因为使用目的不同而在营运活动中具有不同的适用法

---

① 参见黄硕琳、唐议:《渔业管理理论与中国实践的回顾与展望》,载《水产学报》2019年第1期。
② 《渔业法》第8条。

律需求。商船要进行海上货物贸易，主要体现的是私主体之间的贸易活动。渔船受到国家捕捞限额制度的影响在营运方面更多的是倾向于对作业活动的公权力控制。由于商船和渔船都需要在海上航行，因而二者都需要将船舶、船员以及责任风险承担作为其营运活动的最基本的要素。但渔船在适用有关商船法律规范时难免会受到捕捞许可等制度的影响，渔船在船舶登记、租船、船员适任要求和职业保障等方面会与商船在法律保障和适用上存在一定差距。在海事赔偿责任方面则会产生实践中应用频率不高的问题。

第三，我国渔船现行的水域生态环境保护法律制度主要是对海洋生物资源的保护，对于渔船的海洋和大气环境污染防治并没有给予足够的重视。从国际环境公约方面来看，渔船往往是作为船舶的一个组成部分而被相关公约所规范。虽然一些商船的环境污染防治公约由于规范对象的特殊性而排除了渔船的适用（例如对运输有毒有害物质船舶的环境污染防治要求就不涉及渔船的适用问题），但大部分有关环境保护的国际公约和我国国内法在立法时并没有排除渔船的适用。因而，渔船应当或可以适用相关的商船法律规则或者针对船舶整体的法律规则，而渔船在具体适用相关法律规则过程中难免会出现法律规则不适配的情况。

综上可知，中国渔船现行法律制度的特征明显，中国渔船法律制度的发展与渔业经济和渔业法律制度的发展密切相关。中国渔船法律制度主要体现出了渔业法律制度的特征。中国渔船法律制度的有待完善之处在于对可以适用的商船法律制度的重视度不够高，而商船法律制度中的相关内容可以满足渔船进行海上活动的制度需要。

第四节　中国渔船法律制度借鉴商船法律制度的重构原理

我国自古以来就有捕鱼的传统，近代以来，中国渔船的发展实现了从"舟筏风帆时代"向"柴油机时代"的跨越。① 短期的经济效益使渔民大肆捕捞,海洋生物资源的养护已成为当务之急。为了保护海洋生物资源,我国渔船的法律制度主要体现为对渔船的管理和控制。② 随着渔船建造水平和航行能力的提升,尤其是国家对发展远洋渔业的扶持,渔船的海上航行活动中已经可以适用一些商船法律规范。商船与渔船虽然在使用方式上存在着不同,但二者在海上航行、营运以及环境保护方面具有相同的价值追求。一些商船法律规范在制定时并没有排除对渔船的适用,渔船适用有关的商船法律规范也具有理论上的可行性。

一、中国渔船和商船求同存异的法律制度基础

渔船和商船是两种不同使用类型的船舶,各自的法律制度在制定时便存在着天然的差别。随着我国重视和推动海洋事业的发展,我国逐渐加入了相关的海上安全、防止污染和渔业捕捞等方面的国际公约。在国内法上也通过渔业法、海商法和环境法的建立对商船和渔船的海上活动进行了约束。渔船的海上捕捞活动已经不再是单一的给人们取自陆地的消费品增加一点"海味"的活动,渔业捕捞活动已经成为海洋产业的重要组成部分。③ 渔船法律制度以渔业法为核心的法律规范已经不能满足渔船生产活动的需要,商船法律制度开始介入渔船捕捞活动。但商船和渔船毕竟存在着使用目的的不同,在商船法律制度下,一些商船法律规范也对渔船有所排斥。因此,渔船适用商船法律制度需要秉持求同存异的精神,在承认二者差异性的同时,合理地借鉴商船法律规范中的相同部分。

---

① 参见柳正:《跨百年沧桑 续渔业辉煌——回望中国渔船现代化发展道路》,载《农业部管理干部学院学报》2011年第3期。
② 参见薛桂芳:《国际渔业法律政策与中国的实践》,中国海洋大学出版社2008年版,第96页。
③ 参见马英杰等:《中国海洋法制建设战略研究》,海洋出版社2014年版,第35~36页。

(一) 商船和渔船具有作为船舶进行海上活动的共性

一般来说,商船主要用于海上运输,渔船主要用于海上捕鱼。二者的共性在于作为"船舶"这一海上航行和生产工具。商船法律制度和渔船法律制度也通过"船舶"这一共性而联系起来,为渔船适用商船法律制度提供了必要的条件。

第一,商船和渔船都是海上航行的工具,对航行安全具有相同的价值追求。海洋是船舶进行航行和生产的场所,其风险远大于一般的陆地行业。船舶在海上航行可能会遇到自然灾害和意外事故,如飓风、雷电、海啸、触礁、沉没等。这些情况都会给船舶和船上的工作人员带来人身和财产的损害。因此,国际社会和相关的海洋国家都十分关注船舶的航行安全问题。从19世纪开始,相关国际组织便陆续制定了一些有关海上安全的条约,而且IMO成立的重要目的之一就在于促进海事安全。[1]

第二,渔船和商船作为捕捞业和海运业的重要工具,对行业经营的可持续发展有共同追求。商船主要用于从事海上运输活动并为海上贸易服务。一些商船法律制度的形成和发展也是为了保障商船能够持续地开展海上运输业务,例如海事赔偿责任限制制度。渔船主要用于捕鱼,在我国,1949年年底的人均年占有水产品只有0.8千克,在改革开放之后渔业才有了快速的发展。[2] 20世纪50年代初的国民经济恢复时期,全国渔业公司的渔船大部分是60~160马力的木质渔船。[3] 由于渔船捕捞水平的提升,渔业资源遭受破坏,为减轻沿海渔业资源的压力,1985年我国开始发展远洋捕捞渔业。[4] 2019年年底,中国拥有合法远洋渔业企业178家,批准作业的远洋渔船2701艘,其中公海作业渔船1589

---

[1] See IMO, *Strategic Plan for the Organization*, IMO(December 11,2023), https://www.imo.org/en/About/Strategy/Pages/Default.aspx.
[2] 参见《70年来我国渔业取得巨大成就》,载中华人民共和国农业农村部网2019年10月22日, http://www.yyj.moa.gov.cn/gzdt/201910/t20191022_6330346.htm。
[3] 参见《中国海洋捕捞渔业发展历程》,载中华人民共和国农业农村部网2019年10月22日, http://www.moa.gov.cn/xw/bmdt/201910/t20191022_6330354.htm。
[4] 《中国远洋渔业履约白皮书(2020)》第1页。

艘,作业区域分布于太平洋、印度洋、大西洋公海、南极海域以及其他合作国家管辖海域。① 因此,我国的渔船已经具有了生产经营的规模,国家对远洋渔业发展的扶持也促进了渔船营运活动的稳定发展。渔船已经向产业型为主的复合工具转变。②

第三,渔船和商船活动都有环境保护的共同追求。除保护海洋环境的要求之外,商船和渔船在大气环境保护方面也逐渐具有了共同的要求。为了减少温室气体排放对全球气候变化的影响,各相关领域都开始采取针对温室气体减排的措施。国际社会对船舶排放温室气体的认识和规范起步相对较晚,近年来随着 UNFCCC 体系的逐步完善,船舶的温室气体减排被 IMO 和相关国家给予重视。有关船舶温室气体减排的国际公约和我国国内法在制定时一般没有排除对渔船的适用,渔船在适用相关减排法律制度的同时会出现一些理论上和实践上的问题。"碳中和"目标的实现也需要包括渔船在内的船舶温室气体减排工作的实施和逐渐推进。随着我国渔船远洋活动能力的提升和国家对于远洋渔业活动的扶持,渔船的温室气体减排法律规范亟须引起各方重视并需要合理有效的应对方案来适用现行的温室减排法律规则。

(二)商船和渔船法律制度由分离到交集

人类通过船舶利用海洋,基于船舶使用目的的不同而分为了进行捕捞活动的渔船和进行海上运输活动的商船。受到格劳秀斯公海捕鱼自由理论的影响,渔船的捕捞活动随着现代国际法的发展而逐渐和国家海洋权益联系紧密。③ 渔船法律制度也体现出以渔业法和船舶监管为侧重

---

① 《中国远洋渔业履约白皮书(2020)》第 1 页。
② 参见《调整渔业产业结构提升综合发展水平》,载中华人民共和国农业农村部网, http://www.moa.gov.cn/ztzl/nyfzhjsn/nyhy/201209/t20120906_2922802.htm。
③ 使"公海捕鱼自由在表面上成为确定无疑的"是 1893 年英美之间的"白令海海豹仲裁案"的裁决,该案中正面肯定了"公海捕鱼自由"原则并揭示了其与"为实施养护规则而进行必要的限制"这样的一对矛盾,从而影响了"公海捕鱼自由"含义的变化。因此,公海捕鱼成为一项国际法准则并得到了理论上和实践上的支持。参见许立阳:《国际海洋渔业资源法研究》,中国海洋大学出版社 2008 年版,第 67 页。

的法律特点。商船作为人类进行海上运输的工具随着全球贸易的发展而逐渐成为国际贸易中的重要组成部分。① 因而商船法律制度体现出的是商事特质。因此,商船和渔船法律制度在制度设计上便走向了不同的方向。

商船的法律制度随着国际贸易和海上运输的发展而不断完善。新航路开辟之后,人类通过海上运输开始形成洲际间规模化的贸易活动。② 商船法律制度中的规范大都在实践中发展形成并传承至今,这些具有历史传承的原则和规则是海商法所特有的,例如船舶碰撞、海难救助、共同海损、海事赔偿责任限制等。渔船在20世纪中叶以前仍以近海活动为主。③ 在我国,中华人民共和国成立初期受到国内经济和国际政治环境的影响,沿海地区的捕捞渔船大都以帆船等非机动船舶为主。④ 在当时的社会条件下,受渔船活动能力的制约,渔船并不大需要适用商船法律制度。⑤ 随着渔船海洋捕捞活动能力的增强,渔船的建造水平也在不断地提升,渔船开始逐渐需要适用有关海上航行相关的制度。此时,商船和渔船在法律制度上开始发生交集。渔船捕捞活动的经营规模不断扩大并逐渐实现产业化,渔船和商船在有关营运的法律制度上也开始存在交集。在国际社会认识到船舶带来的污染之后,大部分的环境法律规范都不对船舶进行分类而将船舶作为一个整体进行约束。因此,商船和渔船从最初制度上的分离而逐渐产生制度上的交集。

---

① 参见曹兴国:《海商法自体性研究》,大连海事大学2017年博士学位论文,第1页。
② 参见何丽新、王沛锐:《民法公平原则下海事赔偿责任限制正当性之重塑》,载《中山大学学报(社会科学版)》2021年第2期。
③ See Dennis W. Nixon, *Recent Developments in U. S. Commercial Fishing Vessel Safety, Insurance, and Law*, Journal of Maritime Law and Commerce 17, No. 3, p. 365(1986).
④ 《非机动船舶海上安全航行暂行规则》(1958年)第1条中规定的适用船舶为使用人力、风力、拖力的非机动船。
⑤ 中国的渔业捕捞政策在70年间曲折前进,经历了1949~1957年的探索期,1958~1976年的动荡期,1986年至今的发展期。1986年《渔业法》的出台标志着中国渔业管理(包括渔船捕捞)进入法律化和规范化时代。参见史磊、李泰民、刘龙腾:《新中国成立70年以来中国捕捞渔业政策回顾与展望》,载《农业展望》2019年第12期。

（三）商船和渔船法律制度具有一定的差异性

商船法律制度以商船和海上运输为核心。公元前 9 世纪，许多海事案件在地中海罗得岛航海贸易中心解决，久而久之就形成了一些处理海事争议的习惯规则。[1] 中世纪，随着海上贸易的发展，为了便于调整海上贸易中发生的各种关系，开始进入了私人编纂海商法的时期，例如，12 世纪，根据法国奥列隆市的国际海事法庭的判决书和当时所适用的习惯法编纂和整理形成了《奥列隆惯例集》（又称《奥列隆法》），该惯例集在大西洋沿岸地区影响较大。[2] 14 世纪时，以西地中海港口案件的判决和习惯法为基础，由私人编辑校订形成了《康索拉多海法》。[3] 15 世纪，在瑞典的果特兰岛维斯比城，人们在继承《奥列隆惯例集》的基础上整合和编纂了《维斯比法》，该法并不是现代意义上的法典而是众多规定和习惯性规则的总称。[4]《奥列隆惯例集》《康索拉多海法》《维斯比法》的出现被视为海事法系形成的标志，即使海商法制度发展到今天，大陆法系和普通法系的海商法都深受这三部法律的影响。[5] 商船进行海上运输的海商法历经商人海上贸易需求而逐渐形成海事惯例、成文法和国际统一立法的过程。海商法以实践规则为导向的立法过程主要是为了应对船舶从事海上运输活动中的海上风险。这些对海上风险的防控制度也一直延续至今。

渔船进行海上捕捞作业，与商船法律制度必然会存在着不同。商船有关海上运输的法律制度不能适用于渔船。此外，对于商船和渔船都共同适用的法律制度中，也会存在因为船舶的使用目的不同而产生的法律规范适用中的差异，例如，有关船舶安全性的《国际船舶载重线公约》排

---

[1] 参见傅廷中：《海商法》（第 2 版），法律出版社 2017 年版，第 13 页。
[2] 参见傅廷中：《海商法》（第 2 版），法律出版社 2017 年版，第 13 页。
[3] Tetley, *Maritime Liens & Claims* (2 Ed), Thomson Professional Pub Canada,1998,p. 21. 转引自[加]威廉·台特雷：《国际海商法》，张永坚等译，法律出版社 2015 年版，第 6 页。
[4] 参见傅廷中：《海商法》（第 2 版），法律出版社 2017 年版，第 13 页。
[5] 参见何丽新、陈永灿：《海商法特性论》，载《中国海商法年刊》2009 年第 00 期。

除了对渔船的适用,①1974 年《国际海上人命安全公约》(International Convention for Safety of Life at Sea, SOLAS)除第五章"航行安全"之外排除了对渔船的适用。② 这些差异的存在一方面体现出商船和渔船在船舶使用方式上的天然差异,另一方面这种差异性也为发现我国渔船法律制度中存在的不足以及为渔船对商船法律制度的可适性分析提供了参考。

　　商船在私人自治以及行业习惯中逐渐形成和发展出了商船法律制度,而渔船通过国家公权力对渔业活动的规范也形成了相关的渔船法律制度。由于渔船的法律制度中有很大一部分涉及公法,例如用海权、渔业权、捕捞限制等,这些内容与国际海洋法的构建联系紧密,特别是与公海、专属经济区和毗连区等国际海洋法制度有关。国家基于对环境和资源的利用与保护,制定政策对渔民的自由捕鱼权利进行限制,这种限制最后的落脚点体现在对渔船数量的控制,进而产生了捕捞限额制度。因此,商船法律制度的形成是一种自下而上的过程,③而渔船法律制度的构建是一种自上而下的过程。制度形成路径的不同体现出两种船舶法律制度对于其法益保护及其所表现出的立法精神内核的不同。商船法律制度主要保护私法上的商人自治,而渔船法律制度更多体现的是国家公权力和私权利的平衡。

---

① 《国际船舶载重线公约》第5条,"1. 本公约不适用于……(5)渔船……"。

② 1974 年 SOLAS 第一章总则第3条"例外":"(a)除另有明文规定外,本规则不适用于下列船舶……(ⅵ)渔船。(b)除在第 V 章内另有明文规定外,本规则不适用于专门航行于北美洲五大湖和航行于圣劳伦斯河东至罗歇尔角与安提斯提岛西点间所绘的直线以及在安提科斯提岛北面水域东至西经63°线的船舶。"SOLAS 第五章"航行安全"的第1条"适用范围"规定了,除本章另有明文规定外,本章适用于一切航线上的所有船舶,但军用舰艇和专门航行于北美洲五大湖以及与其连接的、东至加拿大魁北克省蒙特利尔的圣拉姆伯特船闸下游出口处为止的水域及支流的船舶,不在此限。这意味着如果第五章"航行安全"没有特别规定的,第五章内容将适用于渔船。

③ See Alessandra Xerri, *The Contribution of the Comite Maritime International to the Movement for the Unification of Maritime Law*, Uniform Law Review, p. 88 -91(1977).

二、借鉴商船法律规范的现实需求

随着渔船海上作业能力的增强和近海渔业资源的衰退,我国渔业捕捞从近海向远洋发展已经成为行业现实。渔船的远洋捕捞相较于近海作业而言具有更高的危险性,需要面对更为复杂的海况,对船舶安全航行的要求也更高。渔船对于海洋和大气环境的污染情况也需要引起重视。目前,中国渔船的捕捞活动主要表现为渔业法律制度对渔船捕捞活动的规范。通过借鉴商船法律规范有助于从海上航行和船舶营运的角度提升渔船海上活动的安全性、促进捕捞业的发展和环保意识的加强。

(一)商船港航交通安全法律规范有助于提升渔船的安全性

与商船从事海上运输活动不同,渔船的生产作业具有特殊性。渔船的航行和作业受海洋生物资源活动区域的影响较大。相对于商船而言,渔船具有作业地点分散、航线随海洋生物资源活动而变动的特点。海上自然情况复杂多变,不固定的航线和航区使各类安全事故多有发生。一般而言,船舶的海上安全事故多体现在船舶碰撞和海难事故上。渔船海上安全事故纠纷的增多必然会引发法律适用的问题,而我国有关渔船法律制度的不完善,相对来说无法充分有效地回应实践需要。

首先,渔船在海上作业过程中,渔船与渔船之间发生碰撞、渔船在港口区域发生碰撞以及渔船和商船之间发生碰撞等情况时有发生(见表1-5)。

表1-5 2019~2020年沿海地区船舶碰撞事故统计

序号	碰撞船舶名称	碰撞时间	事故发生海域	碰撞船舶类型
1	宏程运198、粤台渔21277	2020.12.12	珠江口	商船与渔船
2	九舟703、粤江城渔96288	2020.11.27	外伶仃岛	商船与渔船
3	华锦洲、WAN HAI316	2020.11.21	广州港附近	商船与商船
4	大庆226、TANBINH245	2020.10.5	广州港附近	商船与商船
5	皖海丰1567、浙象渔21082	2020.9.26	象山附近	商船与渔船

续表

序号	碰撞船舶名称	碰撞时间	事故发生海域	碰撞船舶类型
6	盛航189、浙象渔运03123	2020.9.21	象山附近	商船与渔船
7	HUIFENG7、恩润9	2020.9.13	外伶仃岛	商船与商船
8	宁连海1206、浙嵊渔05834	2020.8.6	舟山附近	商船与渔船
9	周电7、业丰168	2020.7.27	马峙锚地附近	工程船与商船
10	N轮、Y船	2020.5.31	南澳附近	商船与渔船
11	浙普26505、浙普渔61006	2020.4.28	舟山	商船与渔船
12	天力1368、无名渔船	2020.4.19	矾石水道附近	商船与渔船
13	新昱洋、粤茂滨渔43822	2020.4.16	茂名港1号锚地	商船与渔船
14	粤东莞货0686、涉渔三无船舶	2020.4.10	广州港锚地	商船与渔船
15	YOU & ISLAND、辽绥渔35555	2020.3.28	渤海辽东湾中部	商船与渔船
16	惠丰9289、浙普渔34197	2020.3.28	舟山	商船与渔船
17	鸿达186、信达海2	2020.3.15	舟山定海	商船与渔船
18	S船、Y渔船	2020.3.13	台湾海峡	商船与渔船
19	CL LIANYUNGANG、北仑海狮	2020.2.11	广州	过驳船组与商船
20	粤顺盈118、粤番渔01169	2020.1.2	广州港锚地	商船与渔船
21	皖中海66、甬发3	2019.12.19	宁波象山	商船与渔船
22	WISDOM GRACE、鄞通顺227	2019.10.31	舟山	商船与渔船
23	KUM HAE、浙岱渔11498	2019.9.23	舟山	商船与渔船
24	K轮、L23626	2019.9.3	大连	商船与渔船
25	无证运输船、无证渔船	2019.8.7	葫芦岛绥中	商船与渔船
26	FUHAIJILI、浙椒渔运88336	2019.8.6	台州	商船与渔船
27	JINWAN、浙普渔68956	2019.8.1	舟山	商船与渔船
28	FH6、CH9	2019.5.20	湄洲湾锚地	商船与渔船
29	津工2、兴达777	2019.4.23	天津大沽	商船与商船

续表

序号	碰撞船舶名称	碰撞时间	事故发生海域	碰撞船舶类型
30	浙兴航3、康帝侠义	2019.4.16	广州	商船与商船
31	浙兴航87、浙嵊渔冷80002	2019.4.9	舟山	商船与渔船
32	G轮、无名渔船	2019.3.21	琼州海峡	商船与渔船
33	TIANLONG SPIRIT、EPISKOPI	2019.2.28	舟山	商船与商船
34	浙海505、恒泰油009	2019.2.3	长江口灯船50海里	商船与商船
35	东方68、琼儋渔11114	2019.1.23	湛江	商船与渔船
36	捷海189、浙象渔47118	2019.1.6	象山	商船与渔船
37	银安、闽晋渔05568	2019.1.4	泉州	商船与渔船
38	MARITIME ROSEMARY、鲁荣渔业55977	2019.1.1	黄海中部	商船与渔船

数据来源:中华人民共和国海事局《航行安全事故调查报告》。

注:该表为笔者根据相关数据整理而成。截取数据区间:2019年1月1日至2020年12月31日。

根据海事局公示的事故报告,在2019~2020年发生的38起沿海碰撞事故中,商船与渔船的碰撞数量达到26件,远超过商船与商船的碰撞以及商船与其他类型船舶的碰撞。根据"船舶碰撞案件审判与航行安全情况通报"白皮书[1]统计显示,2015年1月1日~2019年3月25日,上海海事法院受理由船舶碰撞事故引起的各类纠纷203件。[2] 上海海事法院认为,长江口航线密布、船舶集中、通航环境复杂,在涉案的38起碰撞事故中,渔船与商船碰撞有9起,占23.68%。[3] 舟山作为我国重要的渔场,舟山海域原有渔船数量较多,随着舟山港港口货物吞吐量增加,

---

[1] 参见严剑漪、黄丹:《上海海事法院发布船舶碰撞案件白皮书——为航行安全提供法律引导》,载中国法院网,https://www.chinacourt.org/article/detail/2019/05/id/3881622.shtml。

[2] 参见吴明华:《〈船舶碰撞案件审判与航行安全情况通报〉白皮书在沪首发》,载《航海》2019年第3期。

[3] 参见吴明华:《〈船舶碰撞案件审判与航行安全情况通报〉白皮书在沪首发》,载《航海》2019年第3期。

舟山各岛屿海岸线附近也是渔船、商船碰撞事故多发地。2017～2019年,舟山渔船共发生1699起碰撞事故,占渔船总事故的49%,其中渔船与渔船碰撞事故1224起,占总体碰撞事故发生数的72%,渔船与商船碰撞事故比例为28%。①

其次,随着航运事业和渔业捕捞活动的发展,与海相通的水道外的传统渔区与航道形成了重叠区域,使该区域的通航条件更加复杂。特别是在渔汛期,这种商船和渔船航行重叠区域的现象在我国沿海港口区域较为明显,这也导致了商船和渔船碰撞事故的高发。因此,为了减少渔船海上碰撞事故的发生,渔船需要适用和借鉴相关的商船制度和规则使渔船能够更安全有序地航行和作业。

最后,渔船的海上作业受海洋本身的自然情况以及海洋资源分布情况的影响较大。由于人类对自然环境的破坏,无论是近海捕鱼的渔船还是进行远洋捕捞活动的渔船都需要谨慎对待自然灾害的发生。21世纪以来,洋面上热带气旋、飓风和风暴潮等极端天气频发。由于国际贸易的不断发展,海上货物运输作为目前国际贸易中最经济的运输方式,相关的航线密集,这也给渔船的航行和捕捞作业的安全性带来了困难。随着近海渔业资源的衰竭,渔业捕捞范围逐渐外移,外移渔场水深流大,渔民不熟悉渔场的海况,如果不能及时回港避风或者船舶本身的抗风浪能力差便会增加发生海难的危险系数。2015年,原农业部和各级渔业部门妥善应对和处置了"浙岱渔04889翻扣致16名渔民遇险"等多起重大海上险情以及"苏迪罗"等多个超强台风侵袭,共协调组织渔业海难救助1044起,出动渔船、渔政船(艇)1704艘次,成功救助渔民14,139人次、渔船1324艘次。② 2010～2016年,福建省组织渔业海难救助232

---

① 参见何豪力:《浅析舟山海域渔船碰撞事故发生原因及防范措施》,载《中国水产》2021年第2期。

② 参见《农业部情况通报第18期(于康震副部长在全国渔业安全生产工作视频会议上的讲话)》,载中华人民共和国农业农村部渔业渔政管理局网 2016 年 3 月 14 日,http://www.moa.gov.cn/govpublic/YYJ/201603/t20160314_5052020.htm。

起,救助遇险船舶 224 艘。① 2018 年,浙江省共救助渔船海难事件 743 起(其中渔船互救 701 起),救助遇险渔民 5726 人。② 渔船发生海难时的救助活动可以适用于构建商船体系的海难救助规则,渔船之间救助可以第一时间减少伤亡和损失,进而提高渔船海上作业的安全性。

因此,渔业捕捞能力的提升需要更加完善的法律制度保障。当渔船的海上作业已逐渐从沿海发展到远洋甚至深海时,渔船的远洋航行亟须更完善的安全规范保障。而现行有关船舶海上安全保障的规章制度大都与商船以及海上运输有关。这些规则大都形成于中世纪的欧洲并随着第二次世界大战后国际贸易发展的需求而不断完善,因此,这些法律制度以商船为规范对象和对海事传统的继承与发展的特征明显。③ 海商法的国际立法是有关国家或地区就海上运输和船舶关系所达成的协议。目前有关商船海上安全保障的国际制度主要由 IMO 和 CMI 两个国际海事组织制定并实施。

IMO 制定的国际公约和准则是为了促进各国政府在国际航运技术问题上的合作和情报交流,推动海上安全、航运效率、防止海洋污染等。IMO 也鼓励取消国际航运中的一些歧视性行为和不必要的限制以及处理上述事项的有关法律问题。IMO 下设专门委员会以制定有关海事安全、海洋环境保护、技术合作和便利交通等方面的国际公约和准则。④ 在海上安全方面,《1989 年国际救助公约》等公约的制定和生效为海上人命安全提供了保障。CMI 是国家间海事法律协调组织,其职能是促进海事法、商业法、海关法、海上惯例和实践的统一,并与其他国际组织

---

① 参见《福建省:全力促进渔业升级渔民增收》,载中华人民共和国农业农村部渔业渔政管理局网 2016 年 3 月 23 日,http://www.yyj.moa.gov.cn/gzdt/201904/t20190418_6195459.htm。
② 参见《拒绝"五超行为",做到"五个不出海"——浙江召开紧急视频会议部署渔业安全生产管理工作》,载中华人民共和国农业农村部渔业渔政管理局网 2019 年 1 月 11 日,http://www.yyj.moa.gov.cn/gzdt/201904/t20190418_6196101.htm。
③ 参见司玉琢、李天生:《中国海法典编纂论纲》,载《国际法研究》2015 年第 4 期。
④ See IMO, *Conventions*, IMO (May 5, 2021), https://www.imo.org/en/About/Conventions/Pages/Default.aspx.

进行合作。①

我国的国内法主要通过《海商法》《海上交通安全法》等法律规范提升商船和渔船的航行安全性。《海商法》在立法时移植了当时先进的国际公约、航运惯例和英国法等相关内容,主要是对以海上运输关系为主的货物和旅客运输的法律关系进行规范。虽然《海商法》是以商船为核心制定的法律,但是并没有排除符合条件的渔船的适用。《海上交通安全法》从1983年立法至今,在对船舶的定义上一脉相承的都没有排除渔船的适用。但是渔船的作业活动与商船具有天然的差异性,因此,《海商法》和《海上交通安全法》并不是所有的章节都可以适用于渔船。例如,渔船不能适用《海商法》和《海上交通安全法》中有关海上货物运输合同和海上旅客运输合同的规定。但是渔船在有关海上航行安全尤其是船舶碰撞、海难救助等问题上可以适用。渔船已经不再是一个仅仅与渔业部门相关的规范对象,渔船的安全航行和捕捞作业亦需要相关海事制度的保障。

(二)商船营运法律规范有助于促进渔船捕捞业的发展

我国渔船进行捕捞作业受到渔业捕捞限额制度和渔业捕捞许可制度的限制,渔船在进行捕捞之前需要满足相关的条件并取得国家的许可。因此,我国渔船适用商船营运相关法律制度的主要问题在于受渔业捕捞限额制度、渔业捕捞许可制度的影响下,渔船要如何保障相关商船营运法律规范的适用效果。

首先,渔业捕捞限额制度和渔业捕捞许可制度直接影响渔船营运活动能否顺利开展。受该制度的限制,渔船在营运过程中适用的许多海商法制度都将受到不同程度的影响。渔业捕捞限额制度和渔业捕捞许可制度是我国为了保护海洋资源以防止"公地悲剧"的重要手段。除渔业限额捕捞制度、渔业捕捞许可制度之外的休禁渔制度也会对渔船的活动

---

① See IMO, *The Work of the CMI*: *International Working Groups*(past and present), IMO(May 5,2021),https://comitemaritime.org/recent-work/.

范围和活动期间产生影响。比如上述渔船法律制度会对租船法律制度的适用产生影响,尤其是对从境外租赁的渔船。①

其次,商船营运的相关要求主要体现在船舶、租船、船员和海事赔偿责任限制等规定中。船舶物权的确定是船舶营运的物质基础,无论是商船还是渔船都需要以船舶为生产工具进行海上运输或者捕捞作业。渔船和商船船东还会通过租赁的方式引入船舶进行营运。渔船作为船舶首先应当适用《海商法》中对于船舶租赁的规定,但渔船的租赁还受到渔业捕捞准入制度的影响,进而在与商船同等适用《海商法》的同时又有所不同。船上人员的适任和职业保障也是渔船营运的重要内容。渔船船员与商船船员一样需要满足必须的适任条件才能上船工作。渔船船员的职业保障对在船人员的整体稳定性将起到积极作用。而海事赔偿责任限制是海事领域对于一般民事赔偿责任的突破和特殊规定,该制度源于商船法律制度,意在保障航运市场的发展。渔船船东适用海事赔偿责任同样可以使其免于遭受过高的赔偿要求甚至破产,有利于渔船捕捞行业的整体发展。

渔船捕捞作业危险系数高,渔船作业的事故发生概率大,船员的伤亡损害亟须法律制度的保障,而目前有关的国际公约和国内法尚不足以充分保障渔船船员的权益。根据FAO在2020年发布的《2018年渔业和水产养殖统计年鉴》中的数据,世界各地有数以百万计的人员从事渔业捕捞和水产养殖,2018年该人数约为5951万。② 海洋捕捞被认为是世界上最危险的职业之一,FAO估计每年有超过32,000名渔民在工作时死亡。③ 由于国内的数据统计没有将水上交通事故区分商船和渔船,只能根据对于水上事故的总体性数据统计进行评估。根据交通运输部

---

① 根据《渔业船舶登记办法》第10条、第11条和第20条的规定,从境外以光船条件租进的渔业船舶需要先取得原农业部批准租进的文件,取得原农业部的批准之后方可进行船舶登记。
② Yearbook of Fishery and Aquaculture Statistics 2018, FAO, October 2020, p. xvii.
③ See FAO, *Fishing Safety*, FAO(May 2, 2021), http://www.fao.org/fishing-safety.

的统计,"十三五"期间前4年年均组织搜救行动约2000次。① 船旗国的一项重要义务便是"采取为保证海上安全所必要的措施",②各国要为保障渔船航行安全及其船员的权益提供有效的法制保障。

就保障船员权益的国际公约层面而言,渔船船员缺少具有普适性的劳工公约保障。就商船船员而言,我国批准了《2006年海事劳工公约》并对船员的基本权利和一般权利进行了规定。有关渔船船员的《渔业劳工公约》于2017年11月16日生效,但世界上排名前列的渔业捕捞大国都没有加入该公约,例如,中国、美国、印度尼西亚等。③ 因此,虽然《渔业劳工公约》中对渔船工作的最低要求、服务条件、住宿和膳食、职业安全与卫生保护、医疗和社会保障作出了规定并确保渔民享有上述权利进行体面的工作,④但实际上该公约目前由于参与国较少而无法充分保障渔船船员的权益。

从保障船员权益的国内法层面来看,有关渔船船员权益保障的法律位阶较低,缺少对船员权益保障的专门立法。目前,我国尚无对船员的专门立法,船员的权利和义务被概括性地规定于《海商法》第三章。就渔船船员而言,原农业部颁布的《渔业船员管理办法》和《海洋渔业船员发证规定》等部门规章成为保障中国籍渔船船员权益的最高位阶的法律规范。根据我国农业农村部的数据,"十三五"期间,全国近海资源友好型的钓具类作业渔船占比增加逾145%,选择性较差的拖网类作业渔船占比降低近10%,安全环保性能好的钢制、玻璃钢质渔船总数占比由32.6%增至52.6%,传统木质渔船由67.5%降为46.4%,船龄10年以

---

① 《交通海事交出"十三五"亮眼答卷 水上交通安全四项指标均呈两位数下降》,载中华人民共和国交通运输部网2020年12月22日,https://www.mot.gov.cn/jiaotongyaowen/202012/t20201222_3506499.html。

② 《联合国海洋法公约》第94条。

③ 根据《渔业劳工公约》的规定,该公约将在10个成员国(其中8个为沿海国家)核准后的12个月生效。截至2016年4月19日,7个国家(阿根廷、波斯尼亚和黑塞哥维那、刚果、法国、摩洛哥、挪威和南非)核准了该公约。参见FAO渔业委员会《第32届有关渔业海上安全会议的文件(COFI/2016/InF.8)》第4页。

④ C188 – Work in Fishing Convention, ILO, 2007 (No. 188).

内渔船占比由 11.7% 增至 33.7%，老旧渔船占比由 67.7% 降为 40.6%。① 通过"十三五"期间国家各相关部门的积极作为，船舶自身的安全性得到了提升，但相对而言不安全的船舶占比仍然较大。不安全的船舶给捕捞活动带来的风险势必会对渔船船员的权益保障法律制度提出进一步的要求。

(三) 商船环境保护法律规范有助于明确渔船的环保义务

渔船的环境污染防治与商船一样都包括了对海洋环境污染的防治以及对大气环境污染的防治。渔船对商船环境保护法律制度适用的问题主要在于一些法律规范没有排除渔船的适用，但是这些规范在制定时可能并未考虑到渔船的适用问题从而难免出现渔船在适用相关规则时的理论适用和实践效果的脱节问题。而一些不能适用于渔船的商船环保法律规范又可能会涉及渔船也需要注意的问题。

船舶对于海洋环境的污染主要在于油污水和生活污水的排放。首先，渔船的油污水排放状况由于产生因素多、产量变化大，难以定量计算只能通过渔船油污水的取样检测对其进行估算。② 通过对东部沿海主要渔区海洋捕捞渔船的底舱油污水的挑选、取样和推算，我国海洋渔船油污水产生量与船龄不直接相关。③ 因此，渔船的海洋污染防治在于对渔船排污的规范和管理，即使是老旧渔船，只要管理得当也不会产生大量油污水。其次，船舶的生活污水主要是渔民和渔船在海上作业和生活所产生的污水。④ 通过对 123 艘国内海洋渔船进行调研，我国海洋捕捞渔船产生的生活污水中含有大量的污染物质，需要对其排放进行控制，

---

① 参见《2020 年渔业渔政工作十大亮点》，载中华人民共和国农业农村部渔业渔政管理局网 2021 年 3 月 9 日，http://www.yyj.moa.gov.cn/gzdt/202103/t20210309_6363232.htm。
② 参见黄一心、鲍旭腾、赵平：《中国海洋捕捞渔船油污水产生量估算及对策研究》，载《中国农学通报》2018 年第 27 期。
③ 参见黄一心、鲍旭腾、赵平：《中国海洋捕捞渔船油污水产生量估算及对策研究》，载《中国农学通报》2018 年第 27 期。
④ 《船舶水污染物排放控制标准》(GB3552－2018) 第 3.7 条规定，生活污水：系指含有粪、尿及船舶医务室排出的等污水。

否则将会给海洋生态环境带来巨大危害。①

　　船舶对大气环境的污染主要源于船用发动机燃烧。IMO 数据统计,2018 年,总航运活动(国际和国内运输以及渔业)温室气体排放(包括二氧化碳、甲烷和一氧化二氮)1.076 亿吨(增长 9.6%),若不采取任何措施,到 2050 年航运总排放量可能占 2008 年排放量的 90%～130%。② 我国渔船柴油机排放的污染物主要包括 NOx、SOx、PM 等。③ 我国船用发动机排放标准仍然滞后,燃油品质不高、船用油硫含量最高可达 3.5%,同时,船舶柴油发动机工作条件恶劣、负荷大、工况变化剧烈,实施尾气控制难度较大。④ 2014 年我国沿海及远洋船舶排放五项大气污染物 239.2 万吨。⑤ 而 MARPOL73 附件六可以适用于渔业船舶,渔船也需要满足附件六中对于柴油发动机的排放要求。因此,从国际法实践上来看,渔船的大气污染防治要与商船的防治标准相适应,但若要达到和商船同样的规范标准还需要在国际法和国内法层面上进一步考量。

　　尽管国际社会积极开展对海洋环境的保护工作,但海洋环境的污染仍然日趋严重。全球海洋治理碎片化的特性,致使包括船源垃圾和船舶油污在内的海洋环境问题难以形成系统和全面的治理方案和应对机制。⑥ 商船的海洋环境污染主要与船舶载运货油污染、船舶燃油污染和船舶载运有毒有害物质有关,相关的国际公约也主要以上述污染为规范

---

① 参见樊菲、张祝利:《我国渔业船舶生活污水污染现状及防治对策》,载《中国船检》2020 年第 7 期。
② Fourth IMO Greenhouse Gas Study 2020, IMO, p. 1.
③ 参见李胜勇、张祝利:《渔船用柴油机履行新排放标准的问题探讨》,载《中国渔业质量与标准》2020 年第 5 期。
④ 参见环境保护部机动车排污监控中心、能源基金会:《中国船舶大气污染物排放清单报告》(2016 年 9 月 28 日),第 6 页。
⑤ 参见环境保护部机动车排污监控中心、能源基金会:《中国船舶大气污染物排放清单报告》(2016 年 9 月 28 日),第 6 页。
⑥ 参见郑志华、宋小艺:《全球海洋治理碎片化的挑战与因应之道》,载《国际社会科学杂志(中文版)》2020 年第 1 期。

对象。① 在我国国内法中,渔船和商船所适用的法律规范大部分相同。例如,我国的《环境保护法》第6条第1款规定了一切单位和个人都有环保的义务、《海洋环境保护法》第八章是有关防治船舶污染的规定以及《民法典》第9条规定了民事主体的环保义务等都没有区分商船和渔船。国际公约和我国国内立法中对于渔船的海洋环境污染防治工作并没有给予足够的重视,渔船在商船海洋环保法律制度下的实践效果会被"打折扣"。在现有的海洋环保法律制度下,渔船可以通过适用部分商船法律制度和规范来应对其海洋环境污染防治法律制度和规范的缺失。

有关船舶的污染防治从目前的国际公约和国内法角度来看,对于海洋污染的规制较为重视,而对于船舶的大气污染防治的专项立法较为不足。就船舶的大气污染防治而言,虽然目前只有MARPOL73特别以船舶为规范对象进行了防治规定,但UNFCCC、《京都议定书》都没有区分船舶类型,只是对大气污染防治进行了框架性和实质性的要求。② 从国内立法来看,《大气污染防治法》将机动车船整体作为污染防治的对象。商船和渔船从法律位阶上便不存在适用法律上的区别。但一些对船舶气体排放控制的规则和文件并不适用于渔船。

本 章 小 结

从我国的立法情况来看,与渔船相关的法律规范呈现出以渔业法为核心和重视渔船监管的特点。因此,我国渔船法律制度中存在的问题是对海商法、环境法等商船法律制度的适用性重视仍有不足。

本章对中国渔船法律制度的解构和重构实际上是以中国渔船法律制度的立法现状和中国渔船法律制度的主要内容为基础,通过对商船法

---

① 参见司玉琢:《海商法专论》(第4版),中国人民大学出版社2018年版,第382页。
② UNFCCC第4条、《京都议定书》第2条。

律制度求同存异的对比，发现中国渔船法律制度存在的总体问题，明确需要对其进行制度完善的必要性。渔船适用商船法律制度从不是一蹴而就的。随着渔船航行能力的提升和我国渔业捕捞业的发展，渔船逐渐可以适用商船法律制度，渔船的海上航行活动也需要商船法律制度的约束。实践中也体现出了渔船在有关海上安全、船舶营运和环境保护制度中对适用商船法律规范的需求。商船法律制度具有其特有的法律价值，经过历史的传承和时代的发展已经日趋成熟。由此，中国渔船法律制度在上述领域的完善不需要另外重新构建新的制度体系，便可以在借鉴商船法律制度的基础上合理地补充或者调整相关的法律规范。中国渔船法律制度的完善并不是要照搬商船法律制度，而是要以渔船的特性为基础既有共同又有区别地适用和借鉴商船法律制度。中国渔船法律制度的完善过程中要明确有哪些商船法律制度和法律规范可以对渔船适用，在具体的适用中会存在哪些问题，进而对中国渔船适用商船法律制度中存在的相关问题通过向商船法律制度的选择性借鉴来实现对渔业法、海商法和环境法相关内容的完善。

第二章　中国渔船港航交通安全法律制度的相关问题

渔船和商船在港航交通安全方面具有相同的价值追求,即通过相关法律规范保障船舶安全进出港口和控制海上活动的风险。本章意在通过和商船港航交通法律制度的对比,明确渔船在港航交通安全法律制度中可以适用的相关商船法律制度和法律规范,进而分析渔船在适用商船法律制度和法律规范中会产生哪些问题。

第一节　中国渔船港口安全法律制度的相关问题

渔船和商船都对港口安全法律制度进行了规定。中国渔船港口安全法律制度主要体现在渔港水域交通安全和海上航行安全法律规范中的规定中。商船港口安全法律制度中的大部分法律规范并不排除渔船的适用。换言之,在我国国内法中,大多数有关港口安全的法律规范都不区分商船和渔船而是将船舶作为一个整体适用。但由于商船海上运输活动的需要,一些商船的法律规范并不能适用于渔船。但这些不能适用于渔船的法律规范对渔船法律制度的完善可以起到提示作用。

一、商船和渔船皆可适用的港口安全法律规范

商船和渔船都需要在港口进出时受到港口监管部门的管理。港口安全对船舶具有十分重要的意义,因此,商船和渔船的法律规范既有可以共同适用的法律规范,也会根据船舶靠港的不同而有所差别。

(一)引航制度对船舶进出港口的安全保障

港口船舶引航是为了使船舶在进出港时提高安全、减少风险而由熟悉港口水域、码头、航道、水文、气象、通航环境等的引航员指引船舶航行的一种船舶驾驶模式。[1] 引航制度的建立也是为了维护国家主权和港口、设施的安全。[2] 通常情况下,外籍船舶进出中国港口必须实施引航[3],而中国籍船舶如果需要也可以引航,这种需要一般是为了保障航行安全,例如恶劣气象条件下的引航。除了强制引航外,船舶可以自愿申请引航,引航机构也要为其提供引航服务。[4]

《船舶引航管理规定》[5]对我国沿海、内河和港口从事船舶引航活动进行了规定。通过对"船舶引航"的规定将引领船舶航行、靠泊、离泊、移泊活动都纳入了引航规范中[6],在对"船舶"的定义中,明确了渔船是作为适用该规定的船舶。[7] 这是通过对船舶范围的明确列举而将渔船囊括进该规定的适用。《船舶引航管理规定》是原交通部制定的部门规章,在商船和渔船的管理方面,一般都将商船和渔船进行区分管理。但

---

[1] 参见杨静蕾、侯梦雅:《中国强制引航制度的历史变迁及其启示》,载《港口经济》2012年第7期。
[2] 参见潘彬:《外籍船舶非法入境我国水域危害与对策》,载《港口科技》2020年第6期。
[3] 《海上交通安全法》第30条、《船舶引航管理规定》第9条。
[4] 《海上交通安全法》第30条、《船舶引航管理规定》第11条。
[5] 2001年11月30日原交通部发布,2021年9月1日根据交通运输部《关于修改〈船舶引航管理规定〉的决定(2021)》修正。参见中华人民共和国交通运输部令2021年第25号。
[6] 《船舶引航管理规定》第3条第1款第1项。
[7] 《船舶引航管理规定》第3条第1款第5项。

是在有关引航管理的规定中,由交通运输部主管全国的引航工作并不区分商船和渔船。[1] 引航活动必须由申请引航的船舶或其代理人向引航机构提出引航申请,未按照规定申请引航,船舶所有人、经营人或管理人、船长要承担相应罚款和行政处罚。[2]《海商法》也规定了引航员引领船舶期间,船长仍然具有管理船舶和驾驶船舶的责任。[3] 无论是商船还是渔船,船长对船舶港内航行安全有着直接的影响。引航员对船舶的支配权是在引航期间,而船长对于船舶的支配权贯穿船舶航行的全过程。在船舶港内航行中,船长和引航员要互相配合。船长有责任在发现引航员错误操作时及时指正。

(二)《海上交通安全法》对港口安全的规定

《海上交通安全法》在第四章对停泊、作业的内容进行了规定。《海上交通安全法》旨在保障我国管辖海域内从事航行、停泊、作业以及其他相关的海上交通安全活动的安全、有序和畅通。[4]《海上交通安全法》要求船舶进出港口、锚地和重要渔业水域时要遵守该区域的特殊航行规则,而重要渔业水域的确定需要国务院渔业渔政主管部门征求国务院交通运输主管部门意见后才能予以公布。[5]《海上交通安全法》中对于船舶在港外锚地的捕捞活动也进行了限制,即在港外锚地范围内禁止捕捞等影响海上交通安全的作业或活动。[6]

二、商船港口交通安全法律规范对渔船的排除适用

商船和渔船在港口交通安全的具体法律规范适用中会存在一定的差异。这种差异主要体现在商船和渔船停泊的港口不同以及由此所受

---

[1]《船舶引航管理规定》第4条。
[2]《船舶引航管理规定》第20条、第40条。
[3]《海商法》第39条。
[4]《海上交通安全法》第2条、第3条。
[5]《海上交通安全法》第43条。
[6]《海上交通安全法》第44条。

到监管的部门和目的不同。商船进行海上运输,涉外特征明显。因此,商船港口交通安全法律规范中的一个重要部分是有关国际公约的适用。但有关渔船的《港口国措施协定》中国未参加。[①]

(一)相关国际公约对渔船的排除适用

2002 年 12 月,IMO 对 1974 年 SOLAS 进行修正,通过了关于第Ⅺ-2章的加强海上安全的特别措施,即《国际船舶和港口设施保安规则》[②](The International Ship and Port Facility Security Code,以下简称 ISPS 规则)。该规则是强制性法律规范,是 IMO 解决海事相关问题的主要立法框架。[③] ISPS 规则包含对政府、港口当局和航运公司的详细安全要求,分为两个部分,一个是强制性的 A 部分,主要是对签约政府、港口当局和航运公司必须遵守的与海事和港口安全相关的详细要求;另一个是附则 B 部分,该部分主要是提供了一系列关于如何满足 A 部分规定中的要求和义务的建议性指南。[④]

根据 ISPS 规则要求,缔约国政府要求审核船舶符合 1974 年 SOLAS 和 ISPS 规则 A 部分的规定后才可以向船舶签发《国际船舶保安证书》。船舶在获得《国际船舶保安证书》后,才能参与国际营运。而对于港口设施,各缔约国需要根据 ISPS 规则 A 部分的要求开展港口设施保安评估,制定、评审、批准并实施港口设施保安计划。ISPS 规则第 3 条对该规则的适用范围进行了规定,特别是第 3.1 条明确规定了适用船舶的类型,根据其明确列举的内容,该规则所适用的船舶并不包

---

① See FAO, *Parties to the PSMA*, FAO (Nov. 29, 2021), https://www.fao.org/port-state-measures/background/parties-to-the-psma/zh/.

② 该规则于 2007 年 3 月 12 日由中华人民共和国交通部令 2007 年第 2 号通过,自 2007 年 7 月 1 日起施行。

③ See IMO, *The International Ship and Port Facility Security Code (ISPS Code)*, IMO (Nov. 29, 2021), https://www.imo.org/en/OurWork/Security/Pages/GuideMaritimeSecurityDefault.aspx.

④ See IMO, *SOLAS Ⅺ-2 and the ISPS Code*, IMO (Nov. 29, 2011), https://www.imo.org/en/OurWork/Security/Pages/SOLAS-Ⅺ-2%20ISPS%20Code.aspx.

括渔船。① 虽然其第 3.4 条将规则中的部分内容所适用的船舶指向了 SOLAS 第Ⅺ–2/4 条所规定的船舶,②但由于 SOLAS 只有第五章适用于渔船,而第 3.4 条指向的是第Ⅺ–2/4 条,因此,ISPS 规则不能适用于渔船。渔船的《港口国措施协定》中虽然有对渔船入港和使用港口的规定,但《港口国措施协定》的立法目的在于打击 IUU 捕鱼,因此,该协定的重点在于通过各国合作对 IUU 捕鱼的渔船在港口国进行管控,与渔港安全的规范内容联系不大。该协定目前已生效。③

(二)《港口法》排除了渔船的适用

渔船一般不能进入商船的商港,商港的经营管理和建设者主要负责港口的安全,有关渔船港口管理的工作由专门的渔业港口管理部门负责。《港口法》是交通运输部为了维护港口的安全与经营秩序、保护当事人的合法权益和促进港口建设发展而制定的,④其规范的主体较广,涉及港口规划、建设、维护、经营和管理等相关活动的主体。⑤《港口法》主要规范的是港口的经营管理,对船舶港口安全的要求主要在于港口的行政管理部门以及港口的建设和经营者。从非政府主体从事港口经营的角度来看,港口经营人的经营活动需要遵守有关港口作业规则的规定,目的是确保船舶在港口的安全。《港口法》第 59 条排除了渔业港口管理工作的适用,第 60 条规定有关渔业港口的管理工作由县级以上人民政府渔业主管部门负责。

---

① ISPS 规则第 3.1 条规定本规则适用于,(1)以下各类从事国际航行的船舶:①客船,包括高速客船;②500 总吨及以上的货船,包括高速货船;③移动式海上钻井平台。(2)为此类国际航行船舶服务的港口设施。

② ISPS 规则第 3.4 条,"本部分的第 5 至 13 节和第 19 节适用于第Ⅺ–2/4 条所规定的船舶和公司"。

③ 参见余敏友、陈盼盼:《论〈港口国措施协定〉对非法、不报告和不管制捕鱼的管控》,载《中国海洋大学学报(社会科学版)》2020 年第 2 期。

④ 《港口法》第 1 条。

⑤ 《港口法》第 2 条。

三、渔船港口交通安全法律制度的相关问题

第一，在国内法上，商船有《港口法》对其港口安全交通问题进行规范，但渔船港口交通安全法律制度尚缺少法律位阶上的专门规定。虽然在法律位阶上有《海上交通安全法》可以对渔船适用，但《海上交通安全法》对港口交通安全的规定只是其立法目的中的一部分而且该法也并不是针对渔船港口的法律。虽然渔船港口交通安全法律制度在法律位阶上缺少专门规定，但《港口法》在其规定中已经明确渔港的管理办法由国务院制定。这说明立法者在制定《港口法》时已经考虑到了渔船的不适用问题，并将这一问题通过行政法规的制定予以解决。而在行政法规位阶上已经有《渔港水域交通安全管理条例》可以适用。根据《立法法》对法律位阶的立法规定，我国对于法律的制定是十分严谨的，必要的时候可以先由国务院制定行政法规。[①] 因此，对于目前渔船港口交通安全法律制度缺少国内法律位阶上专门立法的问题，笔者认为基于立法成本和法律实践效果的考量，贸然对渔港启动专门立法可能不合时宜。

第二，渔船港口安全的国际公约存在立法空白。渔船的港口安全管理在国内属于由交通运输部和渔政渔港监督管理机关共同管理和进行法律制定的领域，在国际立法上也是如此。一方面，渔船与渔业相关，会受到 FAO 等国际组织的监管；另一方面，渔船又具备了海上航行能力，会受到 IMO 等国际组织的监管。FAO 和 IMO 本身由于机构宗旨等原因，在立法上本身就具有一定的立法倾向。这就导致了 FAO 从渔业监管的角度往往会忽视渔业港口的安全规定，而 IMO 虽然重视港口安全却由于其以商船为中心的立法的目的而忽视了渔船的要求。究其原因，这种立法的缺失是源于过去很长一段时间渔船作为渔业部门的重要组成部分而存在，能够进行国际航行的渔船并不多，如果贸然立法将影响各国发展渔业和公约的普适性。因此，针对渔船港口安全国际公约的立

---

① 《立法法》第 11 条、第 12 条。

法空白问题并不是仅凭一国之力可以解决的问题,该问题的应对需要国际社会进一步达成共识。

第二节　中国渔船适用船舶碰撞法律制度的相关问题

船舶的碰撞规则在于为船舶海上航行提供交通安全规则,商船和渔船在国际避碰规则的适用上具有一致性。《海商法》"船舶碰撞"一章并没有排除对渔船的适用。渔船在海上交通安全方面的问题主要表现为渔船的适航问题和有关船舶安全性的国际立法缺失。

一、渔船适用的船舶碰撞法律规范

商船和渔船在海上航行规则的适用上具有高度的一致性。相关的渔船法律规范中也表明了渔船在海上航行必须遵守国际海上避碰规则。有关船舶碰撞的国内法律规定主要体现在《海商法》中。《海商法》有关船舶碰撞的规定也没有排除渔船的适用。

(一)有关船舶碰撞的国际公约和规则

《1910年碰撞公约》[①]规定船舶碰撞的一方是海船,[②]排除了军事船舶或专门用于公务的政府船舶的适用。[③] 因此,《1910年碰撞公约》并没有排除对渔船的适用。该公约生效后,一些航运大国陆续加入,目前,除美国之外,英国、新加坡、日本、俄罗斯等航运大国都已经加入公约并对本国生效。[④]《1910年碰撞公约》对发生船舶碰撞之后损害赔偿责任的承担起

[①] 参见表1-3。
[②] 《1910年碰撞公约》第1条。
[③] 《1910年碰撞公约》第11条。
[④] See CMI, *Convention for the unification of certain rules of law respecting collisions between vessels Treaty data*, CMI Treaty Database (May 20, 2021), https://verdragenbank.overheid.nl/en/Verdrag/Details/003382?.

到了统一立法的效果。

1972年10月20日,基于对海上船舶碰撞及其严重后果的重视(特别是海洋环境污染),IMO组织众多海运国家专门签署了《1972年国际海上避碰规则公约》,其附件之一是《国际海上避碰规则》,该公约于1977年7月15日生效。① 1980年4月1日,我国正式实施《1972年国际海上避碰规则公约》,但对非机动船舶做了相应的保留。② 《1910年碰撞公约》并没有对船舶进行定义,只规定了公约适用的是海船与海船或海船与内河航行船舶之间的碰撞。③ 《国际海上避碰规则》从海上航行的角度对船舶进行了规定,即该规则适用的船舶是海船(seagoing vessel)。④ 由于《国际海上避碰规则》并没有进一步对海船进行特别定义,因此,该规则中适用的海船并没有排除渔船的适用。虽然《国际海上避碰规则》在其生效后历经几次修改,但与"船舶"适用范围相关的一次修改是2001年增加规则第3条(a)项有关船舶定义中"地效船"的定义。除此之外,对于适用的船舶范围,《国际海上避碰规则》几次修改都与立法时保持了一致。

(二)《海商法》有关船舶碰撞的规定

《海商法》第八章"船舶碰撞"虽然只有六条,但该章是参照《1910年碰撞公约》起草的,因为在起草《海商法》时,我国尚未参加《1910年碰撞公约》。⑤ 《海商法》第八章规定了船舶碰撞发生的地点是"海上或与海相通的可航水域",其适用的船舶包括与第3条所指船舶碰撞的非

---

① See IMO, Conventions, CMI (May 21, 2021), https://www.imo.org/en/About/Conventions/Pages/COLREG.aspx.

② 原交通部、海军司令部、国家水产总局(已变更)《关于实施〈1972年国际海上避碰规则公约〉的通知》([79]交港监字2440号)。

③ 《1910年碰撞公约》第1条。

④ International Regulations for Preventing Collision at Sea, 1972, Rule 1 (a) "These rules shall apply to all vessels upon the high seas and in all waters connected therewith navigable by seagoing vessels."

⑤ 参见司玉琢:《海商法专论》(第4版),中国人民大学出版社2018年版,第257页。

军事或政府公务船艇。① 该规定虽然从形式上与《1910年碰撞公约》的规定存在一定的差别,但实际上也强调了一方是海船。② 尽管《海商法》立法时,我国并未加入《1910年碰撞公约》,但从船舶碰撞的定义以及责任划分等内容和体例的设计上来看,都与《1910年碰撞公约》几乎一致。因此,从《海商法》在船舶碰撞一章中对船舶的定义来看,《海商法》中有关船舶碰撞的内容也应当适用于渔船,这也与我国参照《1910年碰撞公约》立法的精神保持了一致。

二、商船和渔船适用有关船舶安全性法律规范的差异

船舶发生碰撞事故与人和船两个主要因素有关。作为海上航行工具,船舶应当具有一定的安全性能才能够应对海上的风险。为了提高海上安全和航行安全,IMO加强了对船舶因素的关注,并制定了一些有关船舶安全性的国际规则。

(一)有关船舶安全性国际公约对渔船的排除适用

船舶的海上航行安全一方面要在船舶建造过程中符合建造要求和建造标准,从物理性质上满足建造船舶将要完成的使用目的;另一方面则是要满足船舶对适航的要求。这两个方面一是从船舶作为"物"据以产生的源头出发对船舶本身的质量和航行能力有所要求,二是即便船舶建造后根据使用的路径不同而有所差异,但至少应当保证在开航前和开航当时船舶进行海上航行的安全性。

国际公约对于船舶安全的关注是从商船开始的。20世纪之后,国际航运发展迅速和船舶安全事件频发,国际社会认识到船舶自身的稳性对海上航行安全的重要性。而渔船的航行安全也是IMO持续关注的内容。由于IMO成立之前制定的相关船舶安全公约都是针对商船的国际运输,因此,IMO专门针对渔船制定了一些渔船安全公约和准

---

① 《海商法》第165条。
② 参见曲涛:《船舶碰撞概念正义》,载《中国海商法研究》2012年第3期。

则(见表2-1)。

表2-1 有关渔船安全的国际公约和准则

序号	公约名称	适用的船舶范围	主要内容	中国的适用情况
1	《1977年托列莫利诺斯国际渔船安全公约》及其1993年议定书	经授权悬挂缔约国国旗的远洋渔船(第3条)	IMO制定的关于保障渔船海上航行和作业安全的公约,主要内容涉及海洋渔船构造、稳性标准、救生、消防等	我国未加入
2	《2005年渔民和渔船安全守则》	船长24米及以上的渔船,休闲渔船和加工船除外[1]	IMO、FAO和ILO制定	非强制性规定,对我国有参考价值
3	《2005年设计、建造和装备小型渔业的自愿准则》	船长12米至24米之间的渔船[2]	IMO、FAO和ILO制定	非强制性规定,对我国有参考价值

数据来源:IMO官网。
注:该表为笔者根据数据整理。

[1] See FAO, *Code of Safety for Fishermen and Fishing Vessels*, FAO (May 22, 2021), http://www.fao.org/3/x9656e/X9656E01.htm.

[2] See FAO, *FAO-ILO-IMO Voluntary Guidelines for The Design, Construction and Equipment of Small Fishing Vessels*, FAO (May 22, 2021), http://www.fao.org/3/x9656e/X9656E01.htm.

此外,《1969年国际船舶吨位丈量公约》虽然在船舶范围的限定中并没有排除渔船,但是根据其第2条有关"国际航行"的定义,该公约所能够适用的进行国际航行的船舶是由公约国家驶往该国以外的港口或与此相反的航行。① 因此,这种国际航行体现为在两个不同国家之间港口的航行。笔者认为,进行国际航行的渔船,一般是由一个国家驶离再回到该国家的港口,即使中间由于补给或者卸货而停靠其他国家的港口,但是其他国家的港口也不是渔船开航之后需要驶往的目的地。进行国际航行的渔船所要进行的工作是在公海等海域进行捕捞作业。因此,

---

① 《1969年国际船舶吨位丈量公约》第2条(3)。

《1969年国际船舶吨位丈量公约》虽然从公约对船舶范围的表述中没有排除对渔船的适用,但是从其立法本意上来看,进行国际航行的渔船是不可以适用的。

(二)有关船舶安全性国内法适用的差异

有关船舶安全性的规定大都体现在有关的部门规章之中。在2018年国家政府机构改革之后,有关渔船的检验工作从原农业部划入交通运输部。① 自此,商船和渔船有关船检的工作便统一由交通运输部负责,相关的部门规章也都由交通运输部制定。在有关船舶安全性的规定中,商船和渔船的法律规定差异主要体现在对外国籍船舶的规定上,对此,渔船的法律规章中没有明确规定。在商船安全监督规则中,外国籍船舶在我国水域中作业需要适用我国法律规章,但是渔船的相关规章中并没有明确的内容体现出对外国渔船适用我国规章的明确要求(见表2-2)。

表2-2 渔船和商船有关船舶安全性的部门规章对比

序号	国内法名称	制定部门	适用船舶的范围
1	《船舶检验管理规定》	交通运输部	船舶、水上设施、船用产品和船运货物集装箱,排除了军用船舶、体育运动船艇、渔业船舶和从事石油天然气生产设施的适用(第2条)
2	《船舶安全监督规则》	交通运输部	中国籍船舶或在我国管辖水域航行、停泊、作业的外国籍船舶,排除了军事船舶、渔业船舶和体育运动船艇的适用(第2条)
3	《渔业船舶检验管理规定》	交通运输部	渔业船舶和船用产品(第2条第2款),排除了国际航行的渔业辅助船的适用(第40条)

注:该表为笔者根据法律规范中相关条款内容的对比整理而成。

---

① 中共中央《印发〈深化党和国家机构改革方案〉》。

三、渔船适用船舶碰撞法律制度的相关问题

近年来,渔船之间的碰撞和渔船与商船之间的碰撞事故屡见不鲜。究其原因,除由于渔业规模逐年发展带来的渔船航行与商船航线之间的重叠所造成的海上航行环境的因素之外,渔船本身航行安全规范的不健全以及渔船船员操船中的过失也是造成船舶碰撞事故的主要原因。[1] 我国虽然渔业和渔船的整体发展水平正在逐渐提升,但是渔船中仍然存在的船舶老龄化、安全技术落后、配备设施陈旧等因素导致渔船自身存在较大的安全隐患。[2] 为了降低渔船的安全隐患,农业农村部鼓励通过核心技术对渔业装备、环保渔具和新材料渔船等领域进行研发创新并将成果转化为技术和服务。[3]

(一)渔船的适航问题

与商船对适航的要求不同,渔船的适航在国际公约和国内法中的规定并不明确。商船对于适航要求的发展是源于对货物运输的需要,特别是海上货物运输通常需要跨国和跨海域航行,为了使船、货、人达到安全的状态而将船舶适航与海上运输紧密联系在一起。在船舶碰撞责任承担方面,船舶不适航是导致船舶碰撞的一个重要因素。[4]

商船的适航义务是伴随着海上运输业的兴盛而逐渐被法律所确定的。就渔船而言,渔船的捕捞作业最初只是停留在近海和内河的相关区域。20世纪开始,随着船舶建造水平的提升,各国的渔船才逐渐开始在

---

[1] 李宗波:《浅析商船与渔船碰撞事故成因及海事监管对策》,载《中国航海科技优秀论文集》2014年。

[2] 参见《我国渔船安全状况严峻 急须加快渔船装备现代化建设》,载中华人民共和国农业农村部网 2010 年 12 月 27 日,http://www.moa.gov.cn/xw/zwdt/201012/t20101227_1798172.htm。

[3] 农业农村部、国家乡村振兴局(已撤销)综合司《关于印发〈社会资本投资农业农村指引(2021年)〉的通知》(农办计财[2021]15号)。

[4] See Robert P. McCleskey Jr. & Jeremy A. Herschaft, *Unique Features of Maritime Collision Law*, Tulane Law Review 79, No. 5-6, p. 1407(2005).

公海等国家管辖范围之外的区域进行捕鱼。① 渔船在远洋航行中会与商船面临类似的海上风险,为了保证船、人以及捕捞渔获的安全,渔船适航的问题才逐渐引起关注。然而,有关船舶适航的规定大都与船舶的海上运输有关,这些与海上运输相关的适航规定并不适用于渔船。例如,在《海牙－维斯比规则》②中的第3条第1款便规定了承运人在开航前和开航时的适航义务,《海商法》在"海上货物运输合同"一章的第47条中也规定了基本相同的有关承运人的适航义务。《海商法》对于适航的要求除体现在海上货物运输的规定中外,还体现在定期租船③、光船租赁合同④、海上拖航合同⑤中。而船舶租赁和海上拖航合同中并没有明确排除对渔船的适用,因此,从理论上来说渔船在有关定期租船、光船租赁和海上拖航活动中也应当遵循适航的要求。除《海商法》外,我国渔船的租赁还受《民法典》中租赁规定的约束。因而,虽然从理论上渔船可以在一些情况下适用商船的适航规定,但无论是有关适航规定的完善程度还是适航义务的履行程度,渔船尚无法达到与商船一样的效果。

(二)有关渔船安全性国际公约的立法缺失

渔船进行远洋活动需要船舶建造行业的支持。中国的渔船建造已经从过洋性向大洋性转变,以大型的节能型金枪鱼围网渔船为代表的重点远洋捕捞设备标志着我国渔业船舶的研发和建造能力的提升。⑥ 但与渔船的过洋性能力提升不匹配的是,目前我国对于渔船在船舶安全性

---

① 参见史磊、秦宏、刘龙腾:《世界海洋捕捞业发展概况、趋势及对我国的启示》,载《海洋科学》2018年第11期。
② 《海牙－维斯比规则》是《修改统一提单若干法律规定的国际公约议定书》的简称。该规则于1968年2月23日在布鲁塞尔外交会议上通过,自1977年6月23日生效。
③ 《海商法》第132条、第133条。
④ 《海商法》第146条。
⑤ 《海商法》第157条。
⑥ 参见孙自法:《中国渔业船舶研发及建造能力已从过洋性向大洋性转变》,载中国新闻网,https://www.chinanews.com/cj/2013/05－02/4782249.shtml。

监管方面仍有不足。我国目前尚未加入《港口国措施协定》，对于港口检查和部门协调也在逐渐提高和完善中。①

一些与海上航行安全相关的国际公约并未明确提及适航，只是通过船旗国、港口国或沿岸国对船舶在建造和开航时的设备监管对船舶本身的安全性能进行了规范。例如，我国参加的《港口国监督程序》第3.1.1条规定了船舶的重要设备以及其性能的实质性变化对船舶适航的影响，SOLAS和《国际船舶载重线公约》以及《1969年国际船舶吨位丈量公约》也都从港口国对于船舶建造条件本身规定了发放船舶适航的相关证书的要求。但目前，《国际船舶载重线公约》和《1969年国际船舶吨位丈量公约》都不适用于渔船。因此，即使从主管机关监管的角度来看，有关渔船的适航规定也存在着适用法律上的受限。《1977年托列莫利诺斯国际渔船安全公约》及其1993年议定书虽然已经生效，但是主要的渔业大国并未加入，这使得该公约中针对渔船保证船舶出海时船舶和船员都无危险的发证设计得不到有效的实施。② 为了便于船旗国、港口国和沿岸国对渔船安全的控制以及打击IUU捕鱼，IMO在2012年的外交大会上主持并制定了《开普敦协定》。③ 目前，《开普敦协定》尚未生效。

第三节　中国渔船适用海难救助法律制度的相关问题

海难救助是海上运输中古老的法律制度，也是海商法所特有的一种法律制度，这种制度的产生是由海上特殊风险决定的。④ 根据海难救助的国际公约和《海商法》中的规定，可以获取报酬的救助是对海上财产

---

① 参见《中国远洋渔业履约白皮书（2020年）》，第5～6页。
② 《1977年托列莫利诺斯国际渔船安全公约》第4条第2款。
③ See IMO, 2012 *Cape Town Agreement* (*Explained*), IMO (May 22, 2021), https://sway.office.com/pGZcJtkSuHNxDzy5? ref = Link.
④ 参见司玉琢：《海商法专论》（第4版），中国人民大学出版社2018年版，第282页。

(包括船舶)①和环境的救助(有关环境救助的问题将在本书第四章防治环境污染专章另行论述)。对于船舶的救助,国际公约和国内法都没有区分商船和渔船。对于海上人命的救助虽然不能直接获取救助报酬,但是基于人权保护的当代国际法思想,对海上遇险人员的救助显然不应当因船舶类型的不同而有所差异。

一、渔船适用的海难救助法律规范

由于商船的海上运输活动发展迅速导致海上航线密集,渔船在海上航行和捕捞作业的条件日益复杂。大部分渔船相较于商船而言航行能力差、装备水平低,渔船自沉、碰撞等海难事故时有发生。②

(一)渔船可以适用的海难救助国际公约

海难救助制度的产生虽然缺乏明确的历史性脉络的梳理,但在公元前800年的《罗得海法》中便出现了救助报酬。③ 此后的《奥列隆法》和《康索拉多海法》中也有关于救助内容的记载。④ 目前有关海难救助的国际公约主要有《1910年救助公约》、1967年《1910年救助公约》的议定书、《1989年国际救助公约》。其中,《1910年救助公约》是现代海难救助制度国际统一立法的基础。⑤《1989年国际救助公约》首次将对环境的救助纳入海难救助。海难救助的标的是物,一般不包括对人的救助。⑥

---

① International Convention on Salvage, 1989, Art. 1 (c): "a maritime property as any property not permanently and intentionally attached to the shoreline and includes freight at risk."
② 参见董加伟:《渔业海难救助困境解析》,载《大连海事大学学报(社会科学版)》2014年第6期。
③ See Geoffrey Brice, *Maritime Law of Salvage*, 3rd edition, Sweet & Maxwell, 1999, p. 6.
④ 参见[加]威廉·台特雷:《国际海商法》,张永坚等译,法律出版社2015年版,第266页。
⑤ 参见司玉琢:《海商法专论》(第4版),中国人民大学出版社2018年版,第283页。
⑥ 除英国外,中国、日本和德国等原则上都不承认有人命救助报酬的请求权,但救助财产时也救助了人命可以适当增加救助报酬。参见司玉琢:《海商法专论》(第4版),中国人民大学出版社2018年版,第284页。

1. 对海上财产①的救助

海难救助的成立需要满足四个要件②,其中之一为"无效果无报酬"原则。③ 对船舶等海上财产的救助从来都不是无偿的,但对于人命的救助通常认为是一种人道主义和道德上的要求,并不能据此直接要求救助报酬。国际公约中都对于海上财产中最为重要的组成部分"船舶"进行了规定。上述的三个海难救助国际公约在对于渔船的适用上都没有作出排除性的规定,因此,商船和渔船在海难救助国际公约的适用上并无不同(见表2-3)。

表2-3 有关国际公约中"救助标的"的对比

《1910年救助公约》	1967年《1910年救助公约》议定书	《1989年国际救助公约》
遇难的海船、船上财物和客货运费(第1条),不适用于军舰或专门用于政府公务的船舶(第14条)	修改了《1910年救助公约》第14条,公约亦应适用于国家或公共当局拥有、经营或租用的军用船舶或任何其他船舶(第1条)	处于危险中的船舶和其他财产。船舶包括任何船只、艇筏或任何能够航行的构造物[第1条第1款(b)项],不适用于军舰、国家所有或经营的、享有主权豁免的非商业性船舶(第4条第1款)

注:该表为笔者根据公约中相关条款内容的对比整理而成。

通过上述三个公约的对比可以发现,救助标的范围发生了变化。《1910年救助公约》中对船舶的限定已经不能满足航运和海上运输的快速发展。因此,《1989年国际救助公约》将救助标的扩大适用于船舶及

---

① 海上财产虽然包括船上的货物和商品,但船长、机组成员和乘客的个人物品除外。See Eghosa O. Ekhator, *Protection of the Environment and the International Salvage Convention, 1989: An Assessmen*, Mizan Law Review 10, No.1, p.78(2016).

② 海难救助成立的要件:一是被救物必须是法律所承认的标的(即法律所承认的物),二是被救物处于危险中,三是救助行为是自愿行为,四是实行"无效果无报酬"原则。参见司玉琢:《海商法专论》(第4版),中国人民大学出版社2018年版,第284~286页。

③ 就海难救助行为而言,具备前三个条件即可,"无效果无报酬"原则是针对救助方取得救助报酬而言的。参见司玉琢:《海商法专论》(第4版),中国人民大学出版社2018年版,第286页。

船舶以外的任何海上财产,如浮船坞、渔具等。①

2.对海上人命的救助

商船和渔船的海上航行都具有较大的危险性,因此,虽然按照国际公约中的规定,仅救助人命无法直接获得救助报酬,但是当发生海上事故时,对于人命的救助仍然是海难救助中必不可少的组成部分。对于人命的救助也并不因为船舶类型的不同而有所区别。

国际公约中对于海难救助并没有给出明确定义,按照救助标的的范围来看,救助对象仍然以财产类为主。即使《1989年国际救助公约》突破了对财产救助"无效果无报酬"的原则将海上救助的客体扩大到了对环境的救助,但是对于人命救助的报酬仍然没有明确的规定。② 随着海上财产和环境救助制度的不断完善,有关人命救助与船舶、财产的救助经常交织在一起,在海上救助的过程中,很难忽视对人的救助。因此,在确定救助款项时,对于人命救助所做出的努力也会作为海上救助活动的效果进行综合考量。③ 对人命的救助是人类有关人权保障的最低要求,因此,对于海上人命的救助必然不可能由于船舶类型的不同而有所不同。从自然法上来说,自然法尊重自然规律,是人的理性的体现。而自然法学是现代人权的哲学基础。④ 因此,在保障人权的现代法思想的影响下,海上人命的救助将无差别地适用于所有在海上遭遇风险的人,海上人命救助的报酬虽不能直接获得,但可以附随在救助船舶和财产报酬中有限度地获取。

---

① 参见司玉琢:《海商法专论》(第4版),中国人民大学出版社2018年版,第292页。
② 有学者认为对于人命救助报酬规定的缺失是由于对救助方来说对财产的救助更有利可图。See Eva-Maria Mayer, *Salvage Convention in*, *General Maritime Law out*: *How Sunglory Maritime*, *LTD. v. PHI*, *Inc. Takes a Wave Breaking Stance*, Tulane Maritime Law Journal 42, No.1, p.170(2017)。
③ 参见冯建中:《海上人命救助法律制度研究》,大连海事大学2019年博士学位论文,第30页。
④ 参见冯建中:《海上人命救助法律制度研究》,大连海事大学2019年博士学位论文,第37页。

(二)渔船海难救助的相关国内法

我国国内法中对海难救助制度的规定主要体现在《海商法》第九章,该章的规定可以适用于渔船。除《海商法》之外,《海上交通安全法》也对船舶的海难救助进行了规定。但《海上交通安全法》更多的是从行政主体进行海上搜救的角度对人命救助进行的规定。渔船海难救助适用的相关国内法在救助制度的设计、形式和适用等方面与商船海难救助的国内法并没有本质上的不同。

1. 海上财产救助规则

即使在《海商法》立法时《1989 年国际救助公约》尚未生效(该公约于 1996 年生效),但《海商法》有关海难救助一章中的内容几乎全部吸收了《1989 年国际救助公约》中的实质性条款并采取了直接将相应国际公约条款对译的方式。[①] 因此,《海商法》对于救助标的"船舶"范围的确定与《1989 年国际救助公约》中保持了一致,都没有排除对渔船的适用(见表 2-4)。

表 2-4 《海商法》与国际救助公约适用的救助标的的对比

《1989 年国际救助公约》的救助标的	《海商法》的救助标的
船舶或任何其他海上财产(第 1 条第 1 款),不适用于军舰和政府公务船(第 2 条)	船舶和其他财产(第 171 条),不适用于军事、政府公务船舶(第 172 条),不适用于海上已经就位的从事海底矿物资源的勘探、开发或生产的固定式、浮动式平台和移动式海钻井装置(第 173 条)

注:该表为笔者根据公约中相关条款内容的对比整理而成。

此外,《海上交通安全法》第六章对于"海上搜寻救助"的规定包含了对于船舶、海上设施、航空器在海上遇险的情况。但是《海上交通安全法》对搜救活动是从国家以及救助主体应当积极采取海上救助行动的角度出发,旨在规范更广泛的救助对象并对海上活动进行更高标准的

---

① 参见郭瑜:《海商法的精神——中国的实践和理论》,北京大学出版社 2005 年版,第 11 页。

保障。《海上交通安全法》对于海上救助的规定是从行政救助的角度出发所进行的被动式救助,而《海商法》是从平等的民事主体之间救助的角度出发所进行的主动救助。

2. 对海上人命的救助

第一,《海商法》不支持人命救助酬金。船长对海上人命的救助义务,其前提是不危及本船和船上人员安全。① 在救助报酬的取得上,对人命救助的救助方不得请求酬金,只能在其救助的财产或环境的救助款中获得合理的份额。② 此外,救助人命的技能和努力可以作为确定救助报酬的一项考量因素。③ 可见,《海商法》中对于纯人命救助的报酬并不支持,救助方只能在其对海上财产以及环境的救助有效果的情况下,可以在其对海上财产和环境的救助报酬中取得对救助海上人命所付出的努力的一定比例的补偿。

第二,《海上交通安全法》明确了海上搜救人命优先的原则,但并未对酬金进行规定。《海上交通安全法》明确了对生命的救助优先于环境和财产救助的原则。④ 渔船的海上交通安全管理与商船一样由海事管理机构负责,国家建立海上搜救协调机制并由中国海上搜救中心总体负责海上搜救的组织、协调和指挥工作。⑤ 同时,国家鼓励社会力量建立海上搜救队伍参与海上搜救活动。⑥ 除国家和社会力量的专业搜救行动之外,海上航行的船舶、航空器以及海上设施如果收到了海上遇险人员的求救信号,在不严重危及自身安全的情况下,应尽力救助遇险人员。⑦《海上交通安全法》从海上搜救行动的组织和协调角度对海上人命救助进行了统合性的规定,要求各方主体积极采取行动救助遇险

---

① 《海商法》第 174 条。
② 《海商法》第 185 条。
③ 《海商法》第 180 条第 1 款第 5 项。
④ 《海上交通安全法》第 66 条。
⑤ 《海上交通安全法》第 68 条。
⑥ 《海上交通安全法》第 71 条第 2 款。
⑦ 《海上交通安全法》第 75 条。

人员。但《海上交通安全法》整体上是从行政法角度对相关主体的权利、义务和责任进行了规定,并没有涉及《海商法》中有关救助报酬的规定。因此,《海上交通安全法》在要求社会力量和海上船舶进行救助行动的同时并没有对其所作出的救助努力是否可以主张酬金进行规定。

二、渔船对商船海难救助标准合同的可适性

商船和渔船在海难救助国际公约和国内法的适用上并不存在明显差异,具体的不同在于商船和渔船对海难救助行业标准合同的设置、发展和适用。商船在海难救助合同的设立上相对成熟且几经修改,在国际救助标准合同上已经形成了一套为国际社会所接受的统一合同文本。而渔船,目前在海难救助方面主要以渔船互救和政府行政救助为主。渔船互救往往是无偿的,而且会给救助方渔船增加燃油、人力、捕捞活动的成本,因此,渔船往往要面临公益救助与利益损失之间的权衡与选择。[①]

虽然渔船的海上救助并没有如同商船一样具有海难救助的标准合同,但不论是救助公约还是《海商法》都对海上救助合同的适用持有最大限度的开放态度。从理论上来说,救助合同是救助方和被救助方达成的协议,[②]渔船的海难救助完全可以根据国际公约以及《海商法》适用国际救助标准合同。《1989年国际救助公约》第6条对救助合同的规定中,有明示或默示的救助合同则按合同规定,没有明示或默示的救助合同的任何救助作业则可以适用公约的规定。该条表明了公约的强制适用与合同自由之间的逻辑关系,也表明只要救助合同双方就救助法律关系达成了合意,公约便不再对其强制适用。[③] 因此,无论是《1989年国际救助公约》还是《海商法》中对于救助合同的规定都表明

[①] 参见董加伟:《渔业海难救助困境解析》,载《大连海事大学学报(社会科学版)》2014年第6期。

[②] 《海商法》第175条第1款。

[③] 参见初北平:《〈海商法〉下海难救助制度的架构完善》,载《环球法律评论》2019年第3期。

了当前国际上和我国对于救助行为以及救助报酬取得的态度,即最大限度地给予当事人之间合意的自由,也最大限度地尊重当事人的任何形式的合意。

由于海难救助活动是对海上处于危险状态中的船舶、财产及人命的救助,如果双方当事人需要采用书面形式达成救助合同,订立合同的过程将影响救助活动的效率和成果,而救助活动的及时性与效果将影响救助报酬的取得。因此,英国劳埃德委员会首先制定对海上财产救助的格式合同,即"劳氏救助合同格式"(Lloyd's Standard Form of Salvage Agreement,LOF)。[①] LOF 中所秉持的"无效果无报酬"的海上财产救助原则被国际公约吸纳并沿用至今。LOF 的另一个重要作用是将救助报酬以具体的计算方式体现在合同中,救助方和被救助方在救助产生效果后将不再对救助报酬的具体金额产生分歧,便于救助方通过仲裁等程序实现其救助价值。

商船因为其船舶本身以及船上货物的巨大经济价值使"无效果无报酬"的救助原则平衡了船方、货方以及救助方之间的关系,也有利于鼓励海上救助活动和促进海上贸易的发展。但是渔船的救助与商船不同。首先,渔船上并没有如同商船一般的货物,渔船上可能有渔获也可能没有,而渔获的价值能否与商船上货物等量齐观也有待商榷;其次,船舶的价值存在差异,除远洋渔船之外,一般沿海作业渔船本身的价值能否与商船的价值相提并论也有待考量;最后,被救助方的经济基础存在差异,一般来说商船的船东比渔船的船东更具有抵御经济风险的能力,根据标准合同计算的报酬也会更具有给付能力。因此,渔船、渔获以及渔船所进行的捕捞活动本身在海难救助过程中的局限性导致国际标准合同的适用极少。

---

① See Eghosa O. Ekhator, *Protection of the Environment and the International Salvage Convention*,1989: *An Assessment*, Mizan Law Review 10,No.1,p.75(2016).

三、渔船适用海难救助法律制度的相关问题

渔船整体上不如商船抗风险能力强。除对人命救助这一商船和渔船都需要共同面临的问题之外,渔船适用海难救助法律制度的问题还在于如何保障渔船适用海难救助制度的法律效果。

(一)渔船海难救助适用"无效果无报酬"原则影响实际救助效果

《1989年国际救助公约》和《海商法》对处于危险中的船舶的范围设置的十分广泛,几乎可以囊括在海上航行的构造物,①二者对海上财产的规定也十分一致,都是指"非永久地和非有意地依附于岸线的任何财产,包括有风险的运费"。② 因此,渔船和渔获都可以作为救助标的适用国际公约和《海商法》。但由此产生的问题是,渔船和渔获适用公约和《海商法》的规定应如何遵守"无效果无报酬"原则。

《1910年救助公约》和《1989年国际救助公约》中对船舶和海上财产救助秉持"无效果无报酬"原则是基于商船及船上货物、运费的救助背景。这两个公约未排除对渔船和渔获的适用。20世纪中叶之后,由于船舶的体量、技术结构、货物种类和航行区域等要素的变化,一旦大型船舶和运送特殊货物(例如油气品、有毒有害物质)船舶发生海难,救助工作的难度和成本将大大增加。③ 在一些案例中,救助行为所花费的成本可能超过了船舶和货物的价值,救助方很有可能无法获得充分的救助报酬。④ 商船尚且如此,当渔船价值较低且无渔获的情况下,其他船舶是否要对船舶和财产进行救助?"无效果无报酬"原则表现出来的是对各方利益主体的总体利益平衡。一方面,作为被救助方的船方和货方可

---

① 《1989年国际救助公约》第1条(b)项和《海商法》第172条第1项。
② 《1989年国际救助公约》第1条(c)项和《海商法》第172条第2项。
③ See Nicholas J. J. Gaskell, *The 1989 Salvage Convention and the Lloyd's Open Form (LOF) Salvage Agreement* 1990, Tulane Maritime Law Journal 16, No.1, p.5(1991).
④ See Nicholas J. J. Gaskell, *The 1989 Salvage Convention and the Lloyd's Open Form (LOF) Salvage Agreement* 1990, Tulane Maritime Law Journal 16, No.1, p.5(1991).

以获得对其处于危险中的船舶和财产的实质性救助;另一方面该原则可以激励救助方采取有效的救助方式使被救助方脱离危险情况。相对于商船,大部分渔船面对海上风险的抗风险能力差、渔船船员的船舶操作水平不高、渔区范围大且海况复杂使得对渔船本身的救助难度增大。而大多数的渔船并没有商船的价值高,渔获也没有海上运输货物的价值高,因此,对于渔船的救助如果也采取"无效果无报酬"原则将导致救助方对渔船救助的积极性不高,会产生放任或者达不到实质性救助的情况,不利于渔船海难救助的开展。

(二)渔船海难救助中人命报酬获得的困难

若救助方只救助了人命而无对财产的实际救助效果将不能产生救助报酬,这是当前国际公约和《海商法》对于人命救助报酬取得的一致规定。救助方虽然不能直接获得对于人命的救助报酬,但是国际公约和《海商法》中对于人命的救助都认为是一项义务。例如,《联合国海洋法公约》中明确了船长对海上遭遇风险人员的救助义务,[①]《1989年国际救助公约》规定了船长对于海上任何有丧生危险的人员的救助义务,[②]《海商法》规定了船长尽力救助海上人命的义务。[③] 尽管船长对海上人命的救助已经成为国际公约和我国国内法中明文规定的义务,但是对于救助报酬的取得仍然要以救助的船舶和海上财产的效果为基础。因此,就人命救助的报酬获得而言,遇险船舶以及海上财产本身的价值成为具有决定性的影响因素。由此引发的渔船救助中的问题是,在对人命救助是一项基本的国际法和国内法义务而对船舶和海上财产救助是一项自愿行为的基础上,对于人命的救助报酬如何获得?

救助人命的报酬,救助方可以从对船舶、财产和环境救助的报酬中取得合理份额。[④] 因此,对于商船和渔船而言,救助方对人命救助的报

---

① 《联合国海洋法公约》第98条。
② 《1989年国际救助公约》第10条。
③ 《海商法》第174条。
④ 《1989年国际救助公约》第16条和《海商法》第185条。

酬的请求有两种结果：一是救助方只针对人命进行了救助，有关人命救助报酬的请求不能得到支持；二是救助方在对人命救助的同时也对船舶、海上财产进行了有效救助，那么根据"无效果无报酬"原则，在对船舶、海上财产的救助报酬进行计算后可以根据适当的比例得到对人命救助的报酬。在第二种情况下，商船由于其船舶和货物、运费等财产具有极大价值，通常情况下救助方将船、货、人一并救助的情况较为常见。而对于渔船而言，渔获的价值一般不高且不易保存，因此，对于渔船的救助往往是对船舶和人的救助。

渔船作业范围较为集中，同一片海域或者渔区的船舶数量密集，渔船作业区域容易发生碰撞、船体进水、主机故障等事故。[①] 渔船发生事故之后如果没有沉没则需要进行拖带以使其远离危险，一般这种拖带工作都是由海事局的海上搜救中心协同渔政、海警、港口等部门共同派船前往事故现场进行救助。政府部门作为救助方进行的商业性救助行为同样适用《海商法》第九章的规定。因此，对于渔船救助，无论是私人主体还是政府主管机关进行的对人命的非义务性救助都必须以对船舶和财产的救助为基础。而近海渔船相对来说价值较低可能会导致救助方得不到充分的救助报酬，而远洋渔船虽然价值较高，但对其的救助与商船别无二致，因此，在对渔船的救助中，船舶本身的价值会影响海难救助报酬的取得，而海难救助规则中对海上人命救助的固有问题也不可避免地影响对渔船的救助。

（三）渔船对于海难救助国际标准合同的适用问题

海难救助制度在形成之初便对救助一方赋予了报酬获得的权利。这一项制度设立的初衷是在面对高风险的海上航行环境中可以鼓励各方主体对遇险船舶和货物进行救助。[②] 由于对船舶和海上财产的救助

[①] 参见李先强：《基于中国沿海商渔船碰撞事故的商船安全航行对策分析》，载《世界海运》2018 年第 7 期。

[②] 参见李天生、徐娟：《"无效果无报酬"的法律本质》，载《大连海事大学学报（社会科学版）》2016 年第 5 期。

以有偿为前提条件,因此,救助方和被救助方需要就如何进行"有偿救助"达成合意。但有一种情况可以在双方不产生合意的情况下进行救助,即救助方单纯凭借需要救助的主观意愿对遇险船舶和海上财产进行救助并产生了实质上的效果,这也是海难救助制度产生的开始。[1] 但在这种情况下,救助行为已经实施完毕,救助方和被救助方往往会由于救助费用产生争议,因此目前已经很少被采用。而在当前的海难救助中,双方当事人采用的是在救助之前进行合意并签订合同的方式以确保救助行为有效实施之后,双方不会就救助报酬发生争议。因此,国际公约和《海商法》中对于双方当事人之间的意思自治给予了最大限度的自由和尊重。

虽然在救助工作实施之前,救助方和被救助方可以达成救助合同,但是由于合同订立的过程本身就是双方相互"拉锯"和妥协的过程,如果该过程过长会影响救助行动的开展。因此,为了减少双方当事人之间就一些救助报酬获取的重要条款的谈判过程,国际航运界开始寻求对海上救助合同统一格式的制定。目前,被国际社会接受程度最高和使用最广泛的是 LOF。[2] LOF 是由救助人、船东互保协会(Protection & Indemnity Club,P&I Club)、船东、财产保险人等海上运输主体进行协商和妥协的结果,[3]几次版本的更新也都体现出多方主体对海难救助中船和货的重视。LOF 在制定时并没有考虑渔船的适用,但目前的几个标准合同版本,其内容没有明确排除对渔船的适用,因此,理论上渔船可以适用 LOF。但 LOF 作为主要面向商船救助的标准合同,其中的内容是否对渔船的救助有利仍然有待商榷。

---

[1] 这种事先不签订协议的自愿救助是纯救助(pure salvage),最早可追溯到罗马时代。因为救助双方没有签订合同,双方容易发生争议,后来便发展为合同救助(contract salvage)。参见司玉琢:《海商法专论》(第 4 版),中国人民大学出版社 2018 年版,第 283~284 页。

[2] See Eghosa O. Ekhator, *Protection of the Environment and the International Salvage Convention*, 1989: *An Assessment*, Mizan Law Review 10, No.1, p. 76(2016).

[3] 参见孙彪:《劳氏救助合同诞生 100 周年的回顾与展望》,载《航海技术》2010 年第 1 期。

由于国际公约和国内法都对签订海难救助合同给予了最大限度的合意自由，因此，除国际救助公约以及《海商法》中海难救助一章的规定之外，海难救助标准合同的作用十分突出。LOF 最早于 1892 年公布并随着国际航运和国际贸易的需求在 100 多年的发展中多次修订。[1] LOF 的设定是以"无效果无报酬"原则为基础的标准救助合同。在 20 世纪 70 年代，多起油轮污染事故的发生使国际社会意识到必须要在发展航运的同时保护海洋环境。而 LOF 和国际救助公约中对于财产救助的"无效果无报酬"原则不足以适用对海洋环境的救助。因此，1980 年劳氏委员会对 LOF 进行了修订，修订后的救助格式合同为 LOF1980。LOF1980 首次突破了对财产救助的"无效果无报酬"原则，创设了"安全网条款"（safety net）。[2] 安全网条款将油轮对环境造成的污染与船舶、海上财产、人命一起作为可被救助的对象，只要救助人在救助中没有过失，即使对船舶和财产的救助没有产生救助效果或只有部分效果，但对防止环境损害做出了努力，救助人仍可向油轮船东请求补偿。[3]《1989 年国际救助公约》认可了 LOF1980 对于环境救助的突破，并在第 13 条"无效果无报酬"原则的基础上创设了第 14 条"特别补偿"条款（special compensation）。"特别补偿"条款将对环境救助对象所适用的情况扩大至所有可能对环境构成污染的危险，而不同于 LOF1980 中仅对油轮造成的环境损害的适用。LOF 在 1990 年和 1995 年根据国际公约的变化和国际救助实际的需求对其版本进行了调整，调整之后的版本将《1989 年国际救助公约》中的内容纳入其格式条款中。LOF 的一次重大调整是在 2000 年。P&I Club 在 1999 年推出了对于环境救助的特别补偿条

---

[1] See Maritime Cyprus admin, *LOF 2020 – An Update to the World's Oldest and Most Commonly Used Salvage Contract*, Maritime Cyprus（December 2,2020），https://maritimecyprus.com/2020/02/12/lof - 2020 - an-update-to-the-worlds-oldest-and-most-commonly-used-salvage-contract/? share = skype.

[2] 参见王晓怡：《〈劳氏海难救助协议标准格式（2011 版）〉评述——兼谈〈中国海事仲裁委员会（1994）救助合同标准格式〉的修订》，载《中国海商法研究》2020 年第 4 期。

[3] 参见王晓怡：《〈劳氏海难救助协议标准格式（2011 版）〉评述——兼谈〈中国海事仲裁委员会（1994）救助合同标准格式〉的修订》，载《中国海商法研究》2020 年第 4 期。

款(Special Compensation P&I Club Clause, SCOPIC),其目的在于简化环境救助报酬的计算。LOF2000 将 SCOPIC 作为一个并入条款,救助双方可以选择适用,但是只要当事方选择适用该条款,就可以根据该条款中的计算方式获得特别补偿。LOF 在 2000 年之后又经过几次修改,最新版本是 LOF2020。

无论是海商法中关于海难救助制度创设的目的,还是有关海难救助的国际法、国内法对于救助行为的规范,抑或当前海难救助标准合同中对于双方合意内容的确定,渔船作为海上航行的船舶都没有被排除在海难救助制度之外。但是实践中,渔船的海难救助,尤其是近海渔船的救助仍然以行政机关的救助为主。从 2020 年 1~12 月的海上搜救情况来看,全年搜救遇险船舶 1375 艘,其中获救船舶 1104 艘。[①] 2014~2020 年,全国海事法院审结的海难救助案件为 219 件。[②] 虽然中国海上搜救中心对搜救船舶的统计并没有区分船舶类型,但一年中对于船舶的救助行动与 2014~2020 年全国海事法院审结的海难救助案件的数量相差甚远。而海事法院审结的救助案件中商船占据多数,因此,渔船在海难救助中的互助实践突显出不足。这种不足也影响了渔船对 LOF 在实践中适用的可能性。

第四节　中国渔船适用海上拖航制度的相关问题

海上拖航是一种海上拖带服务,一般包括被拖物没有动力需要拖船提供动力、被拖船有动力但由于吨位或马力过大需要拖船协助通过复杂狭窄水道以及被拖船需要被带离危险处境三种情况。[③] 渔船发生海上

---

① 数据来源:中国海上搜救中心:全国海上搜救情况数据统计。
② 数据来源:北大法宝:司法案例数据库。
③ 参见屈志一:《海上拖航法律问题研究》,大连海事大学 2014 年博士学位论文,第 12 页。

拖航的情况一般是由于失去动力或者需要被带离危险处境。例如,2016年一艘日本渔船在拖航中发生了翻覆事故,该日本渔船就是因为引擎故障而被拖航。①

一、渔船适用的海上拖航规则

目前,国际上并没有针对拖航活动的专门公约,各国通过其国内法对拖航活动进行规范。《海商法》第七章是对海上拖航合同的特别规定,而海上拖航合同是指"承拖方用拖轮将被拖物经海路从一地拖至另一地,而由被拖方支付拖航费的合同"②。渔船和商船都可以适用《海商法》中对海上拖航合同的规定。

海难救助中经常通过拖带将处于危险中的船舶带离危险处境,海上拖航与海难救助有关但又有区别。海上拖航与海上救助中的拖航行为不同。海上拖航是基于承拖方和被拖方合同约定取得报酬与被拖物是否处于危险中无关。而海上救助中的拖航行为其本质是海上救助,因此,海上救助中的拖航是要以"无效果无报酬"原则取得报酬且其前提是为了救助处于危险中的船舶、财产和人命。

海上拖航在一定条件下可以被视为海上货物运输,此时将不适用《海商法》中有关"海上拖航合同"的规定。③ 如果拖轮所有人拖带其所有或经营的驳船,而该驳船上载有其他货主的货物,那么这种拖带行为将被视为海上货物运输。④ 在海上拖航合同关系中,被拖方是被拖物的所有人或利害关系人,而被拖物包括驳船或者其他无动力的船舶、钻井平台、浮码头、浮船坞等海上漂浮装置以及失去动力的船舶等。⑤ 因此,相较于商船,渔船能够适用海上拖航的范围较窄,即当渔船失去动力时

---

① 参见王欢:《日本一渔船在被拖航期间发生翻覆 导致1人死亡8人失踪》,载环球网2016年12月14日,https://world.huanqiu.com/article/9CaKrnJZ9V1。
② 《海商法》第155条。
③ 参见司玉琢:《海商法专论》(第4版),中国人民大学出版社2018年版,第249页。
④ 《海商法》第164条。
⑤ 参见司玉琢:《海商法专论》(第4版),中国人民大学出版社2018年版,第248页。

可以与被拖方签订合同进行拖航。

海上拖航主体间的权利义务主要取决于当事人之间的合意。海上拖航合同是确定履约与否的关键。而海难救助中虽然救助双方当事人也会签订合同,但海难救助合同针对的是对财产的救助,对海上人命的救助是一项基于人权保障的义务。即使是在对财产的救助中,如果救助方在没有订立合同的条件下自愿救助,这种海难救助行为也可以得到法律上的认可。

二、渔船适用海上拖航规则的相关问题

渔船适用海上拖航规则的主要问题在于渔船海上拖航缺少与渔船拖航相适应的拖航标准合同。虽然大部分对于渔船的拖带情况可能来源于海难救助,但也不排除渔船在海上会产生除海难救助之外的拖带需求。目前渔船从理论上可以适用的拖航标准合同都是以商船为适用对象,只是在这些标准合同中并没有排除渔船的适用。而这种本身为商船"量身打造"的标准合同在渔船拖航中的具体应用和效果如何有待实践的检验。

海上拖航中双方当事人的合意是进行拖航的前提,为了便于双方当事人明确权利义务和服务报酬的计算,目前,各国的海上拖航公司一般都有自己的拖航版本,例如,日本航运交易所拖航合同(承包)、英国拖航及其服务标准条件、中国拖轮公司拖航合同(承包)、中国拖轮公司拖航合同(日租)以及国际海上人命救助联盟、欧洲拖轮船东协会和波罗的海国际航运公会三家联合推荐的"国际远洋拖航协议(日租)格式(TOWEHIRE)和(承包)格式(TOWCON)"等。TOWEHIRE和TOWCON中对于被拖物的范围规定得较为广泛,可以是一艘或多艘任何性质的船舶或物体。[①] 中国海事仲裁委员会制定有拖航的标准合

---

① TOWEHIRE2021 clause 1(ⅲ)和 TOWCON2021 clause 1(ⅲ):"Tow" means one or more vessels or objects of whatsoever nature including anything carried thereon as described in Boxes 4 to 11 and Annex B(Tow Specification).

同版本,在该标准合同文本第二部分对于合同主要用语进行的说明中,对于被拖物作为船舶的范围是在合同中第一部分所载明的不论何种性质的任何船舶。[1] 因此,虽然对于海上拖航标准合同的设置初衷是对于商船在海上运输以及航行中可能面临的问题并以此作为经营项目促使拖轮公司能够便于拖航行为,但渔船尤其是远洋渔船如果面临需要拖带的情况,在与拖轮公司协商之后以目前现有的拖航标准合同签订拖航协议从理论上是完全可行的。但这种理论上可行的商船标准合同对渔船的拖航实践效果还有待考察。

第五节　中国渔船适用共同海损规则的相关问题

共同海损源于在航海活动中对海上特殊风险的应对,共同海损的历史可以追溯到公元前 800 年的罗马时代。[2] 由于海上运输活动早期航海技术不发达,航海贸易中如果遇到自然灾害,船舶和货物往往会因无法抵御的风险而沉入大海。为了防止船、货的沉没,船东和货主之间形成了一种惯例,即当船舶遭遇危险时,船长可以抛弃部分货物以换取船和其他货物的安全,对于抛弃货物的损失则由船东和货主共同承担。[3] 海商法中的很多规定都源于航海活动中的惯例,共同海损规则也随着航运的发展而成为一项重要的国际海事惯例。目前,尚无有关共同海损的国际公约。

---

[1] 中国海事仲裁委员会示范版拖航合同第二部分第 1 条:"被拖物"指拖轮船东同意为其提供第 22 栏中的服务并在第一部分载明的不论何种性质的任何船舶、舰筏或物体包括其所装载的任何物品。

[2] 参见[加]威廉·台特雷:《国际海商法》,张永坚等译,法律出版社 2015 年版,第 301 页。

[3] 参见傅廷中:《海商法》(第 2 版),法律出版社 2017 年版,第 288~289 页。

一、渔船可以适用的共同海损规则

《海商法》第十章是对共同海损的规定,共同海损是指在同一海上航程中,当船舶、货物和其他财产遭遇共同危险时,为了共同安全而合理地采取措施所直接造成的特殊牺牲、支付的特殊费用。[①] 商船进行海上运输时,船东和货主往往不是同一人,为了抵御共同风险采取合理措施而产生的损失,船东和货主要对这些损失承担共同的责任。

从共同海损的构成来看,渔船在海上航行过程中,也可能会面临船舶和船上财产遭遇共同风险的情况。渔船可以适用的共同海损规则主要是针对船舶本身所面临的风险。由于渔船并不运送货物,渔船所能采取的避险措施也不会是抛弃货物。因此,从渔船对该规则的适用条件来看,渔船可以适用的情况非常特殊。渔船在出海捕捞作业的过程中,船舶和船上的渔获物资往往属于同一船方,而渔船捕捞作业活动中不存在货主,因此,渔船船东在租船条件下可以主张共同海损。如果渔船船东并不是船舶所有人而是承租人,在光船租赁的情况下,承租人对船舶燃油具有所有权。在光船租赁条件下,出租人虽然是船舶所有人,但船长受承租人雇佣。当面对共同危险时,船长可以采取减少燃油的方式来避险。如果这种措施是不得不采取的有益而合理的措施,最终也确实实现了避免风险的结果,那么减少燃油的损失可以列为共同海损。例如,当船舶搁浅以后,为了使船舶重新浮起而将燃料和物料卸下。

在共同海损发生之后,共同海损产生的牺牲和费用需要采用专门的共同海损理算规则进行计算。我国法律制度中共同海损的理算规则为:有约定的从约定,没有约定的适用《海商法》第十章的规定。[②] 现在国际上比较通行的规则是 CMI 在 1974 年通过的《约克-安特卫普规则》,《海商法》第十章也是在借鉴 1974 年《约克-安特卫普规则》字母规则

---

① 《海商法》第 193 条。
② 《海商法》第 203 条。

的基础上制定的。① 此外,中国国际贸易促进委员会也制定了共同海损的理算规则,而且在2019年,中国国际贸易促进委员会启动了对原共同海损理算规则(《北京理算规则》)的修订工作,最后形成了2022年的《中国国际贸易促进委员会共同海损理算规则》。② 该理算规则中并没有区分商船和渔船,因此,渔船可以适用该规则。虽然共同海损的理算十分专业,但目前还没有针对共同海损以及理算的公约,只有国际的理算规则。有关渔船的当事人对于理算规则可以选择适用。

二、渔船适用共同海损规则的相关问题

商船在实践中适用共同海损的案件不多,③而渔船适用共同海损规则的条件有限,因此在实践中更不常见。共同海损实现的前提在于衡量拯救处于危险中的船、货、其他财产和为此做出的牺牲及产生的费用。在过去依靠渔船捕鱼温饱期间,渔船的航行能力差,大部分的渔船价值不高,而且活动范围有限,大都局限在近海,相对来说面临的海上风险会少一些。随着船舶建造技术的提升和近海渔业资源的衰退,渔船捕捞活动向远洋进发的过程中将会面临更多的海上风险。而一旦涉及共同海损的确定,渔船船东及相关当事人将面临与商船同样的适用规则。渔船在一定条件下可以适用共同海损规则目前容易被学界和实务界忽视,随着渔船捕捞能力的提升,一些重要的海事规则将逐渐可以纳入渔船适用的法律制度中来,这一点亟须引起各方重视。因此,渔船适用共同海损

---

① 参见张永坚:《共同海损的成立基础》,载《地方立法研究》2018年第5期。
② 中国国际贸易促进委员会根据最新的海运实践和理算实务变化,在2019年启动了《北京理算规则》修订工作,目前已完成规则修订相关工作。新修订的《中国国际贸易促进委员会共同海损理算规则》于2022年9月1日起正式实施,原《北京理算规则》同时废止。参见《新版〈中国国际贸易促进委员会共同海损理算规则〉9月1日起正式实施》,载中国新闻网2022年8月29日,https://baijiahao.baidu.com/s?id=1742482436483125612&wfr=spider&for=pc。
③ 通过CMI的CML CMI Database数据库搜索,1939~2021年共有25件案件。通过北大法宝数据库的搜索,我国2014~2021年各级法院共审理共同海损案件119件,这些案件都是涉及船货的共同海损纠纷。

规则具有一定的前瞻性。

本 章 小 结

　　渔船和商船都建立起了港航交通安全法律制度。在该制度下,相关的商船法律规则在约束商船的同时也可被渔船适用。本章通过和商船法律制度的对比,明确了相关法律制度下渔船可以适用的法律规范。渔船在适用这些法律规范时会存在一些相应的问题。这些问题主要体现在法律规范的立法缺失和实践效果不强。

　　渔船的港航交通安全法律制度包括了渔船进出渔港和海上航行的安全。首先,在港口交通安全法律规范中渔船和商船在引航和港口安全方面具有相同的适用。但由于商船的商港和渔船的渔港的不同,渔船港口交通安全的国际公约目前还较为欠缺。其次,渔船海上风险防控主要是对渔船在海上航行中面对的风险、船东及相关主体对于其所要承担的海上风险进行防范和控制。渔船和商船在有关海上航行安全规则相关的船舶碰撞、海难救助、共同海损和海上拖航方面进行了对比分析。在商船法律制度中,上述相关内容的规定主要体现在国际海事公约、国际海事惯例以及我国的《海商法》中。国际海事公约和国际海事惯例一般通过"明确排除"渔船适用的规定和"不排除渔船适用"方式应对渔船可能适用的问题。一般而言,在海上风险防控领域,为了尽可能地使更多的主体纳入规则的适用中来从而尽可能地保障海上安全和控制风险,国际海事公约、国际海事规则和《海商法》在大多数情况下都采用了"不排除渔船适用"的方式。但是由于国际海事公约、国际海事规则以及《海商法》都是基于商船而构建起来的法律制度,因此,在这些"不排除渔船适用"的规则上往往会出现渔船适用的实践性不够强、渔船与相关法律制度衔接和配套的制度不够完善等问题。

第三章　中国渔船营运法律制度的相关问题

渔船营运需要满足船、人和捕捞活动的开展三个重要因素。围绕这三个因素,中国渔船营运法律制度包括对渔船捕捞活动的限制、船舶登记、船舶检验和船员适任等方面的相关内容。商船和渔船都需要考虑船、船员等营运条件和船舶经营人的责任承担等问题。因此,本章将从渔船物权、租船、船员和海事赔偿责任限制和海上保险方面入手,通过和商船在上述内容中法律制度的对比,分析渔船营运中需要解决的一些问题。这些问题有些是在我国渔船营运法律制度中一直存在但尚未引起足够重视的问题,有些则是通过商船法律制度的对比而得出的新问题。

第一节　中国渔船适用船舶物权法律制度的相关问题

无论是渔船还是商船,船舶营运的基础均是拥有可以满足航行和作业要求的船舶。船舶的获得一般会有两种方式:一种是自有船舶,船舶营运主体为船舶所有人;另一种情况是租用他人的船舶,此时船舶的营运主体和船舶所有人分离。不论是自有船舶还是租用船舶，首先要明确的是满足生产要求的船舶之上都有哪些权利，尤其是确定船舶物权的船舶登记制度。

一、渔船可以适用的船舶物权法律规范

《海商法》第二章的规定具体表现为在船舶上设定了物权并对相关权利的行使和变动规则进行了规定。《海商法》中对于船舶权利的规定为船舶所有权、船舶抵押权、船舶留置权和船舶优先权。对于船舶所有权、抵押权、留置权和船舶优先权的变动和实现规则，商船和可以适用《海商法》的渔船在船舶物权规则的适用上较为趋同。而被《海商法》排除的渔船（20 总吨以下的小型渔船以及内河渔船），可以适用《民法典》中有关物权、合同和侵权的规定。

（一）船舶所有权的变动规则

《海商法》规定了"船舶所有权，是指船舶所有人依法对其船舶享有占有、使用、收益和处分的权利"。[①] 这一规定与《民法典》中对所有权的规定一致。[②] 所有权的变动是指所有权的取得、转让和消灭。《海商法》规定，船舶所有权的取得、转让和消灭应当向登记机关登记，未经登记不得对抗第三人。[③]《民法典》中对船舶的所有权变动规则为，未经登记的船舶物权的设立、变更、转让和消灭不得对抗善意第三人。[④] 因此，目前，我国对船舶所有权变动规则采取的是登记对抗原则。在船舶买卖的条件下，如果未经登记，该买卖行为仅在买卖双方之间有效，船舶买卖所产生的法律效果不能对抗第三人。船舶所有权消灭的原因主要有：船舶所有人消灭，船舶灭失，船舶所有权转让，船舶被放弃、没收、征用或拍卖，等等。

---

① 《海商法》第 7 条。
② 《民法典》第 240 条。
③ 《海商法》第 9 条。
④ 《民法典》第 225 条。

(二)船舶抵押权的实现规则

有关抵押权的三个国际公约,都没有对船舶抵押权做出定义,主要原因是各相关国家对船舶抵押权的认识不一致。[1]《海商法》将船舶抵押权定义为"抵押权人对于抵押人提供的作为债务担保的船舶,在抵押人不履行债务时,可以依法拍卖,从卖得的价款中优先受偿的权利"[2]。这里的船舶可以是商船,可以是渔船,也可以是船舶属具。对不属于《海商法》第3条所规定的船舶的抵押权应当适用《民法典》中有关船舶的抵押权的规定。[3]《海商法》对同一船舶上的数个船舶抵押权实现的顺序进行了规定,即按照抵押权登记的先后顺序,但船舶抵押权的实现顺位要后于船舶优先权和船舶留置权。[4] 与船舶所有权类似,船舶抵押权也采取了登记对抗原则,即设定船舶抵押权需要向船舶登记机关办理登记,否则不得对抗第三人。[5]《海商法》中船舶抵押权的实现方式仅限于"依法拍卖"一种方式,而根据《民法典》,抵押权人对抵押财产的抵押权实现方式可以是折价、拍卖和变卖。

(三)船舶留置权的实现效果

《海商法》在第二章中对船舶留置权进行了定义,并规定了其适用主体是造船人、修船人。[6] 但在《海商法》第二章之外,《海商法》第七章"海上拖航合同"中对拖航中的被拖物船舶,承拖方也可以对被拖物享有留置权。[7]《海商法》中只对船舶留置权的概念和受偿的顺序[8]进行了

---

[1] 参见司玉琢:《海商法专论》(第4版),中国人民大学出版社2018年版,第16页。
[2] 《海商法》第11条。
[3] 《民法典》第17章是专门针对抵押权而设立的章节。其中,第395条规定了船舶可以用于抵押。
[4] 《海商法》第19条、第25条第1款。
[5] 《海商法》第13条。
[6] 《海商法》第25条第2款。
[7] 《海商法》第161条。
[8] 《海商法》第25条第1款:船舶优先权优先于船舶留置权受偿,船舶抵押权后于船舶留置权受偿。

规定,而对行使船舶留置权的具体条件等其他问题均未作出规定。因此,在没有国际公约适用的情况下,有关船舶留置权实现的其他未被规定在《海商法》中的问题应当适用《民法典》中的规定。

(四)船舶优先权法定权利的特殊性

船舶优先权的英文表述是 maritime lien,该英文在学界有多种译法,例如,海事留置权、海事优先权、船舶留置权等。《海商法》第二章中将其称作船舶优先权。船舶优先权是海商法中特有的制度,但国际公约中并没有给出明确的定义。《海商法》指出,"船舶优先权,是指海事请求人依照本法第二十二条的规定,向船舶所有人、光船承租人、船舶经营人提出海事请求,对产生该海事请求的船舶具有优先受偿的权利"[①]。《海商法》中将船舶优先权确定为一项法定权利,不需要经过当事人之间的约定即可产生。[②] 船舶优先权具有隐蔽性,是物权公示原则的例外,此种权利无须履行登记手续即可产生,[③]并且无条件地依附于海上财产。[④] 船舶优先权作为一项法定权利,只有法定原则才可以使其消灭,任何海事请求,只要是在船舶优先权担保的期间内(1年),不论船舶如何转让,船舶优先权都不消灭。[⑤] 由于船舶优先权的特殊性,哪些海事债权可以作为船舶优先权给予优先保护取决于各国的规定。而各国由于航运经济和海上活动的发展程度不同,对于受船舶优先权担保的海事请求也不尽相同。一般而言,英国规定较少,美国规定较多。[⑥]

二、渔船被有关国际船舶物权公约排除适用

国际公约对于船舶之上设定权利的规范主要体现在对于船舶登记、

[①] 《海商法》第 21 条。
[②] 参见傅廷中:《海商法》(第 2 版),法律出版社 2017 年版,第 38 页。
[③] 参见傅廷中:《海商法》(第 2 版),法律出版社 2017 年版,第 38 页。
[④] See D. R. Thomas, *Maritime Lien*, Stevens & Sons, 1980, p. 12. 转引自傅廷中:《海商法》(第 2 版),法律出版社 2017 年版,第 39 页。
[⑤] 《海商法》第 29 条。
[⑥] 参见司玉琢:《海商法专论》(第 4 版),中国人民大学出版社 2018 年版,第 27 页。

船舶优先权和抵押权的规定上。而船舶登记与船籍具有直接关系,船舶登记制度将影响船舶受到哪个国家以及主管当局的管控,进而可以确定有关船舶在国内法下的权利取得和转移制度。船舶登记是船舶具有船籍进而可以进行海上航行的基础。船舶优先权作为一项海商法中特有的制度,饱受海运界的关注。船舶抵押权除作为一般的债务担保之外,在航运市场上更多的是体现在对于融资的需求。因此,就船舶之上设定权利的有关国际公约而言,立法宗旨和客体都主要针对商船。

(一)有关船舶登记的国际公约排除了渔船的适用

为了促进世界航运的整体有序发展,联合国根据《联合国第三个发展十年国际发展战略》要求发展中国家更多地参与国际贸易世界运输。[1] 在此基础上,根据《联合国海洋法公约》"国家和船舶之间必须存在真正的联系"的规定,[2]联合国制定了《1986年联合国船舶登记条件公约》意在保证船旗国对悬挂其船旗的船舶进行有效的管辖和控制。[3] 该公约虽然于1986年2月7日在联合国船舶登记条件会议上通过,但尚未生效。[4]《1986年联合国船舶登记条件公约》规定的船舶是用于国际海上商务货物运输、旅客运输或二者兼有的任何自航式海船,并排除了对500吨以下船舶的适用。[5] 因此,虽然该公约尚未生效,但从公约的制定和立法意图上来看也不适用于渔船。

(二)有关渔船适用船舶担保物权国际公约的模糊性与排除适用

由于船舶登记之后便与船籍国产生了密切联系,而船籍国有关船舶

---

[1] UN. International Development Strategy for the Third United Nations Development Decade (A/RES/35/56) [R]. 1980-12-05. p.128.
[2] 《联合国海洋法公约》第91条第1款。
[3] 《1986年联合国船舶登记条件公约》第1条。
[4] 参见《1986年联合国船舶登记条件公约》,载北大法宝2021年6月5日, https://www.pkulaw.com/eagn/0c527ae30fa25f1b741b59d40f653309bdfb.html?keyword=1986%E5%B9%B4%E8%81%94%E5%90%88%E5%9B%BD%E8%88%B9%E8%88%B6%E7%99%BB%E8%AE%B0%E6%9D%A1%E4%BB%B6%E5%85%AC%E7%BA%A6。
[5] 《1986年联合国船舶登记条件公约》第2条。

担保物权的法律制度受不同法系和法律文化制度差异影响,船舶担保物权制度也存在一定差别。因此,国际社会积极寻求有关船舶担保物权统一化的解决途径。自20世纪初开始,有关国际组织先后通过了三个与船舶担保物权相关的国际公约,即《1926年统一船舶优先权和抵押权某些法律规定的国际公约》《1967年统一船舶优先权和抵押权某些法律规定的国际公约》《船舶优先权和抵押权国际公约(1993年)》。这三个公约对渔船适用的规定从模糊性向排除性转变。

1. 有关渔船适用船舶担保物权国际公约的模糊性

渔船能否适用船舶担保物权国际公约的模糊性主要体现在《1926年统一船舶优先权和抵押权某些法律规定的国际公约》[①]和《1967年统一船舶优先权和抵押权某些法律规定的国际公约》[②]。这两个公约目前参加国较少,公约中也都缺少对于"船舶"的有关明确规定,并没有明确相关概念的内涵和范围。即便公约生效,渔船能否适用尚存在立法宗旨和法律概念不明确之间的模糊性。例如,《1926年统一船舶优先权和抵押权某些法律规定的国际公约》中存在几个主要的问题之一便是公约中的某些规定概念模糊缺乏可操作性。[③] 由于海运大国对该公约的适用存在争议,一些主要的海运国家并没有参加该公约,中国也并未加入。[④] 从公约的法律文本上看,该公约制定旨在规范国际商船在船舶优先权和抵押权中存在的问题并形成国际统一规范。由于该公约中相关

[①] 该公约于1926年4月10日通过。参加本公约的国家有比利时、巴西、法国、匈牙利、意大利、马尔加什、波兰、罗马尼亚、西班牙、阿尔及利亚、阿根廷、海地、伊朗、黎巴嫩、摩纳哥、葡萄牙、瑞士、土耳其、乌拉圭、扎伊尔等。参见《1926年统一船舶优先权和抵押权某些法律规定的国际公约》,载北大法宝2021年6月5日,https://www.pkulaw.com/eagn/244894207d8d70a165bd1288295bc0d4bdfb.html? keyword=统一船舶优先权和抵押权若干规定的国际公约 &way=listView。

[②] 该公约于1967年5月27日通过,1987年4月生效,参加本公约的国家有丹麦、挪威、瑞典、叙利亚等。参见《1967年统一船舶优先权和抵押权某些法律规定的国际公约》,载北大法宝2021年6月5日,https://www.pkulaw.com/eagn/244894207d8d70a153ac9c4eb0c85ff4bdfb.html? keyword=统一船舶优先权和抵押权若干规定的国际公约 &way=listView。

[③] 参见傅廷中:《海商法》(第2版),法律出版社2017年版,第54页。

[④] 参见黎学玲:《国际贸易法大辞典》,广东人民出版社1995年版,第416页。

法律概念的不明确和模糊性,渔船能否根据公约第 1 条规定的在缔约国登记的船舶以及不属于公约第 15 条所排除的军舰和公务船舶进而可以适用该公约,还有待商榷。此外,由于该公约缔约国较少、国际影响力不强,即使可以对渔船适用,其规范效力也不强。

为了完善有关船舶优先权和抵押权的统一立法,1967 年,在布鲁塞尔召开的第十二届海商法外交大会上,通过了《1967 年统一船舶优先权和抵押权某些法律规定的国际公约》,该公约于 1987 年生效,但批准的国家仅有丹麦、挪威、瑞典等少数国家,①中国并未参加。虽然《1967 年统一船舶优先权和抵押权某些法律规定的国际公约》在一些方面进行了完善,但该公约中仍然没有对一些法律概念进行明确,例如,船舶优先权和抵押权、海船等。从法律制度构建的基础性角度来说,法律概念作为法律最基础的元素,如果其无法明确便无法谈及以此为基础的法律构建以及对实践的指导意义。随着渔船捕捞能力的增强,渔船的抵押融资也可以成为各国发展经济的重要手段。而公约中缺少"海船"的明确定义,即使该公约第 12 条规定了公约适用于海船并排除了国家拥有、经营或租用而充作公共、非商业服务船舶的适用,但并不能因此得出渔船可以适用的肯定性观点。此外,与 1926 年公约类似,该公约制定的目的在于完善国际航运界在船舶优先权和抵押权中存在的问题以及在 1926 年公约的基础上进一步强化国际航运界适用法律的统一化进程。因此,从立法目的上来看,两个公约之间一脉相承,在立法时并没有考虑渔船的适用。

2. 渔船适用船舶担保物权国际公约的排除

为了解决 1926 年和 1967 年两部有关船舶优先权和抵押权国际公约中存在的争议和问题,联合国和 IMO 制定了新的国际公约,即《船舶优先权和抵押权国际公约(1993 年)》,并于 1993 年 5 月 6 日通过。该

---

① 参见胡正良主编:《国际海事条约汇编》(第 6 卷),大连海事大学出版社 1994 年版,第 458 页。转引自傅廷中:《海商法》(第 2 版),法律出版社 2017 年版,第 54 页。

公约在其立法宗旨中便明确了是由于认识到改善船舶融资条件和发展国家商船队的必要性,从而确认在船舶优先权和抵押权领域要实现国际统一性,①因此,从立法目的上便排除了对渔船的适用。

三、渔船和商船适用船舶登记制度的差异

船舶之上设定的权利,无论是船舶所有权、抵押权、留置权还是船舶优先权都离不开船舶登记。船舶登记是确定和实现上述权利的基础。商船和渔船在船舶登记上存在着本质的不同。

渔船作为船舶,是民法意义上的特殊动产,其相关权利设定应当符合《海商法》和有关渔船的法律规范。根据《海商法》第3条对船舶的定义,20总吨及以上海上航行的渔船和商船都可以适用《海商法》第二章对船舶所有权、抵押权、优先权的规定。因此,20总吨及以上进行海上捕捞作业的渔船与商船在物权和船舶优先权的享有上是一致的。物上权利的设定一方面在于能够合法地使用该物,另一方面在于物上权利存有争议时能够实现权利的对抗,尤其是对抗善意第三人。船舶权利与普通物权一样都是采用登记对抗主义。

第一,船舶登记可以确定渔船的所有权。渔船的取得分为原始取得和继受取得两种。原始取得主要是通过建造、订购或者取得被弃船舶等方式获得,是所有权的第一次产生。② 而继受取得是通过某种法律行为或法律事件从原所有人那里取得船舶所有权,一般表现为购买、继承、赠与或保险委付等。③ 渔船在取得船舶所有权之前需要先向登记机关申请船名,当登记机关核定后才能进行船舶所有权登记。④ 渔船所有权的

---

① International Convention On Maritime Liens And Mortgages, 1993: "The States Parties to this convention, conscious of the need to improve conditions for ship financing and the development of national merchant fleets, recognizing the desirability of international uniformity in the field of maritime liens and mortgages."
② 参见傅廷中:《海商法》(第2版),法律出版社2017年版,第24页。
③ 参见傅廷中:《海商法》(第2版),法律出版社2017年版,第24页。
④ 《渔业船舶登记办法》第15条。

取得、转让和消灭未经登记不得对抗善意第三人。① 这与我国《民法典》中所确立的船舶所有权变动规则保持了一致。②

第二,船舶登记可以确定船籍。我国的渔船不得具有双重国籍,如果船舶在境外登记没有中止或注销原国籍将不能获得中国船籍。③ 进口的渔船需获得登记机关同意之后才可以向其核发船名证书和船籍证书。④ 我国对于渔船不能具有双重国籍的规定符合《联合国海洋法公约》对船舶国籍的要求。船舶航行应仅悬挂一国的旗帜,在航行过程中或停泊港内不得更换旗帜,如果悬挂两国或两国以上旗帜并视方便而换用的被视为无国籍的船舶。⑤《联合国海洋法公约》中将船舶国籍获得的条件交由各国自行决定,但总的原则是船籍国要与船舶之间形成真正的联系。⑥ 我国在对渔船进行国籍登记时规定了需要提交渔业船舶所有人、船舶所有权等相关证书用以证明其中的关联性。⑦

第三,船舶登记确定了渔船的航行权。中国籍的渔船在船舶所有人取得渔业船舶国籍证书的同时,登记机关会同时核发渔业船舶航行签证簿以确保渔船的正常航行作业。⑧ 无国籍的船舶在公海上航行会被视为海盗船,各国飞机和军舰均可以拦截。渔船在海上航行的目的是进行捕捞活动,而船舶登记证书是捕捞许可证发放的前提条件之一。⑨ 因此,船舶登记将直接影响渔船营运活动能否顺利展开。

在船舶登记中,渔船由于受到渔业捕捞限额制度的影响与商船在法律制度中存在很大不同。商船和渔船在船舶登记条件的设定上便存在差异。限额捕捞制度是对发展渔业捕捞与保护海洋资源以及可持续发

---

① 参见傅延中:《海商法》(第2版),法律出版社2017年版,第24页。
② 《民法典》第225条。
③ 《渔业船舶登记办法》第5条。
④ 《渔业船舶登记办法》第17条。
⑤ 《联合国海洋法公约》第92条。
⑥ 《联合国海洋法公约》第91条。
⑦ 《渔业船舶登记办法》第17条第2款。
⑧ 《渔业船舶登记办法》第17条第4款。
⑨ 《渔业法》第24条第1款。

展的妥协。为了养护和合理利用海洋生物资源以及保护海洋生态环境，国际社会和各国对捕捞活动进行合理的安排。[1] 这种合理性安排主要体现在国家对于悬挂其船旗渔业船舶的数量控制以及对于外国渔船进入其管辖水域的捕捞渔船以及捕捞量的限制。限额捕捞制度对于渔船船舶之上设定权利的影响是其与商船有关船舶权利设定不同的一个重要原因。受配额捕捞和捕捞许可的限制，渔船和商船在船舶上设定权利的差异主要与渔船登记要求有关。《海商法》中对于船舶登记的要求并没有进行规定，只是原则性地规定了船舶需经依法登记取得船籍。有关船舶登记的具体要求，渔船和商船之间存在不同。对于商船的登记，交通运输部制定了《船舶登记办法》，而对于渔船的登记，原农业部制定了《渔业船舶登记办法》。《船舶登记办法》不适用于渔船。[2]

《渔业法》第三章"捕捞业"明确了我国实行捕捞限额制度和捕捞许可证制度，具备渔业船舶登记证书的才可以发放捕捞许可证。[3] 海洋渔船的建造、改造、购置和进口需要向有审批权的人民政府渔业主管部门申请并取得渔业船网工具指标批准书。[4] 渔业船网工具指标批准书的取得需要由有审批权的政府主管部门在该地区的船网工具控制指标内进行批准。为保护海洋生态环境并履行国际法义务，我国采取了渔船双控制度以实现对限额捕捞的落实，即对渔船数量和渔船主机功率的总量控制。因此，渔船的登记体现出了国家对于渔船数量和捕捞能力的控制。在实践中，船舶登记的申请人要先获得渔船功率指标才可能申请造船，建造完成后经过检验才能获得渔船检验证书，凭借渔船检验证书申请人方可在相关政府主管部门进行渔业船舶登记，然后才能获得捕捞许可证。这与一般商船的登记截然不同。商船的登记只要经过检验和符合要求，一般船籍国都应当对其进行登记。而渔船的登记更具有限制性

---

[1] 参见盛方富、李志萌：《我国休禁渔政策演进历程、特征与未来政策设想研究》，载《农业考古》2021年第4期。
[2]《船舶登记办法》第3条。
[3]《渔业法》第22条和第23条。
[4]《渔业捕捞许可管理规定》第10条。

和非任意性。

四、渔船适用船舶物权法律制度的相关问题

渔船的物权制度与其海洋捕捞活动以及生物多样性的养护有关。受渔业捕捞限额制度的影响,我国要严格控制渔船的数量。因此,渔船的物权制度相较于商船更为复杂。由于国家基于对海洋权益的保护以及本国国民用海权的优先保障,渔船在国际物权公约统一规则制定上存在很大困难。而且,即使是商船,有关商船物权的国际公约,或者没有生效或者不具有普适性。因此,渔船适用船舶物权法律制度的一个主要的问题在于如何在船舶登记制度的基础上实现国家对"三无"渔船以及 IUU 捕鱼活动的打击,以确保渔船捕捞活动健康有序地开展。

(一)国际公约对渔船物权制度的忽视

国际社会对于渔船的价值似乎并没有给予应有的重视,在国际公约的修订和完善中也没有在船舶登记和船舶担保物权方面给予可以适用法律的明确说明。从立法主体和立法目的上来看,国际航运的发展促进了商船有关船舶登记和担保物权的统一化立法进程。目前有关船舶物权的国际公约逐渐排除了渔船的适用。这与国际船舶物权公约制定的时代有关。在相关国际公约立法和修订时,渔船捕捞活动正在逐渐发展,一些海洋国家才刚刚开始开展远洋捕捞活动。渔船捕捞活动发展至今,全球渔船捕捞已具备一定规模。但受到可持续发展原则和对海洋生物资源养护的理念影响,相关国家都对其所属的渔船进行了数量上的控制。FAO 的数据统计,2018 年世界捕鱼船队共有渔船约 456 万艘,比 2014 年峰值时期的 480 万艘有所减少,但渔业产品的进出口贸易和鱼类产品的加工量却呈现上涨趋势,2018 年进入国际销售渠道的鱼类产品约占 37%,1976~2018 年全球鱼类及其产品的贸易额以每年 6.7% 的增长率增长。① 产生这种现象的主要原因在于：一方面，国际社会对于可持续发展的重视、对渔船进行数量上的配额限制以及对 IUU 捕鱼的打击，从而使渔船在总体数量上有所减少；另一方面，国际社会对鱼类产品的需求和国际贸易的发展，使得渔船队伍的发展逐渐摆脱非动力渔船和家庭作坊式的经营方式转而向规模化、集约化发展，捕捞能力得到提升。在渔船数量下降而整体质量优胜劣汰的情形下，渔船不论是航行能力、航行规模还是船舶本身的质量都将逐渐向商船不断靠拢。目前，有关船舶物权的国际公约仍然不具有普适性，商船的国际物权公约的效力和实践效果尚无法得到保障。而渔船作为与国家海洋权益联系紧密的对象，沿海国或船旗国对渔船的监管是作为国家公权力的一部分而介入渔船物权中来的。突破国家权力达成对渔船国际物权公约的一致将会是一个漫长而未知的过程。因此，国际渔船公约的缺失将会在很长一段时间内存在。

（二）船舶登记与捕捞限额制度引发的"三无"渔船和 IUU 捕鱼问题

商船登记所体现的是船舶本身作为一种动产的价值，而渔船的登记更体现国家对于总体捕捞能力的控制。渔船登记受国家捕捞限制政策的影响，导致现实中会出现即使建造好的渔船也不会被登记或者套用其他捕捞许可授权的渔船船名的情形。这种情况所产生的便是"三无"渔船问题。

"三无"船舶是指无船名船号、无船舶证书、无船籍港的船舶②，据此，"三无"渔船是指无船名船号、无船舶证书、无船籍港的渔船。IUU 捕鱼是指非法、未报告、不受管制捕鱼行为。③ 从表面上看，二者之间并

---

① Yearbook of Fishery and Aquaculture Statistics 2018, FAO, p. xvii.
② 国务院《对清理、取缔"三无"船舶通告的批复》（国函〔1994〕111 号）。参见海关总署、公安部、交通运输部、农业农村部、中国海警局《关于印发〈"三无"船舶联合认定办法〉的通知》（署缉发〔2021〕88 号）第 2 条。
③ International Plan of Action to Prevent, Deter and Eliminate Illegal, Unreported and Unregulated Fishing, FAO, 2001, p. 1.

无直接关联和交集。"三无"渔船是从船舶登记的角度对非法捕捞的渔船进行认定,而 IUU 捕鱼则是从对捕鱼行为管制的角度对非法捕捞等行为进行认定。"三无"船舶建造经济成本和违法成本低,而且没有经过登记,扰乱了国家对于渔船捕捞的监管秩序。而渔民使用"三无"渔船与国家限制捕捞的制度有关。国际社会对于 IUU 捕鱼的打击也是基于对于海洋生态资源的保护并与国际渔业配额制度有关。"三无"渔船由于未经登记、未获得捕捞许可,从捕捞行为的安全性上来说存在极大的安全隐患。因此,从本质上来说,"三无"渔船与 IUU 捕鱼之间存在着密切联系,换言之,"三无"渔船在公海上进行的捕鱼行为便可视为 IUU 捕鱼。[1] 为取缔"三无"渔船,农业农村部在 2019 年提出了"中国渔政亮剑行动"。

第二节 中国渔船适用租船规则的相关问题

由于渔船的总体数量受到国家渔业捕捞限额制度的限制,没有获得渔船捕捞许可资格的主体会通过船舶租赁的方式租用有捕鱼资质的船舶进行经营。与商船自由租赁和高度重视意思自治的规则不同,合法地租赁渔船需要履行的手续较之商船更为严格,尤其体现在渔船登记、船籍和船名等方面。商船的租赁活动是纯粹的民商事行为,而渔船的租赁则具有民商事和行政混合的性质。渔船的租赁首先要符合有关渔船管理制度的要求,其次要遵守海事规则中对于船舶租赁的有关规则。

---

[1] 国际社会对 IUU 捕鱼的打击较之我国对"三无渔船"的打击范围更广。国际海洋法法庭在 The M/V "Virginia G" Case (Panama v. Guinea-Bissau) 一案中将"与捕鱼(fishing)相关的活动"确定为支持或者准备捕捞的活动。See Valentin J. Schatz, *Combating Illegal Fishing in the Exclusive Economic Zone-Flag State Obligations in the Context of the Primary Responsibility in the Coastal State*, Goettingen Journal of International Law 7, No. 2, p. 389–392(2016).

一、渔船适用的租船规则

目前,对于租船并没有专门的国际公约,我国对于租船的规定都体现在相关的国内法中。《海商法》第六章是对船舶租用合同的规定,从该章对于权利义务主体的规范内容来看,第六章应当适用于符合《海商法》第3条中所规定的船舶,也因此并没有排除对渔船的适用。《海商法》中,有关租船的标准合同分别为航次租船合同、定期租船合同和光船租赁合同。其中,航次租船合同的性质是海上货物运输合同还是租船合同至今学界存有争议。[①] 暂且不论在商船中对于航次租船性质的争议,对渔船而言,渔船一般需要充分利用在休渔期、禁渔期之外的时间进行捕捞活动,如果只租用一个航次将不利于捕捞活动的展开,因此,本书对渔船租用的讨论将集中在定期租船和光船租赁两种方式上。《海商法》第六章在"船舶租用合同"的一般规定中,将船舶租用合同分为定期租船合同和光船租赁合同。但不论航次租船合同是何种性质,其与定期租船、光船租赁合同的产生都是基于商船对于海上货物运输的需要是毋庸置疑的。[②]

由于《海商法》第六章并没有排除符合条件的渔船的适用,渔船在定期租船和光船租赁中可以适用《海商法》的相关规定。《海商法》第六章的整体基调是保障船舶租赁双方当事人的高度意思自治,《海商法》第六章仅在没有约定或者没有不同约定时适用。[③] 因此,渔船的定期租船的租船方需要按照合同约定的方式使用船舶并支付租金。渔船的定期租赁还受到《渔业船舶登记办法》的约束,但是《渔业船舶登记办法》中对于渔船的定期租赁并没有专门进行说明,只是通过对船舶租赁的整

---

① 从《海商法》的体例设置上来看,有关航次租船的内容规定在第四章"海上货物运输合同"中。而《海商法》第六章"船舶租用合同"中的第128条规定了:船舶租用合同包括定期租船合同和光船租赁合同。

② 《海商法》第92条定义了航次租船合同,《海商法》第129条定义了定期租船,《海商法》第144条定义了光船租赁合同。

③ 《海商法》第127条。

体规定中包含了渔船定期租赁的情况。在《渔业船舶登记办法》中,渔船的定期租赁以及变更需要登记。① 对于光船租赁的情况,《海商法》中以第六章第三节对光船租赁合同进行了规定。渔船在进行光船租赁的时候也需要按《海商法》中所确定的有关光船租赁的要求和内容进行约定。在渔船的租赁中,光船形式租入或租出的情况十分常见,《渔业船舶登记办法》便将光船租赁的相关登记情况进行了重点要求。但《渔业船舶登记办法》仅从船舶登记的角度对渔船的光船租赁进行了规定,有关光船租赁的其他方面内容的约定还需适用或者参照《海商法》。

二、渔船在船舶租赁方式上的特别要求

商船和渔船在光船租赁方面具有法律性质的本质不同,我国渔船在租赁活动中需要受到一定的限制。商船的定期租船和光船租赁方式在《海商法》中均有规定。但渔船的租赁方式并没有被法律所明确。渔船的租赁虽然原则上通过《海商法》可以将其明确为定期租船和光船租赁,但是在《渔业船舶登记办法》中却将渔船租赁的登记规定限定在以光船条件出租或租进渔业船舶。② 渔船光船租赁可以分为光船租赁的方式租进外籍渔船、以光船租赁的方式向国外出租中国籍渔船以及以光船租赁的方式租用本国籍渔船三种方式。《渔业船舶登记办法》中规定了以光船条件从境外租进的渔业船舶需要出具原农业部批准租进的文件才可以向省级登记机关申请办理临时渔船国籍证书。③ 而以光船条件出租到境外的中国渔船,需要向省级以上人民政府办理渔业捕捞许可证暂存证明。④ 这主要是因为我国渔业捕捞许可证和渔业船网具工具指标书不得以任何形式转让,⑤渔船的租赁并不具有任意性。因此,商船和渔船在光船租赁中最大的差异之处在于,商船的光船租赁活动是完

---

① 《渔业船舶登记办法》第 33 条、第 34 条。
② 《渔业船舶登记办法》第 29 条。
③ 《渔业船舶登记办法》第 20 条。
④ 《渔业船舶登记办法》第 31 条。
⑤ 《渔业捕捞许可规定》第 46 条。

全的民商事行为,而渔船的光船租赁活动首先要获得农业部门的批准从而具有了行政和民事行为的双重性质。

三、渔船适用商船租船规则的相关问题

渔船租赁中的问题在于如何处理好船舶租赁和渔业捕捞限额制之间的关系。渔船的租赁与渔业捕捞限制制度直接相关。渔业资源流动性强,渔业捕捞限额是一个国家对其领海和专属经济区内海洋生物保护的重要措施。因此,渔船的租赁还与国家对船舶的用海政策相关。通常情况下,渔船的租赁是为了参与捕鱼活动,而捕鱼活动受到休渔期、禁渔期的限制,渔船船东通常会充分利用非休渔期、禁渔期进行捕鱼,因此,渔船的租赁将主要集中于定期租船以及光船租赁中。《渔业船舶登记办法》第一章明确了以光船租赁方式从境外租进的渔业船舶应当按照该办法进行登记,在该登记办法中对于除光船租赁方式之外的租赁也只是对其租赁变动情况要求登记,并没有对定期租船予以明确的规定。

除《海商法》中对于船舶租赁方式的确定外,租船领域并没有专门的国际公约,因此,《海商法》对于出租人和承租人之间的租船活动给予了很大的意志自由度,在商船租赁中,出租人和承租人会按需选择租船标准合同对租船进行约定。《海商法》第六章中首先便规定了该章是在租船合同没有约定或没有不同约定时适用。[1] 这意味着,"船舶租用合同"一章均为任意性条款,仅在当事人签订的租船合同没有约定或没有不同约定的情况下适用。[2] 一般情况下,当事人会在租船合同中明确各自的权利义务,应当适用租船合同的约定而不适用《海商法》第六章的规定。[3] 国际航运实践的发展催生了租船的国际标准合同,虽然这些合同不是法律,但是由于租船合同在租船法律制度中具有举足轻重的地

---

[1] 《海商法》第 127 条。
[2] 参见司玉琢:《海商法专论》(第 4 版),中国人民大学出版社 2018 年版,第 222 页。
[3] 参见司玉琢:《海商法专论》(第 4 版),中国人民大学出版社 2018 年版,第 222 页。

位,对于商船和渔船之间在租船活动中适用法律情况的讨论便可转化为对租船合同的讨论。国际航运在实践中逐渐形成了针对商船的国际标准合同,为节约时间和经济成本,当事方一般会参考和使用这些标准格式合同,而这些租船的国际标准合同往往不适用于渔船。

  国际航运实践中使用较为普遍的是有关航次租船的国际标准合同 GENCON[①]、有关定期租船的国际标准合同 NYPE[②] 和有关光船租赁的国际标准合同 BARECON[③]。对于航次租船合同,其合同条款中对于装卸费、运费等内容的规定明显是针对海上货物运输,对渔船的适用并不具有参考性。NYPE 虽然是由美国政府批准使用,但几经修改也被国际航运界所接受并得到普遍使用。BARECON 是波罗的海国际航运公会(BIMCO)制定的格式文本,而 BIMCO 本身是一个航运的非政府组织,显然其制定的文本只针对商船。因此,渔船租赁如果选用上述标准合同,虽然从双方当事人合意选择的角度上来说并没有问题,但在渔船租赁兼具民商事和行政双重性质的情况下,这种选择将非常勉强。

  目前,渔船的租赁方面没有明确的租赁标准合同。我国从法律规范的角度对渔船租赁的规定主要体现在对光船租赁登记的规定上,例如《渔业船舶登记办法》第六章是专门针对"光船租赁登记"的一章。而且,由于渔船与海洋资源保护、可持续发展之间的关联性,渔船的光船租赁不仅仅是船舶物权上的变动,更重要的是对于渔船捕捞许可的变动。[④] 因此,渔船的光船租赁除物权上与商船有相类似的租赁情况之

[①] GENCON 中文称作"金康合同",由波罗的海国际航运公会(BIMCO)制定,经过1922年、1976年、1994年修订。该合同条款较为维护出租人利益,适用于各种航线和各种货物的航次租船。参见傅廷中:《海商法》(第2版),法律出版社2017年版,第177页。

[②] NYPE 是纽约土产交易所期租合同,由美国纽约土产交易所于1913年制定。目前该合同经过1921年、1931年、1946年、1981年和1993年修订。该合同条款相对于租船人和承租人而言较为合理。参见傅廷中:《海商法》(第2版),法律出版社2017年版,第219页。

[③] BARECON 中文称作"贝尔康合同",由 BIMCO 制定,制定于1974年,经过1989年和2001年修订。2017年12月13日 BIMCO 发布了新版的光船租赁标准格式,即 2017BARECON。BARECON 在多次修订中使合同各方当事人的利益更加平衡。参见傅廷中:《海商法》(第2版),法律出版社2017年版,第240页。

[④] 《渔业船舶登记办法》第30条第1款第4项。

外,国家对于商船和渔船的租赁控制程度也是不同的。对于商船,国家并不进行过多的行政干预;对于渔船,需要经过渔业行政主管部门甚至农业部门的同意后方可进行光船租赁。因此,定期租船和光船租赁合同对渔船的启示在于商船中成熟的租船合同标准条款可以为渔船的租船合同条款的构建提供参考。尤其要考虑商船租船合同中对船舶状态、租赁关系的设置和相关费用的取得等关键条款的借鉴意义。

第三节 中国渔船船员适任和职业保障法律制度的相关问题

国际公约中,渔船和商船在船员适任和职业保障法律制度上的区别明显。商船由我国参加的专门国际公约给予国际性的适任和保障标准,而对于渔船,我国并未加入有关渔船船员适任和职业保障的公约。在国内法上,法律层面的《海商法》和《海上交通安全法》都可以适用于商船和渔船,在法律位阶上对于商船和渔船船员的适任要求是一致的。渔船船员区别于商船船员的适任和职业保障制度具体体现在行政法规和规章位阶上的相关规范内容上。

一、渔船船员适任和职业保障的相关法律规范

《海商法》第三章对"船员"的任用和劳动方面的权利义务进行了原则性的规定。《海商法》中对船员的定义是指"船上的一切任职人员"[①],从对船员的定义上来说,《海商法》第三章的内容适用于商船和渔船船员。由于《海商法》是对船舶关系和海上运输关系进行调整的法律,因此,有关船员适任和职业保障的规定较为单一。对于船员的有关任用和劳动权利义务的内容,《海商法》没有规定的要适用法律和行政法规的

---

① 《海商法》第31条。

规定。① 《海商法》"船员"一章对船长的权责义务进行了规定,对于船长及其他船上的任职人员的任职资格需要按照有关的法律和行政法规的规定来确定。

《海上交通安全法》的第二章为"船舶、海上设施和船员",突出了国家对于船员规范的修订和重视。《海上交通安全法》规定了船舶所有人、经营人或管理人需要为其国际航行船舶向海事管理机构申请,取得海事劳工证书并对船员在船上的工作环境、职业健康保障和安全防护、工作休息时间、工作报酬、生活和医疗条件以及社会保险等方面进行保障。② 这体现了我国加入《海事劳工公约》之后的履约能力。为了与《海事劳工公约》中要求的内容接轨,《海上交通安全法》新设了海事劳工证书发证许可的规定,进一步强化了对船员的监管。

最高人民法院在其司法解释中也对渔船和商船船员在职业保障方面同等对待持肯定态度。最高人民法院通过司法解释对船员在船劳动以及纠纷的解决予以进一步明确。除对渔船船员享有和商船船员一样在船舶优先权、诉讼程序方面的同等规定之外,特别对渔船船员在禁渔区和禁渔期受欺诈、胁迫进行捕鱼的情况进行了说明。③ 对于渔船船员受欺诈、胁迫而在船工作期间应得的劳动报酬,最高人民法院予以支持。但如果船员对非法捕捞行为自愿或明知或涉嫌行政处罚或刑事犯罪则按照相关规定处理。

二、渔船船员适任和职业保障法律制度的相关问题

人的因素往往会影响船舶的安全航行以及作业。海洋捕捞被认为是世界上最危险的职业之一,FAO 估计每年有超过 32,000 名渔民在工作时死亡。④ 而远洋捕捞作业区域远离陆地,作业时间周期较长、作业

---

① 《海商法》第 34 条。
② 《海上交通安全法》第 14 条。
③ 最高人民法院《关于审理涉船员纠纷案件若干问题的规定》(法释〔2020〕11 号)第 14 条。
④ See FAO, *Fishing Safety*, FAO(May 2,2021), http://www.fao.org/fishing-safety.

强度较大,维护船员队伍的稳定性对渔业捕捞作业安全与收益具有直接影响,船东或船员更应尽职履职。[1] 不论是国际公约还是国内法的规定,渔船船员培训和船员职业保障的规定和标准都与商船存在不小的差距。有关商船船员的适任和职业保障的国际公约主要有《海事劳工公约》。该公约不适用于渔船船员,这主要是ILO认为渔业活动具有多样化的特性因此倾向于对其采用单独立法的模式。[2] 有关渔船船员适任和职业保障的国际公约主要有《渔业劳工公约》和STCW-F。我国已参加《海事劳工公约》(已对我国生效),而《渔业劳工公约》和STCW-F我国正在考虑是否加入,学界和实务界对于我国是否要加入有关的渔船船员适任和职业保障公约也存在争议。

(一)渔船船员适任和培训的国际公约是否加入的问题

国际公约对船员安全的保障体现在对船员的培训和适任的规范上。这主要是由于海上活动中的风险较大,海上事故的发生除船舶本身安全性能差之外,更多在于船员在航行中对船舶控制的过失。IMO为了提高船员的整体素质水平,制定了有关船员培训和适任等与航行安全相关的国际公约。

IMO根据商船和渔船的不同,分别制定了有关商船和渔船的培训和适任公约,即《1978年海员培训、发证和值班标准国际公约》(STCW)和STCW-F。从形式上来看,STCW-F比STCW的篇幅短。STCW-F共有正文15条和1个附则,STCW-F的附则中包含了4章内容;STCW有正文17条和1个附则,STCW附则中包含了8章内容(具体对比内容见表3-1)。

---

[1] 2016~2020年涉外渔业纠纷典型案例之五:陈某诉李某海上财产损害责任一案,(2019)浙民终1782号。

[2] See Luci Carey, *The Maritime Labour Convention*, 2006: The Seafarer and the Fisher, Australian and New Zealand Maritime Law Journal 31, No. 1, p. 17(2017).

表3-1 STCW与STCW-F对于船员适任能力要求的对比

序号	船员适任能力的要求	STCW(A部分)	STCW-F
1	总则	共16条。涉及证书和签证、近岸航行规则、培训和评估、健康标准等	无总则,正文共15条。涉及一般义务、适用范围、资料交流、发证、国家规定、监督、促进技术合作等
2	船长和高级船员	最低年龄要求、最低海上服务资历要求、履行无线电职责能力要求、完成主管机关认可的一定期限的教育和培训并经考试和评估合格(Annex：Chapter Ⅰ：Regulation Ⅰ/1)	最低年龄要求、最低海上航行期要求、适任考试或资格评定考试(附件第2章)。渔船人员在被任命船上任何职务之前需要接受基础培训并达到相关能力标准(附件第3章)
3	无线电人员	对GMDSS[1]无线电操作员发证的强制性最低要求：最低年龄要求、最低海上服务资历、完成主管机关认可的一定期限的教育和培训并经考试和评估合格(Annex：Chapter Ⅳ)	GMDSS无线操作员强制性最低要求：医疗健康、专业能力、海上航行服务和无线电通信最低年限、符合《1993年托列莫利诺斯议定书》中的考试和培训(附件第2章)
4	特定类型船舶船员的特殊培训	对油船、化学品船、液化气船、低闪电燃料船、极地水域操作船舶和客船船长、高级船员、普通船员和其他人员的培训和资格的强制性要求(Annex：Chapter Ⅴ)	无
5	可供选择的发证	船舶技术革新(例如,无人机舱、综合驾驶台系统)提供了新的发证途径,即可供选择的发证(Annex：Chapter Ⅶ)	无
6	值班	值班安排和应遵守的原则,各主管机关为防止船员疲劳和防止滥用药物和酗酒应采取的措施(Annex：Chapter Ⅷ)	航行瞭望、针对捕鱼的瞭望、装载渔获时保持船舶稳性、锚泊时的瞭望、无线电频率保持(附件第4章)

注：该表为笔者根据公约中相关条款内容的对比整理而成。

[1] GMDSS是全球海上遇险和安全系统。该系统是IMO建立的利用INMARSAT(海事卫星通信系统)和COSPASSARSAT(极地轨道卫星搜救系统)、地面无线电通信系统以及海上安全信息播发系统提供全球性有效搜救和保证航行安全的通信系统。

我国对商船船员的适任能力的要求一直保持高度关注,1981年6月8日,我国向IMO递交了批准STCW的文件,成为该公约的缔约方。[①] STCW实施以来,人为因素引起海难事故的情形得到了有效控制,船员的生命安全得到了有效保障。[②] 我国尚未加入STCW-F。

首先,STCW-F与STCW在公约的强制性效力上存在差距。有关STCW包括A部分(强制性标准)和B部分(建议性标准)。在A部分,公约为各缔约方提供了实施STCW的最低标准;而B部分的指导方针为STCW缔约方以及参与实施、执行措施的各方提供了参考和协助。[③] STCW-F为从事海上捕捞的船员提供了发证和最低培训要求并在有关航行安全制度的要求上体现出了捕捞活动和捕捞环境的特殊性质,该公约意在保障海上生命安全和保护海洋环境。STCW-F适用于远洋渔船的人员特别是渔船长度在24米及以上的渔船甲板部船长和高级船员以及负责船舶发动机部门的高级船员。但如果缔约方的主管机关认为要求在限定水域捕鱼且船长小于45米的渔船船员在培训或发证方面的公约要求不合理,在不减损公约中安全原则的前提下,有关当局可以决定上述船员全部或部分不适用该公约。[④]

其次,我国加入STCW-F存在一定的实践困难。一方面,我国渔业基础薄弱,出于保护渔业以及远洋渔业发展的角度,我国批准STCW-F的态度不积极。[⑤] 另一方面,STCW-F中对船员适任和培训等内容的规定与我国渔船船员适任和培训水平不匹配,如果加入该公约很有可能会产生履约水平不强的问题。

[①] 该公约于1984年4月28日对我国生效。参见郭会玲主编:《国际海事公约与法规》,大连海事大学出版社2017年版,第153页。

[②] 参见董加伟:《渔业船员适任性研究》,载《中国水产》2020年第10期。

[③] International Convention on Standards of Training, Certification and Watchkeeping for Seafarers, 1978.

[④] STCW-F Chapter1: Regulation 2.

[⑤] 参见任玉清、王庸凯等:《中国应对〈STCW-F公约〉生效的策略》,载《大连海事大学学报(社会科学版)》2016年第4期。

(二) 渔船船员职业权益缺少国际公约的保障

《海事劳工公约》①在第 2 条第 4 款的规定中排除了对渔船的适用。② 由于该公约不适用于渔船,因此,该公约只适用于从事国际航行的商船上工作的船员。

由于《海事劳工公约》并不保护渔船上船员的利益,因此,ILO 在 2007 年制定了《渔业劳工公约》并于 2017 年 11 月 16 日生效,其目的是保障渔民在渔船上的工作条件和保障职业安全。③ 该公约适用于从事商业捕鱼作业的所有渔民和所有渔船,宗旨是促进渔民获得体面的工作条件并保护和促进渔民这方面的权利。④《渔业劳工公约》中同样规定了渔船船员在船工作的最低要求以及相关职业保障。虽然我国没有参加《渔业劳工公约》,但该公约的生效将对全球以及中国渔船船员的权益保障和监管产生深远影响。例如,对于船员适任标准、船员医疗、健康和社会保障等方面。

从《海事劳工公约》和《渔业劳工公约》文本和内容对比分析,渔船船员和商船船员在适任条件和职业保障上存在较大差距。第一,渔船船员上船对健康证明的要求不如商船严格。《海事劳工公约》对于海员上船前要求其必须持有有效的体检证书以证明其健康状况适合履行海上职责。⑤ 对于健康证明的要求没有规定任何条件可以免除或者延缓提交。《渔业劳工公约》规定公约适用于所有从事商业捕鱼活动的渔民和渔船⑥,但在具体内容上以长度 24 米或通常在海上停留超过 3 天为标准进行了划分并根据划分标准制定了不同的规定。对于船员健康证明书,长度为 24 米以下或者海上停留 3 天以下的渔船,船员可以免于持有健

---

① 该公约于 2006 年在 ILO 的海事大会上通过,我国于 2015 年 11 月 12 日批准该公约并于 2016 年 11 月 12 日对我国生效。
② 《海事劳工公约》第 2 条第 4 款。
③ ILO. C188 – Work in Fishing Convention, 2007 (No. 188).
④ Work in Fishing Convention, 2007, chapeau & Art. 1.
⑤ Maritime Labour Convention, 2006, Standard A1. 2.
⑥ Work in Fishing Convention, 2007 (No. 188), Art. 1(e)(g).

康证明书。① 第二,对于上船前培训的要求,渔船船员只是要求已经接受适当的专业指导或职业培训,并没有要求取得适任证书;商船船员则必须在上船前经过培训并取得适任证书。第三,有关船员的就业条件的规定,《海事劳工公约》中的规定更为详细而且涉及的范围更广,相对来说更有利于船员的权益保障。第四,在生活设施的规定方面,商船的要求也更为周详,商船船员的船上工作和生活环境更为舒适。第五,关于健康保护、医疗、福利和社会保障的规定,《海事劳工公约》的内容更为具体和成熟,《渔业劳工公约》的规定则较为单一。第六,在公约的遵守和执行方面,除船旗国和港口国的责任之外,《海事劳工公约》还对劳工提供国的义务和责任进行了明确(具体对比见表3-2)。

表3-2 《海事劳工公约》与《渔业劳工公约》有关适任和职业保障的对比

序号	权益保障内容	《海事劳工公约》	《渔业劳工公约》
1	船员上船工作最低要求	最低年龄、体检、能力要求、招募和安置要求:(1)禁止16岁以下人员在船工作,(2)禁止18岁以下海员夜间工作,(3)有效的体检证书,(4)上船前必须经过培训并取得适任证书	最低年龄、体检的要求:(1)最低年龄为16岁,但凡工作环境或性质可能损害未成年人健康、安全或道德的,最低年龄不应低于18岁;(2)有效健康证明书
2	船员的就业条件	劳动关系的内容包括:海员就业协议、工资、工作时间和休息时间、休假的权利、遣返、船舶灭失或沉没时对海员的赔偿、配员水平、海员的职业发展和技能开发、就业机会	配员和休息时间、渔民工作协议、船员名册、渔民的报酬支付、遣返
3	生活设施	起居舱室、娱乐设施、食品和膳食(膳食服务人员需经过培训和指导),具体包括了房间尺寸、位置、通风、取暖、噪音、卫生设施、医务室等	住宿和膳食,具体包括了住舱的空间和质量、适当的生活装备以维护住舱的卫生、安全、健康和生活舒适。携带的食品需保证质量和营养

① Work in Fishing Convention,2007(No.188),Art.10.

续表

序号	权益保障内容	《海事劳工公约》	《渔业劳工公约》
4	健康保护、医疗、福利和社会保障	船上和岸上医疗(船上设立医务室,船上的健康和医疗水平要尽可能相当于岸上工人标准,根据船舶航行情况配备船上医生或者船上至少一名海员胜任医疗急救)、卫生与安全保护及事故预防、获得使用岸上福利设施、社会保障(医疗、失业、工伤、养老等有关津贴)	携带适当的医疗设备和医疗供给,与岸上医疗指导的通讯设备,职业安全和卫生及事故预防,社会保障不得低于其领土上通常居住的工人,因公患病、受伤或死亡情况下的保护
5	遵守与执行	船旗国、港口国和劳工提供国的履约义务,船旗国责任、外国港口的监察(港口国的管制措施)和规则、提供船员到船上工作的国家的责任	船旗国、港口国的责任

面对渔业捕捞这一高危险的作业活动,渔船船员要面临比商船船员更危险的工作条件,因此,从整体上来说尽管《渔业劳工公约》已经生效,但渔船船员的权益仍然没有得到较好的法律保护。[①] 为了促进中国远洋渔业的发展,我国需要缩小中国渔船船员在适任标准以及职业保障方面和国际公约的差距。但是否加入、何时加入以及加入之后怎样与国内法律对接也是一个需要考虑的问题。理论界和实务界大都认为我国应当考虑加入《渔业劳工公约》。从长远角度来看,该公约能够为渔船船员提供更高标准的保障,而中国作为渔业大国,渔船船员的权益保障需要得到重视并逐渐向国际水平靠拢。而我国一旦加入《渔业劳工公约》,公约中对于渔船、船员的权益保障和监管要求将给中国远洋渔业的发展增加经济成本和活动压力。因此,我国在加入该公约之前需要做好充分的准备,将中国渔船的数量、质量、海上活动水平以及与渔船船员

---

① See Luci Carey, *The Maritime Labour Convention*, 2006; *The Seafarer and the Fisher*, Australian and New Zealand Maritime Law Journal 31, No.1, p.17(2017).

的就业和配套社会保障落实。①

(三)有关渔船船员适任和职业保障国内法上存在的问题

在规范商船船员适任的法律规范中,有关船员适任要求的规定体现在非常具体的关于培训、值班等行政法规和部门规章中。而对渔船船员的适任要求则多为原则性规定并体现在《渔业船员管理办法》第二章中,对船员具体的适任要求则只规定于其附件4中。从法律制度的完整性上来看,商船船员的适任要求从《海商法》到行政法规再到部门规章,形成了自上而下的较为完整的制度结构,而渔船缺少行政法规的规定。虽然渔船船员适任要求的原则性规定与商船船员保持了一致,这些原则性规定都表现为《海商法》中的相关要求,但是《海商法》之下的具体制度的规定却产生了两极分化的情况。商船的船员适任制度较为成熟,而渔船则缺少一个完整的法律制度结构。目前部门规章在内容上对于渔船船员的适任规定不够具体和全面。

1. 国内立法层级结构的"缺位"问题

首先,《海商法》所指引的其他可以适用的法律文件中不包括部门规章,这将导致《渔业船员管理办法》排除在《海商法》指引的规范文件之外,于渔船船员而言存在立法上的不公平。《海商法》第34条明确了《海商法》对船员权利义务没有规定的内容可以适用有关的法律和行政法规,并没有包括部门规章。因此,对于商船船员的权益保障而言,《海商法》中未尽的内容可以由《船员条例》中的内容进行补充和适用;对于渔船船员而言,《海商法》中未尽的有关船员利益保障的规定将不能适用《渔业船员管理办法》。同样是海上航行的船舶,由于立法主体所导致的法律体系上的不足亟须修改。

其次,从法律效力等级上来看,《船员条例》和《渔业船员管理办法》成为了上位法和下位法的关系,不符合国家对于两种船舶船员进行规范

---

① 参见任玉清、陈立新:《〈渔业劳工公约〉最新进展以及中国应对策略探讨》,载《中国海商法研究》2017年第2期。

的本意。《船员条例》维护了商船船员的合法权益,保障了水上交通安全,该条例在附则第 64 条中排除了对于渔船船员的适用。而渔船船员的权益保障适用原农业部颁布的《渔业船员管理办法》,该办法的制定是为了维护渔业船员合法权益并对其进行有效管理。《船员条例》是行政法规,而《渔业船员管理办法》是部门规章,二者的法律位阶不同,所产生的法律效力不同。根据《立法法》的规定,国务院制定的行政法规的效力要低于宪法和法律[1],部门规章的制定是由国务院各部、委员会等机构根据需要遵循法律和国务院的行政法规、决定、命令,在其本部门权限范围内制定的。[2] 在立法上的这种差异将直接影响司法实践中的法律适用问题。例如,《行政诉讼法》规定人民法院审理案件以法律和行政法规、地方性法规为依据,对"规章"则是"参照"适用。[3] 从船舶的使用目的来看,船舶由于捕鱼和海上运输的目的不同分为渔船和商船。两种类型的船舶本身并不存在谁优先于谁或者谁的地位高于谁的情况。理论上,在同一法律位阶上,应有关于商船船员和渔船船员权益保障的法律规范。即使由不同的立法部门进行规定,也不应出现这种法律位阶上的问题。

最后,渔船船员适任考试的法规和规章缺失。由于我国对于商船和渔船有关船员适任的公约的加入情况不同,商船的船员适任水平逐渐与国际公约接轨。由于我国并没有加入 STCW – F,渔船船员的适任要求规定的国际标准便无法得到充分保证。从国内法的部门规章来看,有关商船船员的适任要求的规则较为成熟,而有关渔船船员尚没有专门的有关适任考试和发证规则的法规和规章。对于渔船船员的适任要求目前只是体现在《渔业船员管理办法》及其附件中(见表 3 – 3)。

---

[1] 《立法法》第 99 条。
[2] 《立法法》第 91 条。
[3] 《行政诉讼法》第 63 条。

表 3-3　有关商船和渔船船员适任要求的规定

序号	国内法名称	制定机构	适用船舶的范围	有关船员适任的规定
1	《船员条例》	国务院	排除了军用船舶船员和渔业船员的适用(第64条)	船员注册、任职资格、船员职责、船员培训
2	《海船船员值班规则》	原交通部	100总吨及以上的中国籍海船,排除军用船舶、渔业船舶、游艇和构造简单的木质船的适用(第2条)	规范海船船员值班,配备足够的适任船员保证安全值班,防止疲劳值班。对瞭望、值班交接、值班职责、值班安排等具体内容进行规定
3	《海船船员适任考试和发证规则》	交通运输部	海船船员,海船中不包括军事船舶、渔业船舶、体育运动船舶和非营业性游艇(第63条第1项)	海船船员考试、颁发适任证书、适任证书的特免证明、外国适任证书承认签证的签发和管理
4	《船舶最低安全配员规则》	原交通部	中国国籍的机动船舶,不适用于军用船舶、渔船、体育运动船艇及非营业的游艇(第2条)	最低安全配员原则、最低安全配员管理、监督检查
5	《渔业船员管理办法》	原农业部	中国籍渔船(第2条)	第二章渔业船员任职和发证;基本安全培训(任职培训)、远洋渔业专业培训、渔业船舶安全和生产等培训。附件4是对海洋渔业船舶职务船员最低配员标准的规定

2.《海上交通安全法》中的立法欠缺

《海上交通安全法》虽然整体适用于渔船,但其中有些内容并不适用于渔船船员,对于船员的权益保障所新设的内容是为了履行《海事劳工公约》的需要。但是《海事劳工公约》并不适用于渔船船员。《海上交通安全法》中对于船员海事劳工证书许可的内容其实只能适用于商船船员,但《海上交通安全法》并不是一个只能适用于商船的法律,在其第117条对船舶的定义中可知,该法中所指的船舶包括但不限于商船和渔船。因此,虽然《海上交通安全法》整体上适用于渔船,但在其与商船船员权益保障的公约对接的内容显然不适用于渔船。在同一部法律当中,立法者应当严谨地考虑到可能遇到的情况并对其明确,这一点在《海上交通安全法》中还有待加强。

3.国内渔船船员管理办法对船员保障内容规定不足

《船员条例》建立了船员注册制度、船员任职资格制度和船员培训许可制度,同时明确了船员上船的特殊培训要求。由于我国已经加入了《海事劳工公约》,因此,《船员条例》的修订是按照国际公约的规定在船员权益保护方面进行了完善。《渔业船员管理办法》的最近一次修订是2022年1月7日,由于我国并没有加入《渔业劳工公约》,因此,《渔业船员管理办法》的修订更多是从国内监管和规范渔业船舶和渔船船员管理的角度进行的完善。《船员条例》和《渔业船员管理办法》之间在船员权益保护上存在明显差异。总的来说,《船员条例》对船员权益的保护更加详细和完善,相关的工作、生活以及社会保障都逐渐与国家标准和国际标准接轨。反观《渔业船员管理办法》中有些规定还比较笼统,有关船员船上工作、生活以及社会保障的内容还有需要提升的空间(见表3-4)。

表3-4 《船员条例》和《渔业船员管理办法》对船员权益保护的对比

序号	船员权益保护内容	《船员条例》	《渔业船员管理办法》
1	船员任职资格	船员适任证书(健康要求和适任培训)、海事管理机构颁发海员证	渔业船员证书(健康标准和基本安全培训),远洋渔业船舶船员需取得海员证,渔政渔港监督管理机构颁发船员证书
2	船员职业保障	按照国家规定参加工伤保险、医疗保险、养老保险、失业保险以及其他社会保险,船员船上生活和工作场所要符合国家船舶检验规范中的要求,健康检查和防治职业疾病,签订劳动合同,休假、值班制度,最低工资标准,遣返	依法为渔业船员办理保险,保障渔业船员的生活和工作场合符合《渔业船舶法定检验规则》的要求,定期健康检查、防治职业疾病,安全生产责任制,保证船员足够的休息时间
3	监督检查	海事管理机构	渔政渔港监督管理机构

从国内法上来看,渔船船员培训和社会保障标准较低且成效不明显。《海商法》适用的客体是船舶和货物,对于船员也只是进行了原则性的规定,并将有关细化规则指向了其他的法律和行政法规。因此,对于船员的培训和社会保障问题从整体上来说并不是《海商法》这一部门法所能解决的。而《渔业船员管理办法》的法律位阶本身存在着与《海商法》对接适用上的问题,除此之外,该办法本身对于渔船船员培训和社会保障所设定的标准也不足以满足渔船船员海上作业的需求和需要面对的风险。《渔业船员管理办法》对于渔船船员的培训还停留在基本的安全培训上,这种安全培训也没有具体的成果展现,例如适任证书等证明文件。这也导致实践中许多渔船船员其实并没有经过相关培训便匆忙上船,为海上航行以及捕捞活动带来了极大的安全隐患。

第四节　海事赔偿责任限制对中国渔船营运的保障和相关问题

海事赔偿责任限制是海上航行过程中形成的特殊的法律制度之一,与其他的侵权责任承担方式不同,海事赔偿责任限制为船舶所有人提供了一个有限度赔偿责任的权利。[1] 该制度最初是为了促进航运发展而设计的。[2] 海事赔偿责任限制制度最初是为了保护船舶所有人,随着国际航运的发展,责任限制权利主体扩大到了船舶经营人、承租人、救助人以及责任保险人等。[3] 虽然渔船并不进行国际航运,但是渔船的相关责

---

[1] 该制度源于17世纪一艘装运黄金的荷兰船被盗(损失的金额远远大于船价),法院判船舶所有人的赔偿责任以船价为限,这一做法得到了格劳秀斯的赞许。从政策导向看,无限制的赔偿责任不利于发展航运业。参见司玉琢:《海商法专论》(第4版),中国人民大学出版社2018年版,第342~343页。

[2] See British Columbia Telephone Co. v. Marpole Towing Ltd. [1971] S. C. R. 321. 转引自[加]威廉·台特雷:《国际海商法》,张永坚等译,法律出版社2015年版,第226页。

[3] 参见司玉琢:《海商法专论》(第4版),中国人民大学出版社2018年版,第342页。

任人同样可以通过海事赔偿责任限制的适用实现保障行业发展的目的。渔船捕捞的海上风险较高,过高的赔偿数额会导致相关责任人破产,如果对渔船经营人承担的风险给予一个上限将有利于保障风险责任人不会因为过高的风险而退出渔业捕捞行业,有利于渔业捕捞活动的有序开展。

一、国际海事赔偿责任限制公约可以适用于渔船

由于各国的海事赔偿责任限制立法存在较大差异,CMI 通过三个有关海事赔偿责任限制的公约和两个议定书实现了海事赔偿责任限制在国际立法上的统一。[1] 虽然有关海事赔偿责任限制公约的设定初衷是鼓励航运投资和发展国际贸易,但从公约文本上来看并没有排除对于渔船的适用。

《1924 年关于统一海上船舶所有人责任限制若干规则的国际公约》的制定意图是要在民法法系下的委付制度和普通法系下作为确定最大责任限额基础的吨位制度之间做出妥协。[2] 事实证明该公约很不成功,如今其现实意义已经相对很小。[3]《1957 年海船所有人责任限制国际公约》将享有海事赔偿责任的主体限定为海船所有人(the owner of sea-going ship)[4],然而公约中却并没有对海船给出定义。该公约将适用主体限定于海船,只排除了对内河船的适用,并没有对渔船进行限制。因此,该公约对于海上航行的渔船和商船都可以适用。1979 年的议定书所修正的内容仅是将责任限额的计算单位由英镑和金法郎改为国际货币基金组织固定的特别提款权(Special Drawing Right, SDR),但该议定

---

[1] 参见陈小曼:《试论海事赔偿责任限制制度研究》,华中科技大学出版社 2018 年版,第 153 页。

[2] See P. Griggs, *Limitation of Liability for Maritime Claims: The Search for International Uniformity*, 1997, p.372. 转引自[加]威廉·台特雷:《国际海商法》,张永坚等译,法律出版社 2015 年版,第 228 页。

[3] See Tetley, *International Conflict of Laws*, 1994, p.511. 转引自[加]威廉·台特雷:《国际海商法》,张永坚等译,法律出版社 2015 年版,第 228 页。

[4] International Convention Relating to the Limitation of the Liability of Owners of Sea-Going Ships, and Protocol of Signature (Brussels, 10 October 1957), Art. 1.

书尚未生效。①《1976 年海事赔偿责任限制公约》中的"船舶所有人"是指"海船"的所有人、承租人、经理人和营运人。② 该公约明确排除了气垫船和为勘探或开采海底自然资源或其底土而建造的浮动平台的适用。③ 因此，从公约适用的船舶范围来看并没有排除海上航行的渔船的适用。但该公约第 15 条第 2 款规定了缔约国可以通过其国内法作出具体规定调整某一些船舶的责任限制制度，例如内陆水域航行的船舶、小于 300 吨的船舶。1996 年议定书主要修订的内容在于提升了责任限制的金额、提高了小型船舶的起算吨位以及明确了海事赔偿责任限制和救助公约对于旅客伤亡的国内法协调问题。对于可以适用的船舶本身并没有做出更改。我国未加入上述的海事赔偿责任限制公约及议定书。

二、《海商法》海事赔偿责任限制规定对渔船经营人的保障

尽管我国并未加入《1976 年海事赔偿责任限制公约》，但《海商法》第十一章在立法时几乎吸收了该公约的全部实质性条款。④《海商法》第十一章并没有对船舶进行特别规定，当船舶满足《海商法》第 3 条对适用船舶的规定时，就可以适用《海商法》第十一章的规定。⑤《海商法》在第十一章第 208 条通过对海事赔偿责任限制不能适用的情况的列举，在实质上排除了参加国际油污损害民事责任公约、国际核能损害责任制公约、核动力船舶造成的核损害船舶的适用。⑥ 因此，从《海商法》中对船舶海事赔偿责任限制的规定来看，符合条件的商船和渔船都可以适用，即使是排除性的规定也并没有排除渔船。除《海商法》第十一章之

---

① 参见《修正 1957 年海船所有人责任限制国际公约的 1979 年议定书（附英文）》，载中国国际海运网 2008 年 7 月 23 日，http://lawyer.shippingchina.com/regulation/index/detail/id/120.html.
② 《1976 年海事赔偿责任限制公约》第 1 条第 2 款。
③ 《1976 年海事赔偿责任限制公约》第 15 条第 5 款。
④ 参见郭瑜：《海商法的精神——中国的实践和理论》，北京大学出版社 2005 年版，第 11 页。
⑤ 《全国法院涉外商事海事审判工作座谈会会议纪要》第 71 条。
⑥ 《海商法》第 208 条。

外,《关于不满 300 总吨船舶及沿海运输、沿海作业船舶海事赔偿限额的规定》也对海事赔偿责任限制进行了规定。因此,对于我国国内法中有关海事赔偿责任限制制度所适用的船舶而言,可以 300 总吨进行划分,但是这种划分并不区分商船和渔船。

首先,对于 300 总吨以上的船舶,可以适用《海商法》第十一章的规定。而 300 总吨以上可以适用《海商法》第十一章的船舶还需要满足《海商法》第 3 条对于"船舶"的总体性要求。对于《海商法》第 3 条所排除的不适用《海商法》的船舶当然地不能适用《海商法》第十一章的规定。而《海商法》中对于船舶吨位的规定主要体现在对海事赔偿责任限额的计算上,因此,对于 300 总吨以上符合《海商法》规定的船舶的海事赔偿责任限额的计算适用《海商法》第十一章的规定。

其次,对于不满 300 总吨从事中华人民共和国港口之间货物运输的船舶以及从事沿海作业的船舶,其赔偿限额由国务院交通主管部门规定,报国务院批准后施行。① 由于《海商法》中对于海事赔偿责任限制限额的计算吨位起算为 300 总吨,300 总吨以下的船舶将不能适用《海商法》中的海事赔偿责任限制的计算。为了解决不满 300 总吨的船舶的海事赔偿责任限额问题,原交通部在 1993 年 11 月 15 日发布了《关于不满 300 总吨船舶及沿海运输、沿海作业船舶海事赔偿限额的规定》。该规定第 2 条明确将适用的船舶范围限定为超过 20 总吨、不满 300 总吨的船舶及 300 总吨以上从事中华人民共和国港口之间货物运输或沿海作业的船舶。而从船舶作业上来看,如果渔船在沿海进行作业,理论上将适用《关于不满 300 总吨船舶及沿海运输、沿海作业船舶海事赔偿限额的规定》。

因此,在国内法上,《海商法》和《关于不满 300 总吨船舶及沿海运输、沿海作业船舶海事赔偿限额的规定》都没有排除对符合条件的渔船的适用。《关于不满 300 总吨船舶及沿海运输、沿海作业船舶海事赔偿

---

① 《海商法》第 210 条第 2 款。

限额的规定》由国务院颁布并实施,具体内容只有七条。该规定主要是对海事赔偿责任限制的计算限额进行了特别明确,对于责任限制的其他规定,仍然适用《海商法》的规定。

三、渔船经营人适用海事赔偿责任限制的相关问题

海事赔偿责任限制制度的目的在于有限度的责任承担,也是将风险限制在一个相对可预期的范围内。海事赔偿责任限制创设的出发点在于保护船舶所有人的利益。从制度的构建上看,海事赔偿责任限制通过单方面限制船东的责任在平等的商主体之间创造了一种法定的不平等。[1] 海事赔偿责任限制的意义在于海上命运共同体(货主和承运人)一起承担海运风险,以维护航运业的健康发展。[2] 随着国际航运业的发展,为了鼓励海运投资和促进国际贸易,海事责任限制权利主体不断扩大,船舶经营人、承租人、救助人以及责任保险人等也逐渐被纳入可以申请责任限制的范围。《海商法》第 207 条规定了四类可以申请海事赔偿责任限制的债权,这些债权中与渔船相关的是与船舶营运和救助作业直接相关的人身伤亡和财产的损害赔偿责任。[3] 虽然从规则制定的初衷来看,并未考虑渔船的适用,但不论是国际公约还是国内法都没有将渔船排除适用,从而在立法技术上为渔船的适用提供了路径。

渔船适用海事赔偿责任限制制度的问题首先在于海事赔偿责任限额与实际损失之间无法形成如同商船一样的利益冲突而导致实践中适用情况较少。按照海事赔偿责任限制制度设置的目的,海事赔偿责任限制发挥其作用的条件是实际损失大于海事赔偿责任限额,而这种海事赔偿责任的限额是可以通过船舶价值或固定的数额被各方主

---

[1] 参见何丽新、王沛锐:《民法公平原则下海事赔偿责任限制正当性之重塑》,载《中山大学学报(社会科学版)》2021 年第 2 期。

[2] 参见何丽新、王沛锐:《论"海事赔偿责任限制"章节修订中的三大问题》,载《中国海商法研究》2019 年第 1 期。

[3] 《海商法》第 207 条第 1 款第 1 项、第 3 项。

体所接受的。如果实际损失小于或者远小于海事赔偿责任限额,那么海事赔偿责任限制将失去其限制意义。以 300 总吨为界,船舶将适用不同的海事赔偿责任限制计算标准。虽然我国的远洋渔业正在逐渐兴起,但总体而言捕捞渔船的吨位不高,2019 年年末,全国机动捕捞渔船共 334,976 艘,总吨位 8,552,017 总吨。[①] 由于在农业农村部的统计数据中,并没有将 300 总吨作为划分捕捞渔船的统计标准,从捕捞渔船的总数量和总吨位上来估算,每艘渔船只有 25 总吨左右。因此,渔船适用海事赔偿责任限制在实践中会存在责任方的赔偿责任不及海事赔偿责任限制限额的情况,海事赔偿责任限制在中小型渔船上存在理论上的适用不能。

此外,《海商法》第 3 条"船舶"定义中对"20 总吨以下的小型船艇"进行了除外规定。《关于不满 300 总吨船舶及沿海运输、沿海作业船舶海事赔偿限额的规定》第 2 条也将适用的船舶范围限制在超过 20 总吨且不满 300 总吨的船舶。因此,小于 20 总吨的渔船不属于被《海商法》和《关于不满 300 总吨船舶及沿海运输、沿海作业船舶海事赔偿限额的规定》调整的船舶,当然也不能适用其中有关海事赔偿责任限制的规定。这意味着,20 总吨以下的小型渔船在面对赔偿责任时可能会因为不设责任限制而承担全额的赔偿责任。这种情况会给 20 总吨以下小型渔船的营运带来实质上的影响,因此,有必要考虑是否应在《海商法》或者相关的海事行政法规中对 20 总吨以下的小型渔船设置海事赔偿责任限制。但由于目前官方公布的 20 总吨以下渔船的吨位和数量的数据不足,对于 20 总吨以下小型渔船设置海事赔偿责任限制的必要性还需待有明确的渔船数量和吨位之后根据实际运营和赔偿情况再进行判断。

现实中,渔船适用海事赔偿责任较少。福建省渔业互保协会多年来

---

① 参见农业农村部渔业渔政管理局、全国水产技术推广总站、中国水产学会编制:《2020 中国渔业统计年鉴》,中国农业出版社 2020 年版,第 62 页。

处理的渔船案件中,能够有效适用海事赔偿责任限制的案件仅十余起且主要集中在价值较低渔船与价值较高渔船之间发生严重的碰撞类事故中。① 虽然实践中渔船适用海事赔偿责任限制的案件较少,但该制度对渔船捕捞活动仍然具有现实意义。就近海渔船而言,渔船数量较多且渔船的价值偏低,一旦发生了事故,无限制的赔偿可能会导致渔船的营运无以为继。对于国家近年来重点扶持的远洋渔业来说,远洋渔船的作业区往往在我国管辖范围之外的相关海域。远洋环境复杂、渔业捕捞风险大,如果船上人员操作不当,极容易发生与其他船舶碰撞或人员伤亡事故。例如,2010年,韩国一艘远洋渔船"第一仁成"号在南极附近海域作业时发生事故沉没,船上8名中国船员中,有4名获救、4名失踪。② 据不完全统计,国内海事法院近年来受理的有关申请海事赔偿责任限制的案件中,一审共有265件,其中,渔船船东申请海事赔偿责任限制的为7件。③ 因此,虽然目前渔船适用海事赔偿责任限制的案件较少,但是从渔船的长远发展来看,对于具有较大价值的渔船,无论是近海渔船还是远洋渔船适用海事赔偿责任限制对其行业发展都是有益的。

第五节 中国渔船适用海上保险规则的相关问题

在海上保险领域,目前也没有专门的国际公约。国内法中并没有针对海上保险进行专门立法,海上保险的规定主要体现在《海商法》第十二章"海上保险合同"以及《保险法》中。海上保险合同是海上保险制度

---

① 参见徐天然:《浅谈"海事赔偿责任限制"在渔业船舶财产损害中的适用性及使用方法》,载《中国水产》2020年第5期。

② 参见《载有8名中国船员韩国远洋渔船在南极海域沉没》,载搜狐网2010年12月13日,http://m.sohu.com/n/278275527/。

③ 数据来源:北大法宝司法案例库,数据区间为2014年1月1日~2021年10月30日。搜索结果中有关渔船船东申请海事赔偿责任限制的案件为(2020)粤72民特55号、(2020)浙72民特289号、(2019)鲁72民特225号、(2018)浙72民特229号、(2018)浙72民特83号、(2018)浙72民特1号、(2016)鄂72民特54号。

的充分体现。

一、渔船适用的海上保险法律规则

最高人民法院《关于审理海上保险纠纷案件若干问题的规定》通过对审理案件时适用法律顺位的规定,明确了船舶适用海上保险法律规则的顺位依次是《海商法》《保险法》《民法典》。渔船可以适用《海商法》第十二章对于海上保险合同的规定,就渔船自身的特性而言,渔船海上保险合同的标的将会涉及船舶、租金、船员工资和其他报酬以及对第三人的责任等情况。在实践中,渔船保险的投保人通常为船东。渔船船东一般为了规避风险会对船舶、船员以及船东责任进行投保。

渔船的船舶保险目前尚未有行业通行的国际标准合同条款,对于渔船的保险大都由各国根据本国渔业发展情况制定相关政策,具体的条款则由商业保险公司自行制定。例如,日本在20世纪初期为了应对高渔船事故率等问题通过制定《渔船保险法》鼓励通过互保方式对渔船和渔船从业人员制定渔船保险组合;[1]中国人民保险公司对船舶的保险便分为《船舶保险条款》(2009年)和《渔船保险条款》(2009年)等。在我国,保险人对于商船和渔船的保险合同中都没有对船舶进行界定,但是对商船的保险由于涉及货物使其得以与渔船的保险区分。对于渔船的保险,国内的渔船保险合同主要有《沿海内河渔船保险条款》和《远洋渔船保险条款》两种。但是在国内的渔船保险合同中并没有将远洋渔船与近海渔船进行区别。例如,在中国人寿保险股份有限公司的《沿海内河渔船保险条款》中,对于保险标的的界定是"在中华人民共和国境内(不包括港澳台地区)合法登记注册并具有国家渔业船舶主管机关签发的检验证书和捕捞许可证的渔业船舶"。[2] 渔船活动与捕捞许可之间具有直接关系,无论是近海渔船还是远洋渔船都需要获得捕捞许

---

[1] 参见张长利:《日本渔船保险制度研究》,载《保险法前沿》(第3辑)2015年。
[2] 中国人寿保险股份有限公司《沿海内河渔船保险条款》第2条。

可。太平财产保险有限公司在有关沿海渔船保险条款的规定中,明确了作为保险标的的渔船需要"具有国家渔业船舶主管部门签发的适航证明和捕捞许可证明"。[1]

二、渔船适用海上保险规则的相关问题

渔船适用海上保险规则的问题在于实践中的实施效果不能达到和商船类似的程度。保险业务主要由保险公司以及保赔协会经营。渔船没有船载货物,船舶本身的价值可能并不高,商业保险公司需要在海上风险和可保价值之间做出权衡。而渔船的保赔保险发展也没有商船的P&I Club 成熟,相关业务的开展还有待加强。

适用于商船的海上保险是国际航运界为应对海事风险而形成的古老海事制度,根据海上保险标的的不同,海上保险可以分为对船舶(船壳)、货物以及第三人责任的保险三类。渔船的海上保险相对于商船起步较晚且渔船不运送货物,因此对于渔船的海上保险一般集中在对船舶和第三人责任保险。对船舶的保险属于商业保险,一般由保险公司承保。对第三人的责任保险一般由互助保险协会承保。虽然近年来远洋渔船在不断发展,但不可否认的是,近海捕捞活动中的渔船相对价值仍然不高,很多普通的捕捞船舶主是自然人,很多时候不愿意入保。[2] 船舶本身的保险价值可能与承保的风险不成比例,对保险公司而言,追求盈利的目的也会影响商业保险公司对渔业捕捞活动这一高风险领域的业务经营意愿。

保赔保险责任一般由互保协会进行承保。对于商船,在国际上有P&I Club 作为承保主体。P&I Club 是由商船船东组成的互助组织,该组织可以追溯到 18 世纪的船壳协会(hull clubs)。[3] 在当时,由于战争

---

[1] 《太平财产保险有限公司沿海渔船保险条款》第 2 条。
[2] 参见刘勤:《海洋捕捞渔民应对自然灾害之策——基于社会支持的粤西经验表达》,载《河北渔业》2020 年第 6 期。
[3] See Lianjin Li, *Marine Insurance Law-General Conditions in Hull, Cargo and P&I Covers*, Asian Business Lawyer 13, p.131(2014)。

和国际冲突使船东无法采用传统保险来应对海上运输风险,为了使船舶本身得以保障并分散风险,船东们成立了船壳协会。① P&I Club 与商业保险公司不同,P&I Club 不以营利为目的,成员通过缴纳会费的方式为全部会员船东对第三者责任险进行相互投保进而形成一个互惠的整体。如果会员船东发生了承保事项,该船东的损失将从 P&I Club 共同的基金中对外赔偿。如果会费多于赔偿数额,将对成员缴纳的会费予以返还。中国的商船船东也成立了互保协会,即中国船东互保协会(China Shipowners Mutual Assurance Association)。

渔船有互助保险,但是与商船有一些不同。渔船的互助保险一般与一个国家的渔业互助保险有关,体现的是国家对于发展渔业部门的扶持。由于自然灾害和意外事故是所有渔船船东所面临的风险,而这些风险所造成的损失往往是个别船东无法承受的,因此,渔船船东需要通过各自所能承受的小的支出(互保费)形成"一人保大家、大家保一人"的相互保险。② 1994 年,中国渔业互保协会成立,该组织的定性是施行互助保险的非营利性社会团体。③ 商船已经形成国际上和国内比较成熟的互保体系,但我国的渔船互助保险发展仍然存在滞后因素。例如,渔业互助保险尚无针对性的国家法律法规支撑,渔业互助保险尚未纳入国家统一的业务监管体系,渔业互助保险的密度和保险深度相对较低,风险的防范能力相对薄弱,等等。④ 虽然目前渔业保险还未被纳入中央财政农业保险保费补贴范畴中,但是由于渔民自主缴纳保费的经济承受能力低、渔业保险补贴的缺口较大,我国也在考虑构建政策性渔业互助保

---

① See Jody M. Schisel-Meslin, *Out of the Club*: *Out of Luck*: *Complexities Facing Injured Third Parties Seeking Recovery from P&I Clubs*, Tulane Maritime Law Journal 43, No. 2, p. 321 (2019).

② 参见《互保的概念是什么?》,载中国渔业互保协会网 2014 年 1 月 24 日,http://www.cfmi.org.cn/index.php? m = content&c = index&a = show&catid = 95&id = 65。

③ 参见《协会概况》,载中国渔业互保协会网 2021 年 6 月 7 日,http://www.cfmi.org.cn/index.php? m = content&c = index&a = lists&catid = 10。

④ 参见《全国渔业互助保险发展"十二五"规划(2011~2015)》。

险制度。[①]

2020年,农业农村部会同中国银行保险监督管理委员会(已撤销)(以下简称原中国银保监会)研究并形成了渔业互助保险系统的整体改革方案,改革完成之后中国渔业互保协会将不再从事保险业务而由新成立的全国性渔业互助保险机构从事相关保险业务。[②] 在该方案中,明确了全国性渔业互助保险机构具有独立法人资格,该机构为专业性的相互保险组织,初始运营资金由中国渔业互保协会脱钩后和有关省(市)渔业互保协会以借款方式注入,该机构受原中国银保监会的监管和农业农村部的行业指导。[③] 2023年2月3日,原中国银保监会作出《关于中国渔业互助保险社开业的批复》,该批复同意中国渔业互助保险社及辽宁、大连、广西、海南4家省级分社开业。[④] 中国渔业互助保险社的性质有别于中国渔业互保协会,中国渔业互助保险社作为独立法人可以从事相关的营利活动,这将为中国渔业互助保险进行商业保险提供了商业化的经营基础,也有利于提升渔业风险保障水平、推动渔业高质量发展,也是完善渔业风险保障体系的重要安排。但中国渔业互助保险社作为独立的法人主体,在商业化道路上仍面临诸多问题。例如,中国渔业互助保险社与中国渔业互保协会脱钩后,中国渔业互助保险社是否还能获得补贴以及如何激发渔民参保积极性等问题还需要未来市场的进一步检验。

本 章 小 结

商船和渔船在船舶营运中都涉及有关船舶物权、租船、船员、海事赔

[①] 参见《全国渔业互助保险发展"十二五"规划(2011~2015)》。
[②] 参见农业农村部办公厅、原中国银保监会办公厅《关于推进渔业互助保险系统体制改革有关工作的通知》(农办渔〔2020〕16号)。
[③] 参见农业农村部办公厅、原中国银保监会办公厅《关于推进渔业互助保险系统体制改革有关工作的通知》(农办渔〔2020〕16号)。
[④] 参见原中国银保监会《关于中国渔业互助保险社开业的批复》。

偿责任限制和海上保险的规定。由于渔船受到渔业捕捞限额制度的约束,渔船在适用相关制度的法律效果上会受到影响。

渔船物权的确定尤其是所有权的确定是渔船进行生产活动的基础。而渔船作为船舶与商船一样受到《海商法》和《民法典》中有关船舶所有权、抵押权、留置权和船舶优先权权利设置和变动规则的规范。渔船因受到捕捞限额制度的影响在船舶登记制度上与商船的区别较大。国际船舶物权公约对渔船并没有给予相应的关注,渔船船舶登记规则的特殊性也引发了"三无"渔船和 IUU 捕鱼管制的问题。在渔船租赁中,渔船可以适用《海商法》中有关船舶定期租船和光船租赁的部分内容,但受到渔船相关管理办法的调整,渔船在光船租赁上具有自己单独的规定。渔船租赁中的主要问题在于租赁标准合同的欠缺。船舶上的工作人员是保障船舶合法正常营运的又一重要因素。国际公约和我国国内法都重视对船员适任标准的规定。为了保障船员队伍的稳定性和提升船员的职业荣誉感,国际公约和我国国内法都对船员的职业保障作出了相关规定。但在渔船船员的适任和职业保障方面我国并未加入相关的国际公约,国内法中对渔船船员适任的标准、规则以及职业保障方面尚存在法律缺失。渔船营运的主体为船东,海事赔偿责任限制是海事领域为船东专门设置的特殊制度,其本意在于保护航运经济。但无论是国际公约还是我国国内法都没有排除渔船经营人适用海事赔偿责任限制,渔船可以通过用于保护航运经济的制度来保障渔船的营运。渔船适用海事赔偿责任制度不存在理论上的问题,主要问题在于实践中渔船对该制度适用较少以及小于 20 总吨渔船的海事赔偿责任限制问题。渔船对相关海上保险规则的适用与商船保持一致,但是渔船在海上保险方面存在行业发展滞后所带来的实践问题。

第四章 中国渔船环境污染防治法律制度的相关问题

中国渔船环境污染防治主要体现在对海洋环境污染的防治和大气环境污染的防治上。目前,国际公约主要表现出以商船或船舶整体为规范对象的环保立法倾向。我国的国内法中,《海洋环境保护法》和《环境保护法》对环境保护进行了总体性的规定,而《海商法》中虽有一些对于船舶污染的规定,但大都体现在与船舶油污有关的海事赔偿责任限制一章中。从目前我国渔船环境污染防治的法律现状来看,一些与船舶相关的环保法律规范可以适用于渔船而另外一些则不可适用。因此,本章的研究重点在于通过对目前与船舶相关的环境保护法律规范的梳理来明确哪些法律规范可以适用于渔船。而与船舶环境污染相关的国际公约在立法理念和具体规定中随着国际环保意识的提升而不断演化,这给我国船舶(包括渔船)污染的防治工作带来了更大的挑战。

第一节　海洋环境污染防治法律规范
　　　　对中国渔船的可适性分析

基于船舶海上活动需要的增多以及船舶海上事故对海洋环境造成的重大影响,国际组织和我国对船舶的海洋环境污染问题较为关注。联合国和 IMO 也通过制定相关的国际公约以应对船舶的海洋环境污染问题。渔船对相关公约的适用主要是通过公约中对适用对象的规定采取"不排除渔船适用"的方式。

一、渔船适用的国际海洋环境污染防治公约

目前,有关的国际海洋污染防治公约虽然并不是专门为了防治渔船海洋环境污染而创设,但一些防治船舶海洋污染的国际公约并没有排除对渔船的适用,这使包括渔船在内的从事海上作业的对象都可以囊括进公约的适用中。而我国将国际公约的相关精神引入国内法,在相关法律、法规和规范文件中将商船和渔船作为海洋环境污染防治的对象。这种不区分船舶类型适用的做法能够最大限度地将海上作业活动中可能对海洋环境造成污染的行为进行规范,从而达到"预防为主、防治结合"的目的。

(一)《联合国海洋法公约》的框架性规定

《联合国海洋法公约》作为一个规范海洋法相关问题的国际公约并没有区分船舶的种类和适用类型。该公约制定的宗旨是使国际社会在海洋法领域达成对一般规则的接受与合作。[①] 因此,《联合国海洋法公约》并没有针对船舶本身的污染进行规定,而是以海洋环境保护为主要目标进行了框架性的规定。

---

① 《联合国海洋法公约》序言。

《联合国海洋法公约》在序言中便提及公约的立法目的之一是养护海洋生物资源和研究、保护海洋环境。《联合国海洋法公约》对海洋环境污染的界定为对海洋水体和生物资源等的损害。① 无论是商船还是渔船,只要船舶在海上航行,就必然会对海洋环境造成影响。即使这种影响会因为船舶类型的不同而有所区别,②但总的来说海上航行对于海水环境和海洋生物资源的干预是不言而喻的。因此,《联合国海洋法公约》针对不同的海域对国家责任进行了明确。公约中规定了沿海国在专属经济区内环境保护的权利、义务和责任,③船籍国对海洋环境污染损害事故和案件的管辖权。④ 对于闭海或者半闭海区域,沿岸国应当直接或通过区域组织的合作保护海洋环境。⑤ 对于国际海底区域,由于公约中对其的定性是人类的共同继承财产,任何国家无论是否在国际海底区域进行作业都应当按照公约的规定遵守有关海洋环境保护的义务和责任。

(二)IMO 防治船舶污染海洋的特别规范

IMO 最初对于环境保护的职责主要体现在防治石油污染上。在 1959 年之后,IMO 开始承担有关污染问题的责任并在随后的多年陆续通过了一系列措施防止和控制船舶污染并减轻海上作业和事故可能对海洋环境造成的影响。⑥ 1967 年"托利·堪庸"号油轮溢油污染事故对事故附近海域和沿岸造成了大面积的严重污染,这一事故引起了全球对油类运输危及海洋环境的广泛关注。IMO 开始就船舶污染海洋问题召开专门会议讨论并着手制定有关国际公约。

---

① 《联合国海洋法公约》第 1 条。
② 商船的油污可能会源于其运送的油类物资或者有毒有害物质的泄漏,例如,2018 年 1 月"桑吉"轮与"长峰水晶"轮在东海海域发生碰撞燃爆事故,造成"桑吉"轮船载油类泄漏。渔船的油污则主要体现在船用燃油的污染。
③ 《联合国海洋法公约》第 56 条。
④ 《联合国海洋法公约》第 94 条。
⑤ 《联合国海洋法公约》第 123 条(b)。
⑥ See IMO, *Marine Environment*, IMO (Jun. 13, 2021), https://www.imo.org/en/OurWork/Environment/Pages/Default.aspx.

1. 对油污的特别规范

船舶的海上活动常常会因为操作不当或事故等原因而造成油类物质对海洋环境的污染。当船舶中的油类物品流入海洋,会在海面上形成一层油膜,油膜会降低阳光向海水的辐射削弱浮游植物的光合作用,最终破坏海洋食物链导致生态失调。[1]

IMO 的前身政府间海事协商组织(Inter-governmental Maritime Consultative Organization, IMCO) 从 1969 年开始便关注商船的油污和燃油污染对海洋环境的影响。《1969 年国际干预公海油污事故公约》[2]主要规定了海上事故发生后,沿岸国有权在公海上采取必要措施以防止、减少或消除对其沿岸海区和有关利益产生严重和紧迫的油污危险或威胁。公约中对船舶的定义十分宽泛,除与海底勘探开发有关的装置以及军舰、政府类船舶和商业性服务船舶之外,适用于任何类型的海上航行的船舶和船艇,渔船自然也适用该公约。[3] 公约对"油"的定义是指原油、燃油、柴油和润滑油,这种分类方式不仅包括作为船上运送货品的油类,而且将船舶航行过程中自身需要的燃油和润滑油等油类也作为规范对象。

1973 年 IMO 通过了 MARPOL73[4],主要是为了防止船舶因操作或意外原因污染海洋环境。为了应对在 1976~1977 年的一系列油轮事故,IMO 制定了 1978 年议定书,该议定书吸收了 1973 年 MARPOL73 的规定并于 1983 年 10 月 2 日生效,即 MARPOL73/78(为方便表述,以下

---

[1] 参见王红涛:《船舶对海洋环境的污染及其防治措施》,载《科技视界》2013 年第 33 期。

[2] 1969 年 11 月,政府间海事协商组织在布鲁塞尔召开会议审议有关沿海国面对油污事故时可采取的措施并于 1969 年 11 月 29 日通过了《1969 年国际干预公海油污事故公约》(1975 年 5 月 6 日生效),该公约于 1990 年 5 月 24 日对我国生效。参见《国务院〈关于加入 1969 年国际干预公海油污事故公约〉及〈1973 年干预公海非油类物质污染议定书〉的批复》(国函〔1990〕6 号)。

[3] 《1969 年国际干预公海油污事故公约》第 1 条和第 2 条。

[4] MARPOL 于 1973 年 11 月 2 日在 IMO 通过,而 1973 年的 MARPOL 尚未生效。

将其统称为 MARPOL)。① MARPOL 通过对"船舶"的定义和范围的规定,将所有在海上航行的船舶囊括其中。② 因此,MARPOL 对海上航行的渔船和商船皆可适用。

MARPOL 一共有六个附件,其中有关海洋环保的附件有五个。这五个和海洋环保有关的附件分别是附件一防止油类污染规则、附件二控制散装有毒液体物质污染规则、附件三防止海运包装有害物质污染规则、附件四防止船舶生活污水污染规则和附件五防止船舶垃圾污染规则。1997 年,MARPOL 通过议定书增加了第六个附件防止船舶造成大气污染规则。在目前六个附件中,附件一和附件二是强制执行规则,其余规则为任选性规则。因此,虽然公约在设定上对船舶的适用范围的规定较为广泛,但其六个附件所针对的污染对象不同进而导致某些附件并不适用于渔船(见表 4-1)。

表 4-1 MARPOL 附件(1~5)的生效时间及适用的船舶

附件名称	生效时间	对我国生效时间	适用船舶
附件一	1983.10.2	1983.10.2	除另有规定外,适用于所有船舶;但对于非油轮的适用条件为设有构造为用于装载 200 立方米或 200 立方米以上总容量散装油类的装货处所(Regulation.2)
附件二	1983.10.2	1983.10.2	除另有规定外,适用于所有核准运输散装有毒液体物质并在极地水域营运的船舶(Regulation.2)
附件三	1992.7.1	1994.12.13	除另有明文规定外,适用于所有以包装或集装箱、可移动罐柜或公路及铁路槽罐车装运有害物质的船舶(Regulation.1)
附件四	2003.9.27	2007.2.2	200 总吨以上从事国际航行的船舶(Regulation.2)

---

① Focus on IMO: MARPOL-25 years, IMO, Oct.1998, p.1-2.
② MARPOL 73/78, Art.2(4).

续表

附件名称	生效时间	对我国生效时间	适用船舶
附件五	1988.12.31	1989.2.21	除另有明文规定外,适用于所有船舶(Regulation.2)

数据来源:IMO: List of Conventions, Other Multilateral Instruments and Amendments in Respect of Which the Organization Performs Depositary and Other Functions (as at 5 February 2021)。

根据 MARPOL,船舶污染物可以分为油污水、生活污水、固体垃圾、空气污染物、海运包装有害物质和散装有毒液体物质。渔船可以适用的是 MARPOL 附件四、附件五和附件六(附件六是关于大气污染的规则,将在本章大气污染防治部分进一步说明)。

1990 年 IMO 设立的《1990 年国际油污防备、反应和合作公约》(OPRC)[①]旨在通过国际支援和合作共同加强油污的防治工作,通过各国交换对油污事故的反应和应急计划等资料、报告来共同研究和开发油污的防治措施。IMO 在该公约中认识到发展中国家特别是小岛屿国家对于防治海洋污染的国际合作需要。对比《1969 年国际干预公海油污事故公约》中对船舶的规定,OPRC 的范围更宽泛,OPRC 除军舰、政府非商业船舶之外,任何在海洋环境中营运的船舶都可以适用。而《1969 年国际干预公海油污事故公约》在 OPRC 适用船舶的范围中还排除了在海底进行作业的船舶。从对"油"的定义来看,OPRC 也进一步扩大了油类的范围,将油泥、油渣和炼制产品也包括其中,进而扩大了公约对于油污防治的范围。[②] 2000 年 3 月 15 日,IMO 通过了《2000 年有毒有害物质污染事故防备、反应与合作议定书》。[③] 该议定书将 OPRC 仅对油污的防治扩大到包括对有毒有害物质的防治。而议定书中对有毒有害物质

[①] 该公约于 1995 年 5 月 13 日生效。我国于 1998 年 3 月 30 日向 IMO 交存了加入文件,1998 年 6 月 30 日该公约对我国生效。参见原交通部《关于我国加入〈1990 年国际油污防备、反应和合作公约〉的通知》(交通部交外发〔1998〕327 号文印发)。

[②] OPRC 第 2 条(1)(2)项。

[③] 该议定书于 2010 年 2 月 19 日对我国生效,同时适用于中国澳门,但暂不适用于中国香港。

的定义十分宽泛,除油类之外的进入海洋环境可能危及人类健康、损害生物资源以及妨害海洋合理利用的任何物质都可以是有毒有害物质。

在《2001年国际燃油污染损害民事责任公约》(以下简称《燃油公约》)制定和生效之前,国际社会对于燃油污染的规范对象只是油轮并将有关油轮的非载货油的污染一并纳入油污损害赔偿责任的公约中进行规范。但是除油轮之外的其他船舶的燃油污染则不能适用有关油污损害赔偿责任的公约。因此,IMO在1996年将燃油污染损害赔偿作为主要议题在其法律委员会第75届大会上进行讨论并拟定了《燃油公约》草案[1],该草案随后通过并生效。《燃油公约》适用的船舶是任何海船和海上航行器,不论是何种类型都可以适用。[2] "燃油"则是指用于船舶运行或推进的包括润滑油在内的任何烃类矿物油及其任何残余物。[3] 船舶只要在海上航行就可能会由于排出或溢出的燃油而对海洋环境造成损害。而商船和渔船目前大都是以燃料油作为推动船舶航行的动力,同时,商船和渔船也都需要润滑油作为减少摩擦以及保护机械和零部件的润滑剂。因此,《燃油公约》对于船舶海上航行中的环境污染防治从立法目的和具体的条文规范两个方面都充分体现出对于船舶不加类型区分的适用。

2. 对倾倒废物、船舶污底和压载水污染的防治

随着海上活动的频繁和活动类型的多样化,海洋受到船舶污染的可能性大幅度提高。船舶除油料物品之外,生活污染物以及污底、倾倒废物和有害物质等都会随船舶航行而被带入海洋。而除船舶油污之外,很多污染源是来自船舶必需品,例如防污底和压载水。

污底是指船舶系泊、锚泊以及航行一段时间后,船体表面水线以下部分由于长期浸泡在水中会生锈并生长植物类、动物类以及浮游生物和

---

[1] 该公约于2001年3月23日通过,2008年11月21日生效,我国于2008年12月9日加入该公约。
[2] 《燃油公约》第1条。
[3] 《燃油公约》第5条。

非生物类等物质,使水下部分出现船底表面脏污和粗糙的现象。① 船舶污底产生后会增加船舶航行中的阻力,而阻力的加大会造成航速变慢以及增加燃油的消耗。为了减少船舶污底的产生,航运界一般都是通过使用含有有机锡化合物(TBT)的防污漆涂抹在船体表面和船底。20世纪60年代航运界开始使用TBT,在20世纪70年代到80年代,国际社会开始认识到TBT对海洋环境造成的危害。② 1988年巴黎备忘录③要求IMO审议限制使用TBT④,1992年联合国《21世纪议程》的第十七章也呼吁各国采取措施减少因防污漆中TBT的使用所造成的污染。2001年10月,IMO通过了《控制船舶有害防污底系统国际公约》(International Convention on the Control of Harmful Anti-fouling Systems on Ships, AFS)。该公约于2011年6月7日对我国生效。⑤ 在AFS第2条第9款对船舶的规定中,船舶包括了航行于海洋环境的任何类型船舶,AFS第3条在其适用范围规定中的第1款所列明的船舶中也并未排除渔船。因此,AFS也可以适用于渔船。对于船舶防污底的需求显然不只存在于商船,渔船在海上航行同样也面临着污底的困扰。

---

① 参见刘晓东、徐洪明、陈炜:《〈AFS公约〉生效后对我国的影响与对策》,载《航海技术》2008年第6期。

② 参见范泽泗、张硕慧:《船舶TBT污染与控制》,载《航海技术》2005年第1期。

③ "巴黎备忘录"(Paris MoU)源于1978年西欧的一些海事当局之间制定的"海牙备忘录"。海牙备忘录主要涉及执行ILO第1号公约要求的船上生活和工作条件。在海牙备忘录即将于1978年3月生效时,由于"Amoco Cadiz"轮搁浅而造成大规模的漏油事件引起了欧洲政界和民众的强烈抗议,要求执行更严格的航运安全规定。在这种情势下,一份更全面的备忘录即"巴黎备忘录"产生。该备忘录中包括了海上生命安全、防止船舶污染以及船上的生活和工作条件。1982年7月1日"巴黎备忘录"开始运作,目前已经经过多次修订,现有27个成员国。See Paris MoU, *A short history of the Paris MoU on PSC*, Paris MoU (Dec. 29, 2021), https://www.parismou.org/about-us/history.

④ International Convention on the Control of Harmful Anti-Fouling Systems on Ships, 2001 and Guidelines for Survey and Certification of Anti-fouling Systems on Ships [resolution MEPC. 102(48)], IMO, Oct. 11, 2002, p. 1.

⑤ 《交通运输部公告2011年第22号——关于国际海事组织〈控制船舶有害防污底系统国际公约〉生效的公告》(交通运输部公告2011年第22号)。该公约适用于中国澳门特区,不适用于中国香港特区。参见劳辉:《中国历年加入IMO海事环保公约及其实施状况(下)》,载《中国海事》2019年第11期。

与防污底类似的还有船舶的压载水。压载水一般被用于钢壳船舶中,以减少船体压力为船舶提供横向稳定性。① 据统计每天大约有 7000 个物种会随着船舶压载水转移,而压载水中的外来生物将会破坏海洋生态系统。② 1992 年联合国环境与发展会议通过了《21 世纪议程》之后,IMO 开始考虑制定具有约束力的法律文件以解决有害水生生物和病原体在压载水中转移的问题。③ 2004 年 IMO 通过了《国际船舶压载水和沉积物控制与管理公约》(Ballast Water Management Convention,以下简称《国际压载水公约》),该公约于 2017 年 9 月 8 日在全球生效。④《国际压载水公约》将船舶的范围扩大到在水环境中运行的任何类型的船舶,而不仅将其界定为海上航行的船舶。⑤ 而我国在加入公约之后,工业和信息化部会同交通运输部等部门组织中国船舶工业行业协会、中国船东协会和中国船级社等相关机构开展公约实施指南的编纂工作,进一步和航运产业对接做好履约的全面工作。⑥ 而从 FAO 2020 年做出的统计数据来看,2018 年全球长度超过 24 米的大型渔船只占全球渔船总量的 2%,⑦而截至 2016 年年底,我国木质渔船数量占比高达 84%。⑧ 因此,整体上来说,虽然《国际压载水公约》从文本设置上本身并没有排除

---

① See IMO, *Ballast Water Management*, IMO (Jun. 22, 2021), https://www.imo.org/en/OurWork/Environment/Pages/BallastWaterManagement.aspx.
② See Nadia Effanie, *International Law on Marine Pollution from Ballast Water*, Indonesian Journal of International Law 8, No. 2, p. 251 (2011).
③ See IMO, *BWM Convention and Guidelines*, IMO (Jun. 22, 2021) https://www.imo.org/en/OurWork/Environment/Pages/BWMConventionandGuidelines.aspx.
④ See IMO, *Implementing the Ballast Water Management Convention*, IMO (Jun. 22, 2021), https://www.imo.org/en/MediaCentre/HotTopics/Pages/Implementing-the-BWM-Convention.aspx. 我国于 2018 年 10 月 22 日加入该公约,该公约自 2019 年 1 月 22 日起正式对我国生效。参见《〈国际船舶压载水和沉积物控制与管理公约〉正式对中国生效》,载中华人民共和国自然资源部 2019 年 1 月 24 日, http://www.mnr.gov.cn/dt/hy/201901/t20190124_2389800.html。
⑤《国际压载水公约》第 1 条第 1 款第 12 项。
⑥ 参见《我国正式加入国际船舶压载水管理公约》,载中华人民共和国中央人民政府网, http://www.gov.cn/xinwen/2018-10/27/content_5334949.htm。
⑦ Yearbook of Fishery and Aquaculture Statistics 2018, FAO, 2020, p. xvii.
⑧ 参见吴俊祥等:《渔船船体材料应用现状及发展趋势》,载《大连海洋大学学报》2019 年第 4 期。

对渔船的适用,但是受我国钢壳渔船自身数量的限制,该公约在我国的适用程度并不高。

船舶倾倒废物也是海上航行中不可避免的行为,但是海洋吸收废物与转化废物为无害物质的能力是有限的。为了保证国家管辖或控制范围内的活动不致损害其他国家的环境或各国管辖之外的环境,1972 年斯德哥尔摩人类环境会议召开并通过了《防止倾倒废物和其他物质污染海洋的国际公约》(以下简称《1972 年伦敦公约》)。该公约旨在控制利用船舶或飞机等在公海和领海领域内处置废弃物,但不包括事故和正常操作处置。该公约是控制各类物质造成海洋环境污染的首个全球性公约,不再是单纯地防止某种物质污染海洋环境。[1]《1972 年伦敦公约》第 7 条规定了其适用的船舶是悬挂缔约国国旗的船舶并规定了军舰享有豁免权。1996 年联合国针对《1972 年伦敦公约》制定了议定书,在该议定书中引入了"预防为主"的原则并制定了更为严格的海洋倾废标准。

3. 发生海难事故时对环境的救助

国际社会和国际公约对海洋环境保护意识的提升促使有关防止海洋环境污染的国际公约和相关规则的创设和完善。20 世纪 60 年代,"ATLANTIC EMPRESS""CHRISTOS BITAS""AMOCO CADIZ"等船舶的海上溢油事故促使国际社会意识到对于海上财产救助的"无效果无报酬"传统原则不利于鼓励救助人在海上事故中对环境污染的救助和控制。[2]

为了解决救助方因救助环境无法获得报酬的问题,《1989 年国际救助公约》第 13 条第 1 款(b)在传统的"无效果无报酬"之外增加了减少环境损害作为救助报酬的评定标准,但是根据传统的救助原则,对于环

---

[1] 参见宁清同主编:《海洋环境资源法学》,法律出版社 2017 年版,第 209 页。
[2] See Archie Bishop, *The Development of Environmental Salvage and Review of the London Salvage Convention* 1989, Tulane Maritime Law Journal 37, No. 1, p. 66 – 67(2012).

境救助的报酬不得超过获救船舶和其他财产的价值。① 同时,《1989年国际救助公约》引入了一个新的概念,即"特别补偿"。"特别补偿"作为《1989年国际救助公约》第14条突破了传统海上财产救助"无效果无报酬"的原则,这一制度在实践中的体现是LOF中的SCOPIC。1997年英国上议院对"Nagasaki Spirit Principle"("长崎精神"号)碰撞溢油事故的环境损害救助进行了判决,通过该案,英国上议院确立了对海洋环境救助的"公平费率"(fair rate)的计算方法。② 这种"公平费率"的计算方法不考虑救助方为此可能付出的除实际费用之外的费用,例如,对于救助方因救助行为而进行的租船行为并不会因此考虑租船的市场价格对救助人开展救助活动以及救助费用的影响。由于航运界对"长崎精神"号案件中所确立的"公平费率"原则的不满,1997年,国际救捞联合会和P&I Club开始针对《1989年国际救助公约》第14条对环境的"特别补偿"问题寻找解决方案并最终形成了对环境救助的SCOPIC。③ 该条款最主要的贡献在于设计了救助报酬的计算方法以减少在救助活动中因为环境救助而产生的费用争议。

二、渔船适用的国内海洋环境保护法律规范

渔船适用的国内海洋环境保护法律规范主要体现在环境法中对海

---

① International Convention of Salvage, IMO 1989, Art. 13. 3.

② See House of Lord, *Judgments-Semco Salvage & Marine Pte. Ltd. v. Lancer Navigation (NAGASAKI SPIRIT)*, Parliament (Feb. 6, 1997), https://publications.parliament.uk/pa/ld199697/ldjudgmt/jd970206/semco01.htm. 该案简要案情如下:1992年9月19日,"长崎精神"号与集装箱船"海洋祝福"号在马六甲海峡发生碰撞,"长崎精神"号装载的约12,000吨原油由于碰撞泄漏到海中并起火。"海洋祝福"号被大火吞没,船员全部遇难。本案中的上诉人Semco Salvage & Marine Pte. Ltd. 作为救助方同意根据LOF1990救助"长崎精神"号船舶及货物。救助方将大火扑灭并将"长崎精神"号拖离马来西亚海岸停泊在印度尼西亚勿拉湾附近的一个锚地。上议院在本案中认为,《1989年国际救助公约》第14.3条中"实际和合理用于救助作业的设备、人员的公平支出率"是指公平的支出率,不包括任何利润因素,救助费用只取决于实际发生的费用。

③ See Archie Bishop, *The Development of Environmental Salvage and Review of the London Salvage Convention* 1989, Tulane Maritime Law Journal 37, No. 1, p. 76 (2012).

洋环境保护的整体性要求和以船舶整体为规范对象的相关规定中。这些与船舶海洋环境污染防治相关的法律规范并没有明确排除渔船的适用。

(一) 有关环境保护的综合立法

首先,《环境保护法》对海洋环境保护的概括性规定。《环境保护法》是我国为保护和改善生活与生态环境的综合性立法,其规范的内容不仅包括了对海洋环境的保护,也包括了对于大气、土地、矿藏、森林、野生动物和自然、人文遗迹等的保护。① 《环境保护法》对于海洋环境保护的适用范围是中华人民共和国管辖的海域,由国家海洋行政主管部门、港务监督、渔政渔港监督等部门协同防治。② 《环境保护法》是在法律位阶层面的国家对有关环境保护的一部框架性综合立法。在立法中,立法者必然不会区分商船和渔船且不会专门针对船舶进行特别规范,《环境保护法》只在有关海洋环境保护的内容中创设个别针对海洋环境污染的条款。例如,《环境保护法》第 34 条是对海洋排放污染物、倾倒废弃物的防治规定,第 44 条对包括运输环节在内有关有毒化学物品和含有放射性物质物品的环境污染防治进行了规定等。

其次,《海洋环境保护法》对海洋环境保护的专项防治。《海洋环境保护法》是"为了保护和改善海洋环境,保护海洋资源,防治污染损害,保障生态安全和公众健康,维护国家海洋权益,建设海洋强国,推进生态文明建设,促进经济社会可持续发展,实现人与自然和谐共生"而制定的专门性的法律。③ 与《环境保护法》相比,《海洋环境保护法》专门针对海洋污染防治,在内容上的针对性更强。《海洋环境保护法》包含了对陆源污染、海岸工程和海洋工程建设污染、海洋倾倒废弃物的污染和船舶及有关作业活动对海洋环境污染的防治。从船舶航行和作业的角度

---

① 《环境保护法》第 1 条、第 2 条。
② 《环境保护法》第 3 条。
③ 《海洋环境保护法》第 1 条。

来说,《海洋环境保护法》中对于倾倒废弃物和船舶及作业活动对海洋环境的污染防治不仅与我国参加的 MARPOL 在立法上相呼应,而且并没有将商船和渔船区分开来适用。[1] 因此,《海洋环境保护法》第六章中对废弃物倾倒污染防治的规定为商船和渔船控制和处置排放物提供了原则性的规范。《海洋环境保护法》第七章中明确将船舶及有关作业活动中对海洋环境的损害作为规范对象,对船舶及作业中向海洋排放污染物、航行中的废水和废弃物、船舶垃圾提出了从排放设备到排放操作的整体要求。无论商船还是渔船在向海洋排放污染物时都不能违反《海洋环境保护法》的有关规定。《海洋环境保护法》中明确了船舶向海洋排污的要求,例如,船舶需要有能力对其排放的污染物或者从事的作业活动有相应的接收处理能力[2],船舶排污应当持有相关的证书与文书并如实记录污染物排放操作、船舶必须配备防污设备和器材等。[3]

(二) 有关船舶立法中的环境保护规定

目前船舶的海洋污染防治主要在于防治由于海上事故以及航海活动中向海洋倾倒和排放废弃物造成的污染。这些规则不但体现在约束船舶应当尽量避免海上活动所造成的海洋污染,也包括对其他船舶救助时对海洋环境的保护。

1.《海商法》中对环境的救助规则

《海商法》中并没有对于船舶海洋污染的专门规定,因此无法明确《海商法》中在船舶海洋污染方面对"船舶"的定义。在最高人民法院对于油污的相关司法解释中,对于发生油污损害的"船舶"给出了相关的定义,这类船舶是指"非用于军事或者政府公务的海船和其他海上移动式装置,包括航行于国际航线和国内航线的油轮和非油轮。其中,油轮是指为运输散装持久性货油而建造或者改建的船舶,以及实际装载散装

---

[1] 《海洋环境保护法》第2条。
[2] 《海洋环境保护法》第79条。
[3] 《海洋环境保护法》第80条。

持久性货油的其他船舶"[1]。虽然该司法解释只是对涉及油污损害纠纷的船舶进行了定义,但油污作为船舶海洋污染的一个重要组成部分,最高人民法院对发生油污损害的船舶的定义可以体现出目前我国对于渔船并不排除适用法律的适用倾向。《海商法》第九章"海难救助"在参考《1989年国际救助公约》的基础上规定了救助方和被救助方在救助活动中除有减少环境污染损害的义务之外,在立法时还吸收了当时国际上对于环境救助的激励模式,即减少环境损害的技能和努力是作为确定救助报酬的一项因素以及对环境污染救助的"特别补偿"机制。[2] 因此,《海商法》中对于环境的救助与《1989年国际救助公约》一脉相承,具体体现在《海商法》第182条特别补偿条款和第180条救助报酬条款。有关海难救助的船舶适用范围已经在本书第二章有关海难救助部分论述过,在此不再赘述。

2.《海上交通安全法》新增海洋生态环境保护义务

《海上交通安全法》意在通过海上交通管理来保证船舶、设施和人命的安全。与《海商法》以船舶为核心的民商事立法不同,《海上交通安全法》更多的是体现国家主管机构对于船舶海上安全的监管。因此,《海上交通安全法》在适用船舶的范围上并没有作出过多的限制。2021年修订后的《海上交通安全法》在适用船舶的范围上作出了进一步的扩大,将可以适用的船舶明确为在中华人民共和国管辖海域内航行、停泊和作业的一切船舶。[3]《海上交通安全法》修订后更为关注海洋环境的保护,并将保护海上生态环境作为一项新义务对从事船舶、海上作业的单位和个人进行要求。[4] 由于船舶碰撞是造成海洋环境污染的一个重要原因,而商船和渔船之间的碰撞多发生在近海渔区和船舶定线制形成交叉的区域,《海上交通安全法》中将海洋功能区新增为船舶定线区的

---

[1] 最高人民法院《关于审理船舶油污损害赔偿纠纷案件若干问题的规定》第31条。
[2] 参见高俊涛:《构建海洋环境救助报酬制度的正当性研究——一个法律生态化的视角》,载《中国海洋大学学报(社会科学版)》2018年第6期。
[3] 《海上交通安全法》第2条。
[4] 《海上交通安全法》第7条。

划定和调整因素。船舶航行的定线区、报告区、交通管制区、禁航区、安全作业区和港外锚地都需要征求渔业渔政、生态环境、自然资源等部门的意见。①《海上交通安全法》规定了国务院交通运输主管部门为保护海洋环境可以防止和制止外国籍船舶在领海的非无害通过。② 这在一定程度上可以防止外国籍船舶的不规范排放或者其已经造成的环境污染在我国海域的扩散。对于可能会危及海洋安全的外国籍船舶通过我国领海时,应要求其必须持有相关证书并按照我国法律法规和规章的规定采取特别的预防措施,③如核动力船舶、载运放射性物质或其他有毒有害物质的船舶等。对于存在严重危害污染海洋环境隐患的船舶,海事管理机构具有禁止船舶进出港、暂扣文书或者责令停航等权力。④

3. 有关船舶污染海洋环境的行政法规

国务院为了防治船舶对海洋环境的污染损害,颁布了《海洋倾废管理条例》和《防治船舶污染海洋环境管理条例》。⑤《海洋倾废管理条例》和《防治船舶污染海洋环境管理条例》经过多次修订,这表明了国家对船舶海洋污染防治的重视并随着对船舶活动认识的不断加深而逐渐实现对有关海洋保护行政法规的完善。

首先,《海洋倾废管理条例》中没有对其适用的"船舶"范围进行规定,但是通过该条例对适用客体的规定可知《海洋倾废管理条例》针对的是广泛地向海洋倾倒和处置废弃物等行为。《海洋倾废管理条例》明确规定了"倾倒"的定义,其中,对倾倒的载体规定为"船舶、航空器、平台及其他载运工具"。⑥ 因此,商船和渔船都要受《海洋倾废管理条例》

---

① 《海上交通安全法》第 19 条。
② 《海上交通安全法》第 53 条。
③ 《海上交通安全法》第 53 条、第 54 条。
④ 《海上交通安全法》第 91 条。
⑤ 《海洋倾废管理条例》于 1985 年 3 月 6 日发布,2011 年 1 月 8 日第一次修订,2017 年第二次修订。《防治船舶污染海洋环境管理条例》于 2009 年 9 月 9 日公布,2013 年 7 月 18 日第一次修订,2013 年 12 月 7 日第二次修订,2014 年 7 月 29 日第三次修订,2016 年 2 月 6 日第四次修订,2017 年 3 月 1 日第五次修订,2018 年 3 月 19 日第六次修订。
⑥ 《海洋倾废管理条例》第 2 条。

约束。在该条例中,船舶等载体为紧急避险或救助人命而向海洋倾倒或处置废弃物时负有环境保护的义务,即应当尽力避免或减轻因倾倒行为对环境造成的污染。① 在其附件 1 中,该条例通过列举的方式对禁止倾倒的物质进行了明确;在其附件 2 中,该条例对需要特别许可才能倾倒的物质进行了说明。无论是禁止倾倒还是需要特别许可的倾倒,《海洋倾废管理条例》中对于商船和渔船的油类、渔网、塑料制品以及可能影响捕鱼和航行的废弃物均进行了明确的列举。

其次,《防治船舶污染海洋环境管理条例》中也没有对"船舶"进行定义,但是该条例在第 2 条中明确将"防治船舶及有关作业污染"作为调整的对象。在该条例中,对有关船舶及其作业活动防治的一般规定、船舶污染物的排放和接收、船舶有关作业活动的污染防治和船舶污染事故应急处置等内容进行了规定。② 尤其是在该条例中,对载运污染危害性货物的船舶和过驳作业船舶、船舶燃油、船舶的清舱洗舱、船舶向海洋倾倒废弃物等有关方面进行了要求,这样可以及时控制和消除载运危险性货物的船舶和其他船舶在作业活动中由于油类、油性混合物和其他有毒有害物质泄漏而造成的污染。

4. 环保部门设置了船舶污染排放的控制标准

《船舶水污染物排放控制标准》(GB 3552 - 2018)是为了促进船舶水污染物排放控制技术进步、推进船舶污染物接收与处理设施建设以及推动船舶及相关装置制造业绿色发展而制定的控制要求和监管标准。《船舶水污染物排放控制标准》中对"船舶"进行了定义,只在其中排除了对军事船舶的适用。③《船舶水污染物排放控制标准》主要针对船舶排放的生活污水、含油污水、含有毒液体物质的污水和船舶垃圾规定了排放控制要求。④ 新标准的实施体现了我国对 MARPOL 相关

---

① 《海洋倾废管理条例》第 15 条第 2 款。
② 《防治船舶污染海洋环境管理条例》第二章、第三章、第四章、第五章、第六章、第七章。
③ 《船舶水污染物排放控制标准》第 3.1 条。
④ 参见陈召沪等:《新颁布船舶水污染物排放控制标准解读》,载《资源节约与环保》2019 年第 10 期。

附件的履约能力。例如,在该标准中,对于生活污水的规定与 MARPOL 几乎相同①,而在危害海洋环境物质的定义中则直接引用了 MARPOL 附件五中规定的有害物质。② 由于我国对船舶水污染物排放标准采用了与国际接轨的方式,该标准对船舶污水处理的要求较之原排放标准有所提高,也对商船和渔船在生活污水处置装置配备、船东责任落实、船员环保意识等方面的完善和提高提出了新的要求。

三、部分海洋环境污染防治法律规范对商船和渔船适用的差异

商船和渔船海洋环境污染防治适用法律的差异性主要体现在商船和渔船对海洋的使用目的不同上。渔船对海洋环境的污染主要表现为船舶燃油、废水和垃圾等污染物对海洋水体的污染,而商船除由于燃油、废水和垃圾等因素造成污染之外,更主要的是商船运输的船载油品和有毒有害物质的泄漏对海洋环境造成的污染。特别是 20 世纪中叶之后,船舶运送石油、天然气以及有毒有害物质愈加频繁,一些重大的船舶污染事故让国际社会认识到了船舶污染对于海洋环境的破坏性。尽管国际社会和我国都提高了对于商船海洋污染的认识,但是渔船对海洋环境污染的情况往往被各方忽视。由于重视程度的不同,商船和渔船在适用海洋环境保护方面的法律规范上也存在较大不同。

（一）部分防治船舶海洋污染损害国际公约排除渔船的适用

船舶造成海洋环境污染的方式有两种:一是事故造成污染,例如船舶碰撞、触礁、搁浅等;二是船舶航行和操作中排放的污染物造成污染,例如排放不清洁的压舱水、机舱污水等。③ 商船和渔船在防治海洋环境污染方面的差异性主要体现在绝大多数的有关运输石油、天然气和有毒有害物质的国际公约都不适用于渔船。

---

① 《船舶水污染物排放控制标准》第 3.7 条和 MARPOL 附件四第 1 条第 3 款。
② 《船舶水污染物排放控制标准》第 3.11 条。
③ 参见徐祥民主编:《海洋环境保护法》,法律出版社 2020 年版,第 36 页。

1. 防治船舶油污损害的国际公约排除了对渔船的适用

1967年的"托利·堪庸"油轮事故发生之后,IMCO意识到了油轮事故对海洋环境造成的损害。1969年,IMO对《1954年国际防止海洋油污染公约》进行了修正,取消了《1954年国际防止海洋油污染公约》中对"禁排区"的规定,要求船舶不得在任何海域排放。① 此外,IMO还对船舶原油、燃油、重柴油和润滑油等油类的排放采取措施进行了控制,以防止船舶排放上述油类对海洋环境造成污染。② 公约中虽然对船舶的定义十分宽泛,即任何类型的由自身驱动或其他船舶拖带进行海上航行的船舶都可以适用。③ 但其第2条对公约中的"船舶"进行了排除性的规定,分别排除了150总吨以下的油船和500总吨以下的其他船舶以及海军船舰等船舶的适用。在20世纪中叶,受两次世界大战的影响,渔船的远洋活动规模较小,随着第二次世界大战结束和世界经济复苏,远洋渔业得到稳定和持续的发展。④ 因此,虽然《1954年国际防止海洋油污染公约》理论上可以适用500总吨以上的渔船,但在当时的历史环境下,能在公海航行的500总吨以上的渔船相较于商船还仍是凤毛麟角,从公约的立法背景和宗旨来看,渔船并不应当具备适用公约的可能性。

"托利·堪庸"事件发生之后,国际社会对船舶油污带来的海洋环境污染保持高度关注。该案引发了两个问题,一个是沿岸国是否有权对公海上发生的油污事件进行干预;另一个是如何保障油污受害方得到充分赔偿。⑤ IMCO分别制定了《1969年国际干预公海油污事故公约》解

---

① 参见白洋、刘变叶:《论国际船源污染防治法的历史演进和立法趋势》,载《中国海洋大学学报(社会科学版)》2010年第5期。
② 1971年IMCO第七届大会通过了两项对1954年防污公约修正的决议,其中一项为限制油舱溶剂和油舱布置。但1971年修正案尚未生效。在1971年的《1954年国际防止海洋油污染公约》修正案中,对油舱的尺度进行了限制,以减少船舶发生碰撞或搁浅事故时的船载油量。
③ 《1954年国际防止海洋油污染公约》第1.1条。
④ 世界捕捞船队从20世纪80年代后期至90年代初期不断扩张,21世纪初期各国不断调整渔船结构,目前捕捞船队数量增长趋势稳定。参见乐家华、俞益坚:《世界远洋渔业发展现状、特点与趋势》,载《上海海洋大学学报》2021年第6期。
⑤ 参见鲍君忠主编:《国际海事公约概论》(第2版),大连海事大学出版社2016年版,第136页。

决第一个问题以及《一九六九年国际油污损害民事责任公约》(以下简称《1969年责任公约》)解决第二个问题。《1969年责任公约》规定了适用的船舶是实际载运散装油类货物的任何海运船舶①,从船舶运送油类货物的本质上排除了对渔船的适用。这也符合 IMCO 制定该公约的初衷。1992年11月27日,IMO 对《1969年责任公约》进行了修正并通过了《1969年责任公约1992年议定书》(以下简称《1992年责任公约》)。《1992年责任公约》生效之后,原《1969年责任公约》的大多数缔约方退出转而成为《1992年责任公约》的缔约方,②因此,目前《1992年责任公约》更具有实际适用性。《1992年责任公约》并没有对《1969年责任公约》进行实质性的内容变更,只是调整了公约的生效条件。在适用船舶的问题上仍然秉承了《1969年责任公约》中对于运输散装油类货物海船的规定,排除了对渔船的适用。③

《1969年责任公约》中规定了船舶所有人在船舶油污损害赔偿中的责任限制,一方面鼓励了船东和资本积极开拓航运市场,另一方面却给油污损害的受害方得到充分赔偿的可能性带来了阻碍。因此,IMCO 在1971年通过了《1971年设立国际油污损害赔偿基金国际公约》(以下简称《1971年基金公约》)。由于该公约的生效条件较为严格,国际社会对该公约的生效失去信心,IMO 在1992年通过了《1971年基金公约》的议定书(以下简称《1992年基金公约》)放宽了公约的适用条件。④ 由于《1992年基金公约》延续了《1971年基金公约》中的实质性条款,而且《1971年基金公约》又是为了解决在《1969年责任公约》框架下受害方不能充分赔偿的问题,因此,《1992年基金公约》是对《1969年责任公

---

① 《1969年责任公约》第1条第1款。
② 参见鲍君忠主编:《国际海事公约概论》(第2版),大连海事大学出版社2016年版,第136页。
③ 《1969年责任公约》于1986年12月28日对我国生效,而在《1992年责任公约》生效之后,我国于1999年1月5日加入该公约,2000年1月5日对我国生效,《1969年责任公约》同时对我国失效。参见司玉琢:《海商法专论》(第4版),中国人民大学出版社2018年版,第381页。
④ 该公约于1996年5月30日生效。我国目前仅香港特别行政区加入了该公约。

约》有关赔偿部分的补充。换言之,如果受害方在《1969年责任公约》的赔偿责任范围内能够获得充分赔偿则不需要通过《1992年基金公约》获得额外的经济补偿。《1992年基金公约》从设置上便排除了渔船的适用。

2. 除防治油污之外其他污染物的相关国际公约也不适用于渔船

随着核能被人类社会发现和利用,核材料的跨境运输也随着人类对核能的需求而逐渐频繁。核材料运输一旦造成损害事故将会给海洋环境和沿海国居民造成长期的放射性污染。国际核责任制度发展和修订的目的是促进获得核工业利益和保障受害者权益之间的平衡。[①] 1971年12月17日,国际原子能机构、经济合作与发展组织以及IMO共同制定了《1971年海上核材料运输民事责任公约》(以下简称《1971年布鲁塞尔公约》)。该公约制定的目的是解决海事公约和其他公约在处理核损害及核事故责任上的冲突。虽然《1971年布鲁塞尔公约》中并没有对从事海上核材料运输的船舶和运输工具本身进行规定,但是核材料其自身的放射性和对人类以及动植物的高杀伤性使得能够运输核材料的船舶必然经过特殊的处理,这种特殊处理决定了运送核材料的船舶有别于渔船且一般由国家主持秘密进行。因此,一般而言对于海上核材料运输的船舶可能会具有的性质有两种:一种可能是因国家或军事需要而使用的政府或军事船舶,另一种则可能是利用私人主体拥有的商船。因此,该公约从其运送材料的特殊性出发来看不可能适用于渔船。

第二次世界大战之后,随着全球国际贸易的复苏,除石油之外,一些有毒的化学品也作为"货物"在海上运输,这些有毒有害物质为海洋环境带来了不同于油污的损害和影响。有关油污的公约并不能解决有毒有害物质的环境损害问题,因此,IMCO于20世纪70年代末开始制定有毒有害物质泄漏损害赔偿的国际公约。1996年IMO审议并通过了

[①] See Meher Nigar, *Revisiting the International Civil Liability Regimes for Transboundary Pollution by Nuclear, Oil and Hazardous Waste*, Sri Lanka Journal of International Law 26, p. 59 (2018).

《1996年国际海上运输有毒有害物质损害责任和赔偿公约》(Carriage of Hazardous and Noxious Substances by Sea, 1996, HNS1996)。2010年IMO通过了对HNS1996的议定书,即"2010HNS议定书",该修订并未对HNS1996的实质性条款进行变更,其意在推动HNS1996的通过,2010HNS议定书尚未生效。[①] 我国未加入HNS1996。HNS1996在其立法宗旨中强调,公约意识到有毒有害物质的海上运输造成的危险,需要确保为受害方提供充分、迅速和有效的赔偿。HNS1996在对"船舶"的定义中,明确了船舶是任何种类的海船和海上航行器,同时,也规定了"有毒有害物质"在公约中是指在船上作为货物运输的任何物质、材料和物品,包括散装运输油类、有毒液体物质等危险品。[②] 因此,虽然HNS1996在船舶的定义中并没有将渔船排除在外,但是基于公约是为了规范海上运输有毒有害物质的行为,渔船并不能适用该公约。

(二)部分国内的环境保护法律规范对商船和渔船适用的差异

国内法律规范对渔船作业与环境损害方面的规定主要体现在渔船的捕捞活动对海洋资源的影响上,进而从控制渔船捕捞的准入资格和渔船数量等方面体现对海洋生态环境的保护。国内法对船舶海洋污染防治进行特别立法较少,而且国内法中以商船为主要规范对象的法律规范一般会排除对渔船的适用。但《海商法》中有关环境损害的赔偿责任限制规定却排除了某些商船的适用,因而渔船本身不适用的一些油污或核损害赔偿公约得以在理论上可以适用。

1.《海商法》海事赔偿责任限制排除了某些商船的适用

《海商法》对油污的规定体现在第十一章"海事赔偿责任限制"的相关条款中,但《海商法》第十一章对基于中国参加的国际油污损害民事责任公约而提出的油污损害赔偿、中国参加的国际核能损害责任限制公

[①] See IMO, *The HNS Convention*, IMO (Jun. 22, 2021), https://www.imo.org/en/MediaCentre/HotTopics/Pages/HNS-2010.aspx.

[②] HNS1996第1条。

约而提出的核能损害赔偿等请求排除在该章适用之外。① 换言之,《海商法》中有关海事赔偿责任限制的规定在立法上虽然并不限制对何种船舶的适用,但是通过其排除性的适用规定,已经对商船中的油轮以及运输核材料的船舶进行了有条件的排除。

首先,《海商法》对以油料为货品的海上运输的排除。我国是《1992年责任公约》的参加国(不适用于澳门特别行政区),而该公约的适用对象是载运油类货品的海船,因此,通过《海商法》第 208 条排除适用的规定,以油类为货物进行运输的商船将因我国参加了国际油污损害民事责任公约而被排除于《海商法》的适用。

其次,《海商法》对核材料运输船舶的排除适用。商船中以核物质为运输对象的船舶的限制适用是要以中国参加的国际核能损害责任限制公约规定的核能损害的赔偿请求为限。目前有关核损害的民事责任公约有 1960 年《核能领域第三方责任公约》(以下简称 1960 年《巴黎公约》)、1963 年《关于核损害的民事责任的维也纳公约》(以下简称 1963 年《维也纳公约》)及其 1997 年议定书和《关于核能领域第三方责任的 1960 年 7 月 29 日巴黎公约的补充公约》(以下简称《布鲁塞尔补充公约》)。② 1960 年《巴黎公约》在第 7 条(b)项规定了 1500 万 SDR 的责任限额。1963 年《维也纳公约》在第 5 条第 1 项规定了赔偿责任限制可以由装置国限制为每一核事件不少于 500 万美元。《布鲁塞尔补充公约》在第 3 条规定了 3 亿 SDR 作为每一核事件的最高额赔偿限制。目前,中国未加入上述任何一个有关核能损害赔偿限制的国际公约,从立法的适用效果来看,《海商法》第 208 条对核能损害赔偿限制的排除适用实际上并没有在实践中予以应用。但该条的设定对未来中国加入有关核能损害赔偿责任限制之后的意义重大。因为核材料的运输造成的污染损害巨大,《海商法》中的民事赔偿责任限制不足以满足受害方的

---

① 《海商法》第 208 条。

② See IAEA, *Treaties under IAEA Auspices*, IAEA(Jun. 23, 2021), https://www.iaea.org/resources/treaties/treaties-under-IAEA-auspices.

损害赔偿需求。

渔船不从事油料物资的运输工作,也不进行核材料的运输。根据《海商法》第 208 条对海事赔偿责任限制的排除规定,核动力船舶也被排除适用。目前,核动力与船舶的结合主要表现为军舰、潜艇和极特别的商用船舶(目前主要是破冰船),渔船和商船还尚未有以核动力作为发动机的实践。综上,对比商船,《海商法》对渔船的限制并没有商船多。商船中对油轮和核材料运输船舶两类船舶的排除并不涉及渔船。

2. 有关部门规章在海洋污染防治中排除了对渔船的适用

首先,交通运输部于 2010 年 10 月 8 日通过了《船舶及其有关作业活动污染海洋环境防治管理规定》。① 该规定相较于《防治船舶污染海洋环境管理条例》对船舶作业活动的规定更为具体、针对性也更强。该规定的立法宗旨是防止船舶在装卸、过驳、清舱、洗舱、油料供受、修造、打捞、拆解、污染危害性货物装箱、充罐、污染清除以及其他水上水下船舶施工作业活动中对海洋的污染。② 该规定中排除了国务院交通运输主管部门所辖港区水域外渔业船舶的海洋污染防治工作的适用。③ 换言之,该规定只适用于一部分由国务院交通运输主管部门所辖港区水域内的渔业船舶,而对于其管辖水域外的渔船则排除对该规则的适用。

其次,交通运输部于 2017 年 7 月 1 日施行《船舶安全监督规则》,并同时废止了《船舶安全检查规则》,意在保障水上人命、财产安全,防止船舶造成污染。该规则明确排除了军事船舶、渔业船舶和体育运动船艇的适用。④ 2020 年 3 月 16 日,交通运输部对《船舶安全监督规则》进行了修正,但修正内容主要是针对集装箱运输的验证、重量验证的方法和允许的误差等方面,并不涉及与渔船有关的内容。

最后,海事局于 2019 年 1 月 11 日印发了实施《船舶压载水和沉积

---

① 该规定于 2011 年 2 月 1 日起施行,最新一次修订为 2017 年 5 月 23 日的第四次修订。参见中华人民共和国交通运输部令 2010 年第 7 号和 2017 年第 15 号。
② 《船舶及其有关作业活动污染海洋环境防治管理规定》第 2 条。
③ 《船舶及其有关作业活动污染海洋环境防治管理规定》第 62 条。
④ 《船舶安全监督规则》第 2 条。

物管理监督管理办法(试行)》的通知,为了防止船舶压载水和沉积物对我国水域生态环境、人身健康、资源和财产的污染和损害,该管理办法于2019年1月22日起实施,公约经验积累期至2023年12月31日。[①] 由于我国已经加入了《国际压载水公约》,因此,《船舶压载水和沉积物管理监督管理办法》的实施体现了我国对公约的履约实践。但与公约对适用船舶的宽泛性规定不同,该管理办法中的第2条排除了渔船的适用。

第二节 大气环境污染防治法律规范对中国渔船的可适性分析

商船和渔船在大气环境污染防治中适用法律的同一性明显。国际法上,针对船舶的大气环境污染防治的国际公约为 MARPOL 附件六,在国内的法律位阶层面上尚未有针对船舶的专门立法。而商船和渔船在适用法律的差异性体现在对国际公约履行的实践效果和从国内法体系对船舶大气污染排放有关规定立法的完整性上。相对于商船,渔船在国内法上与国际公约的衔接性尚显不足,亦存在不完善之处。

一、渔船适用的大气环境污染防治法律规范

渔船适用的大气环境污染防治法律规范都不是以渔船为规范对象的专门立法。在 UNFCCC 所构建的全球大气减排法律制度中,渔船作为船舶的一个组成部分而被约束。我国的国内法也是如此,相关法律规定只是对船舶的整体性规范而没有区分商船和渔船。

(一)有关船舶大气环境污染防治的国际公约

随着国际社会对海运减排的关注,《京都议定书》明确规定了对海

---

① 《船舶压载水和沉积物管理监督管理办法(试行)》第30条、第31条。

运业减排的要求。① IMO 随后制定的一些有关海运减排的国际公约和减排措施并没有排除对渔船的适用。

1. 有关大气污染防治的一般性国际公约可适用于船舶

UNFCCC 于 1994 年 3 月 21 日生效,共由 150 多个国家和欧洲经济共同体共同签署,中国也是该公约的参加国之一。该公约是国际社会为控制全球温室气体减排所作出的共同努力。UNFCCC 面向所有和温室气体有关的行业并提出了为缓解气候变化以及促进可持续发展的总体性要求。但是该公约只是一个框架性的公约,并没有对于具体的减排措施进行约定。但是其确立的有关气候减排的原则和应对全球气候变暖的总体目标为在公约框架下的其他措施提供了政策性的基础。

UNFCCC 是国际上应对气候变化和控制温室气体减排的框架性公约。为了更好地落实公约中的减排目标,联合国环境署先后制定了《京都议定书》和《巴黎协定》为公约缔约方制定了更为详细和具有执行力的减排标准。《京都议定书》中提及了需要采取措施对运输部门温室气体排放进行限制或减少②并将航海舱载燃料产生的温室气体排放的限制或减少措施的制定权授权给 IMO。③ IMO 在此之后便开展相关研究和制定相关海运减排公约和政策。《巴黎协定》是继《京都议定书》之后人类为了应对气候变化而达成的又一个里程碑式的具有约束力的国际法律文本,《巴黎协定》对 2020 年之后全球气候治理具有重要意义。④《巴黎协定》有别于《京都议定书》中以控制二氧化碳排放量作为安排减排措施的标准,《巴黎协定》将控制全球升温的幅度作为全球气候治理的一个共同目标并在公约中以该温度量化的标准为基础提出要实现短期"低碳能源时代"和长期"零碳能源时代"的目标。⑤ 不同于《京都议

---

① Kyoto Protocol, Art. 2.
② Kyoto Protocol, Art. 2.1(a)(vii).
③ Kyoto Protocol, Art. 2.2.
④ 参见王谋、吉治璇、陈迎:《格拉斯哥会议后全球气候治理格局、特征与趋势——兼议对我国气候治理的影响及其策略选择》,载《治理现代化研究》2022 年第 2 期。
⑤ 《巴黎协定》第 2 条、第 4 条。

定书》中提及 IMO 在海运减排中的作用,《巴黎协定》的条款和实施目标都没有提及 IMO。总体上来说,无论是《京都议定书》还是《巴黎协定》都是对温室气体减排在法规上的限制,这两个法律文件并没有特别针对海运。UNFCCC 体系对运输部门的减排规定针对的是运输活动整体,海运与航空运输是其中的重要组成部分。

2. 防治船舶大气污染的国际公约适用于商船和渔船

目前针对船舶大气污染防治的国际公约仅有 MARPOL 附件六。① 该附件是 IMO 在 UNFCCC 全球温室气体减排要求下所作出的旨在减少船舶温室气体排放的专门规定。MARPOL 附件六共有十九条,对船上硫氧化物、氮氧化物排放的限制进行了明确规定。② MARPOL 规定了船舶的适用范围是"除本附则第3、5、6、13、15、18 条和第 19 条另有规定者外,本附则的规定应适用所有船舶"。③

IMO 在海运减排方面的措施主要是针对船舶提高能源效率和减少碳硫化物等污染物的排放。IMO 海洋环境委员会(The Marine Environment Protection Committee,MEPC)于 2011 年通过了对新船的技术和对所有船舶营运减排的一揽子措施。一揽子措施主要包括两项主要内容:一是能效设计指数(Energy Efficiency Design Index,EEDI),二是船舶能效计划(Ship Energy Efficiency Management Plan,SEEMP)。这些一揽子措施于 2013 年 1 月 1 日生效,适用的船舶是所有 400 总吨及以上的船舶,该措施也成为有史以来第一个针对整个海运行业的强制性全球温室气体减排制度。④ 为了进一步限制船舶温室气体的排放,2016 年 10 月 28 日,MEPC 第 70 届会议决定自 2020 年 1 月 1 日起,在

---

① 附件六形成于1997年并于2005年5月19日生效,2006年8月23日对我国生效。
② IMO, *Air Pollution, Energy Efficiency and Greenhouse Gas Emissions*, IMO (Jun. 30, 2021), https://www.imo.org/en/OurWork/Environment/Pages/AirPollution-Default.aspx.
③ MARPOL 附件六第 1 条。
④ See IMO, *The MARPOL Annex VI Framework to Enhance the Energy Efficiency of Ships*, IMO(Jun.30,2021), https://www.imo.org/en/OurWork/Environment/Pages/GHG-Emissions.aspx.

全球范围内实施船用燃油硫含量不超过 0.50% m/m 的规定。① 无论是 EEDI 和 SEEMP 还是 2016 年 MEPC 对于全球海上航行船舶硫化物排放量的规定都是基于 MARPOL 附件六的进一步规定,在内容上秉承了公约对于船舶的定义范围并没有进行特别的另行说明。因此,上述 IMO 对于船舶减排的规定理论上也适用于符合条件的渔船。

(二)有关船舶大气污染防治的国内法律规范

《环境保护法》作为国内环境保护的基础性法律涵盖了需要进行保护的天然环境和人工改造环境并以此为对象对环境保护的相关领域和行业进行了原则性规定。《环境保护法》不只针对大气环境保护也不只针对船舶的污染排放,因此,该法并不区分船舶类型而将船舶作为特别对象进行整体规范,甚至在《环境保护法》中并没有出现船舶字样。作为一部旨在保护环境和促进可持续发展的一般性和基础性法律,《环境保护法》为大气环境保护提供了原则性的法律基础以及确定了渔政渔港监督、交通等部门按照法律规定对环境污染实施监督管理的职权。在《环境保护法》制度框架下,大气污染防治立法也秉持了这一立法思路。

1. 可规范船舶大气污染防治的一般性国内法

对于船舶大气污染防治的一般性国内法主要是以《大气污染防治法》为核心。随着我国参加联合国环境与发展会议并陆续加入了一系列的国际环境保护宣言和公约,《大气污染防治法》陆续进行了几次修改以积极履行我国参与的国际公约义务和在全国和区域范围内开展针对硫化物和颗粒物的污染防治总体布局。

《大气污染防治法》以保护和改善环境、防治大气污染为立法宗旨,因此,作为一部防治大气污染的综合性立法,其必然不会针对"船舶"进行特别的规定。该法对大气污染的防治措施按照能源和行业部门进行了分类,例如,对燃煤和其他能源污染防治、对工业污染防治和对机动车

---

① See Effective Date of Implementation of the Fuel Oil Standard In Regulation 14.1.3 of Marpol Annex Ⅵ(MEPC 70/18/Add.1).

船污染防治等。因此,有关对船舶大气污染防治的规定便包含在对于机动车船的规定中。此外,《大气污染防治法》并没有对船舶进行定义,对防治措施和相关规定也是将"机动车船"作为一个整体予以规范。①《大气污染防治法》中对何为"机动车船"同样没有给出明确定义。该法整体上对于机动车船污染防治措施的设置主要体现为对燃油的合理控制,具体而言是对高油耗、高排放的机动车和相关生产企业的检测和监管。目前,商船和渔船绝大部分仍然是要依靠油类燃料作为动力原料(一些船舶使用清洁能源作为其燃料),因此,从立法目的和法律规范内容的角度来看,对于船舶的污染防治不应当排除渔船的适用。

2. 对于船舶大气污染的国内特别立法

目前,我国对于船舶的大气污染防治并没有从法律位阶上进行立法,有关船舶大气污染防治工作的法律规范文件大都体现为国家海事局为了履行国际公约中船舶减排义务创设的实施方案。

2018年11月30日,交通运输部印发了《船舶大气污染物排放控制区实施方案》,在《大气污染防治法》和《珠三角、长三角、环渤海(京津冀)水域船舶排放控制区实施方案》基础上进一步细化了相关实施方案以履行国际公约义务。该方案设立了船舶大气污染排放控制区,并对控制区内船舶的燃油硫含量、发动机排放限值、船舶岸电系统船载装置和可使用清洁能源的替代措施等进行了要求。《船舶大气污染物排放控制区实施方案》扩大了船舶的适用范围进而可以适用于"在排放控制区内航行、停泊、作业的船舶"②。因此,渔船与商船一样可以适用该管理指南中对于减排的要求。

二、部分大气环境污染防治法律措施对渔船的排斥

大气环境污染防治法律规范对渔船的排斥主要体现为我国在履行

---

① 《大气污染防治法》第四章第三节"机动车船等污染防治"。
② 《船舶大气污染物排放控制区实施方案》"适用对象"。

MARPOL 有关船舶营运减排措施中排除了渔船的适用。而且我国对船舶大气污染排放控制的实施方案和指南性文件也不适用于渔船。

(一) 国内在履行 MARPOL 船舶营运减排措施中排除了渔船的适用

商船和渔船在大气污染防治方面的差异性较小,有关国际公约在商船和渔船适用上的差异主要体现在针对船舶减排的公约适用实效上。UNFCCC 框架下的一般性大气减排公约中并没有针对船舶进行特别的规定也没有区分船舶的类型。无论是商船还是渔船大都需要使用油类物质燃烧作为动力,因此,国际公约一般不区分船舶类型而将船舶作为一个整体来制定相应的减排标准。国家履行一般性大气减排公约中的义务并不因为船舶类型的不同而有所差异。MARPOL 附件六中有关船舶的定义延续了 MARPOL 正文中的定义,对船舶大气污染减排的规定并不排除对渔船的适用。IMO 为了落实好 MARPOL 附件六的规定也陆续制定了相关的减排措施,但我国在履行 MARPOL 有关船舶营运减排措施中排除了渔船的适用。

首先,国内对于 MARPOL 附件六的能效措施落实的成效不同。服务于商船船东的中国船级社在 2016 年颁布了《船舶能效设计指数(EEDI)验证指南》,该指南中对于船舶的规定范围采取了列举方式且并不包括渔船。中国船级社 EEDI 验证指南针对的船舶类型主要有散货船、气体运输船、液货船、集装箱船、杂货船、冷藏货船等。[①] 目前国内还没有针对渔船能效控制措施的指南性规定或相关实施细则。从公约在国内履行的角度来看,海事部门将承担起对于船舶大气污染排放的监控工作,但是海事部门基于其部门职权的行使对象,并不会额外对渔船给予必要的考量。这可能也是目前我国对于渔船大气污染排放在国际公约下的履约情况没有得到足够重视的一个原因。其次,IMO 对 MARPOL 附件六适用过程中重点提出的 EEDI 和 SEEMP 在渔船中具体实施相较于商船而言仍具有一定难度。EEDI 和 SEEMP 是 MARPOL

---

① 中国船级社《船舶能效设计指数(EEDI)验证指南》(2016)第 1.2 条。

公约"设计建造+营运管理"模式的体现,其目的在于对船舶设计和建造中能效效率的提升以及根据每艘船舶各自的经营特点制定操作程序从而形成对某一具体船舶最佳的能效措施。商船船东一般比较重视并将会根据国际航运要求而逐步采取针对每一艘船舶的能效措施。但是渔船船东目前在船舶能效的控制力度上还略显不足。

(二)关于船舶排放控制的部分国内法律措施不适用于渔船

我国国内对船舶排放控制的措施主要针对商船,这也是为了履行我国在船舶大气污染防治上的相关义务和责任。但是这些对船舶排放进行控制的措施大都不能适用于渔船。

1. 国家部委对船舶排放控制的相关实施方案不适用于渔船

2015年12月2日,交通运输部发布《珠三角、长三角、环渤海(京津冀)水域船舶排放控制区实施方案》,该方案的重点在于通过船舶燃油硫含量标准等规定达到对船舶排放硫氧化物、氮氧化物和颗粒物的排放控制。该方案是交通运输部在《大气污染防治法》规定下对发展绿色航运和船舶节能减排实施的细则,也是我国为了更好地履行国际公约对于船舶节能减排义务的体现。从海域范围来看,该方案排除了中国香港和中国澳门管辖水域的适用。《珠三角、长三角、环渤海(京津冀)水域船舶排放控制区实施方案》规定,从2016年1月1日起,方案中所适用的船舶都应严格执行国际公约和国内法律中对于硫氧化物、颗粒物和氮氧化物的排放控制要求,同时,该方案以年为单位对船舶在排放控制区内燃油硫含量的要求逐年拓展港口和船舶的实施范围,例如,从"排放区内有条件的港口"到"在排放控制区内所有港口",从"可以实施船舶靠岸停泊期间"到"船舶进入排放控制区"。但是该方案在对适用对象的规定中明确排除了对"军用船舶、体育运动船艇和渔业船舶"的适用。由交通运输部制定的《船舶大气污染物排放监督管理指南》也排除了对渔船的适用。[①] 该指南是在MARPOL附件六生效之后为了实施公约附

---

① 《船舶大气污染物排放监督管理指南》第1.3条。

件中无差别地强制适用于成员方的措施而制定的。

2. 与船舶大气污染防治相关的指南性文件并不适用于渔船

严格意义上来说,指南性文件不是具有约束力的法律文件,但是一些指南性文件由于其制作主体在行业中的权威性而使这些指南性文件具有指导行业发展的作用。因此,在船舶大气污染防治的能效措施实施中,中国船级社作为交通运输部直属事业单位和国际船级社协会的正式会员,其制定的一系列指南性文件为我国发展船舶和航运业提供了有关的技术标准。2018年之后,根据《深化党和国家机构改革方案》,原农业部的渔业船舶检验和监督管理职责划入交通运输部,而渔业船舶的检验政策法规及标准和监督管理、行业指导等职能由中国船级社承担。因此,机构改革之后,中国船级社有权制定渔业船舶的行业指导规则以及相应的检验标准。在船舶大气污染防治工作中,与船舶检验标准相关的是MARPOL附件六中对新船EEDI和船舶SEEMP在国内的落实。

目前,中国船级社先后制定了《船舶能效管理计划(SEEMP)编制指南》、《船舶能效设计指数(EEDI)验证指南》和《绿色生态船舶规范》等文件,但这些与船舶大气污染防治相关的规范不适用于渔船。首先,《船舶能效管理计划(SEEMP)编制指南》制定于2012年,其适用的范围是"400总吨及以上的国际航行船舶"和"国内航行船舶和400总吨以下国际航行船舶可参照实施"。[①] 虽然从文字上来看该指南并没有明确排除对于渔船的适用,但是该指南制定于2018年机构改革之前,而在机构改革之前的中国船级社并不负责有关渔船的检验和规则指导工作。从制定规则的机构权限以及规则制定目的来看,该规则在制定时不适用于渔船。由于中国船级社在规则制定时没有考虑渔船的相关情况,即使机构职能调整之后的中国船级社对于渔船有一定的监管职责但显然仅凭机构职能调整而使渔船采用该指南的要求并不合理。因此,即便从条文规定上该指南没有排除对于渔船的适用,但是从其实质性内容和制定目

---

① 中国船级社《船舶能效管理计划(SEEMP)编制指南》(2012)第1.3条。

的来看,渔船并不应当适用该指南。其次,制定于 2016 年的《船舶能效设计指数(EEDI)验证指南》通过列举的方式明确了可以适用的船舶范围,而渔船并不在此列,该内容在前文中已经进行了说明,在此不再赘述。最后,《绿色生态船舶规范》最早由中国船级社于 2012 年发布,其后经过 2016 年、2019 年和 2020 年三次修改。《绿色生态船舶规范》旨在通过发展和应用绿色与生态技术,促进造船业、相关制造业和航运业产业机构优先升级,促进航运企业对新建船舶和现有船舶采取具有成本效益的技术和管理措施,在安全的前提下实现船舶的低能耗、低碳排放和低污染等目标。[①]《绿色生态船舶规范》适用于申请 CCS 绿色生态船舶附加标志的海船,该规则是针对整个船舶产业节能环保的相关领域并不局限于对大气污染的防治。在该规范第一部分国际航行海船的规定中,第 2.3 条为 GHG(温室气体)排放控制的适用范围的规定,该条通过列举的方式对可以适用的船舶类型进行了明确,其中并没有包含渔船。在该规范第二部分国内航行海船的规定中,第 4.2 条"GHG 排放控制"的规定中同样采用了列举的方式对船舶的适用类型进行了明确,其中也没有包含渔船。

第三节 船舶环境污染防治国际法理念演化的影响

如何开展环境保护是全球各国需要共同合作解决的问题,因此,国际法理念的演化不仅会影响相关国际公约的变化,而且会间接地影响相关国内法的实施。国际公约的修订、落实与执行离不开国内法的配合。因此,在环境保护理念下的船舶污染防治问题上,国际法及其防治理念的演化将影响有关国家对公约的履约水平以及与国内法的衔接。尤其是国际环境防治理念的变化使国际公约也随之调整,这种

---

① 中国船级社《绿色生态船舶规范》(2020)前言。

调整给缔约国(方)、非缔约国(方)带来了如何履行公约、是否加入公约等问题。

一方面,这种理念的变化为相关国家在国内有关环境污染防治立法上带来了是否要与国际接轨以及是否需要转变意识等问题。在船舶的环境污染防治立法上,关于海上污染的防治,国际社会历经了从"防止"的事后赔偿和减少损害到"防治"的事先预防与治理理念融入的转变,进而从很大程度上推动了船舶污染防治的有利发展;有关于船舶的大气污染防治,则从与大气污染一般原则相同的"差别待遇"原则向船舶减排特有的"同等责任"转变,这种不区分国家发展程度与航运发展水平的责任原则对船舶污染防治的效果还有待实践的考验。

另一方面,环境保护防治理念在国际社会中的演化对我国国内的海洋环境立法也产生了深刻影响。《海洋环境保护法》作为我国海洋环境保护法律体系的根本与核心立法,在其立法宗旨中便明确地与国际环境治理理念保持了一致。《海洋环境保护法》第一章总则的第1条便明确了我国海洋环境保护立法的总体基调,即"保护和改善海洋环境、保护海洋资源、防治污染损害、维护生态平衡、保障人体健康、促进经济和社会的可持续发展"。因此,国际环境保护理念的转变让我国在海洋环保立法中直接吸取了国际共识,减少了立法成本。

一、船舶海洋污染从"防止"到"防治"转变的影响

从中文语义来看,"防止"意味着预先设法制止(坏事发生),"防治"则有预防和治理之意。可见,海洋环境污染"防止"和"防治"的转变重点在于将"治理"的观念纳入环境保护中。对船舶海洋环境污染保护从"防止"向"防治"的转变是国际社会和我国对于环境保护理念从与船舶相关的私主体预防污染事故的产生并应对污染产生的后果的单向思维和单向规则,向各有关公私部门为了共同的环保目标协调发展的多元化合作的转变。这种转变是基于在公共管理领域"治理"理念的提出。20

世纪90年代,治理的概念在全球范围内兴起。① 全球化发展促使了在环境污染等全球议程相关的跨国问题之间相互依存度的加深,政府和非政府组织开始共同合作以保证共同目标的实现。② 换言之,治理理念在环保领域的应用打破了环保部门思维的局限性和封闭性,是依靠多种手段和多方主体共同作用的结果。环保领域的治理理念有助于调和各方主体的利益使环境保护制度成为动态化和多元化的制度。

（一）以"防止"为核心的海洋环境保护立法宗旨

20世纪90年代之前,国际组织制定的有关船舶海洋环境保护的国际公约在其立法宗旨中大都采用了"防止"一词或者体现了"防止"的精神(见表4-2)。

表4-2 相关防止船舶海洋环境污染国际公约中的立法宗旨
（第二次世界大战后至1990年）

序号	公约名称	以"防止"为核心的立法宗旨
1	《1954年国际防止海洋油污染公约》	防止在海上和海岸线引起油污危险的海上事故的严重后果
2	《1969年责任公约》	由于全球海上散装油类运输而出现的污染危险,确信有必要对由于船舶逸出或排放油类造成污染而遭受损害的人给予适当的赔偿
3	《1969年国际干预公海油污事故公约》	使缔约国国民免于遭受海上事故引起的海上和海岸油污危险的严重后果
4	《1971年基金公约》	意识到全球海上散装运输油类所引起的污染危险,确信有必要对由于船舶泄漏或排放油类造成污染而遭受损害的人给予适当的赔偿
5	《1971年布鲁塞尔公约》	海上核材料运输过程中出现的核事故造成核损害时,核装置经营人应对此损害负责

---

① 参见胡笑寒、王从娟:《澳大利亚公立大学内部治理结构研究——基于利益相关者理论》,载《世界教育信息》2019年第10期。

② 参见[美]詹姆斯·N. 罗西瑙(James N. Rosenau)主编:《没有政府的治理:世界政治中的秩序与变革》,张胜军、刘小林等译,江西人民出版社2001年版,第4~5页。

续表

序号	公约名称	以"防止"为核心的立法宗旨
6	《1972年伦敦公约》	各国有必要采取最切实可行的办法防止这类污染,并发展能够减少需处置的有害废物数量的产品和处理办法;确信国际间能够并且必须刻不容缓地采取行动,以控制由于倾倒废物而污染海洋
7	MARPOL73	防止由于违反公约排放有害物质或含有这种物质的废液而污染海洋环境
8	《1989年国际救助公约》	有效的救助作业,对处于危险中的船舶和其他财产的安全以及对环境保护能起重大的作用

注:该表为笔者根据IMO、中华人民共和国条约数据库等网站资源整理而成。

上述有关防止船舶造成海洋环境污染的国际公约中,有的国际公约不仅将"防止"一词体现在其立法宗旨中,而且会将其作为公约名称的一部分进行重点强调。在此时期,由于受到几起国际上著名的船舶海上溢油事故的影响,国际社会对于船舶海上油污的预防以及事故发生后的赔偿责任问题十分关注。早期的有关船舶对海洋环境污染的国际公约主要是基于溢油事故而以油污为出发点进行的预先防止,大部分的公约在制定时并没有考虑到渔船。但是一些国际公约为了扩大对于污染损害预先防止原则的适用范围以及从更广的范围保护海洋环境而并没有排除渔船的适用。可以说,正是由于商船的海上事故和溢油事故为国际社会带来的巨大损害后果才促使了国际社会开始思考如何预防和防止船舶对海洋环境的污染。而防止船舶污染的对象也逐渐延伸到除油污之外的其他非油类污染物质。

(二)以"防治"为核心的海洋环境保护合作理念的影响

OPRC首次对各国信息交换、共同研究和开发进行了规定,而且该公约将合作的主体扩大到了除船舶产业发达的国家之外的发展中国家尤其是小岛屿国家。该公约的制定是IMO转换环保思路的重要标志(见表4-3)。

表4-3 相关船舶海洋污染防治国际公约中的立法宗旨(1990年至今)

序号	公约名称	以"防治"为核心的立法宗旨
1	OPRC	通过国际支援和合作共同加强油污的防治工作,通过各国交换对油污事故的反应和应急计划等资料、报告来共同研究和开发油污的防治措施
2	HNS1996	有毒有害物质的海上运输所致损害经济后果由航运界和有关货方共同承担
3	《燃油公约》	确保能对由海洋环境污染所导致的所有损害进行及时和充足的赔偿,各缔约国应该在相关国际法规则的进一步发展中进行合作
4	2001年AFS	为了减少或消除防污底系统对于海洋环境和人类健康的不利影响
5	2004年《国际压载水公约》	通过船舶压载水和沉积物控制和管理来防止、尽量减少和最终消除有害水生物和病原体的转移
6	《2009年香港国际安全与环境无害化拆船公约》(未生效)	有效解决与拆船有关的环境、职业健康和安全风险,并同时考虑到海上运输的特殊性以及需要保证营运寿命已终止的船舶顺利退役

注:该表为笔者根据 IMO、中华人民共和国条约数据库等网站资源整理而成。

20世纪90年代之后国际社会制定的国际公约,扩大了可被规范的海洋污染物质的范围并针对船舶本身的特性进行了区别于其他污染损害行为的立法。因此,一些之前并没有参加到海洋环境保护中来的国家和主体被纳入公约范围中,进而通过公约中对于相关主体权利、义务和责任的规定为全球海洋环境保护在船舶污染防治方面提供了共同努力的机制。

一方面,污染物的范围从较为单一的油污向污染物的多样化转变。在20世纪90年代之前,国际社会由于商船溢油事故的惨痛教训而特别关注以船舶用油和作为运输对象的油料物资为污染物的立法规范。随着国际航运业的不断发展,一些非油类物资也作为运输对象通过海运进行转移,例如有毒有害物质和危险废弃物。相对于有毒有害物质和危险废弃物而言,油类无论是作为船舶动力原料还是运输对象都较为单一,远没有有毒有害物质和危险废弃物包含的污染物种类范围广。显然,国际社会已经意识到了船舶所引发海洋环境污染的主要源头已不仅是油类物资,多样化的污染物也成为国际公约规范的主要对象。

另一方面,在各方协调发展的治理理念下,更多的利益相关方参与到海洋环境保护机制中来。首先,国际公约对海洋环境的保护使更多的国家和主体认识到船舶污染的防治已经不仅是船东或者船籍国的责任,其他的主体也需要承担实施预防污染措施的义务和可能承担相关的赔偿责任。例如,HNS1996 中对"人"的规定是指"任何个人或合伙人或任何公共或私人机构,不论是否为法人,包括国家或其任何组成部门"[①]。其次,国际公约立法宗旨中也体现出与非航运国家以及小岛屿国家合作的需要。例如,OPRC 在其立法目的部分明确提及了发展中国家和小岛屿国家的需要。该公约将非航运的发展中国家和小岛屿国家的需求一并纳入全球国际合作和区域合作的机制中。这种做法的目的在于平衡发达国家和发展中国家、航运国家和非航运国家、大陆国家和岛屿国家之间在海洋权益上的利益,从而更有利于国际公约和有关政策制定的合理性并可以扩大公约的适用范围和提高有效执行的程度,进而有利于在全球范围内对于船舶海洋环境保护开展下一步合作。

船舶环境污染的治理理念从海洋环境保护领域开始向大气环境保护领域拓展。由于人类对于船舶大气污染排放的控制晚于对船舶污染海洋环境的控制,因此,在国际环保领域已经普遍采用防治理念将预防与治理结合之后,船舶的大气污染防治措施便与国际环保理念紧密结合,即船舶的大气污染防治规则自创设之初便体现出了环境治理的理念。因此,治理理念的转变在船舶的海洋环境保护领域体现明显,而船舶的大气环境保护中则直接体现出了这一理念。

---

① HNS1996 第 1.2 条。

二、船舶大气污染防治原则由差别待遇向同等责任转变的影响

早在1827年,傅里叶便阐述了大气和全球气温变化的关联。[①] 1896年阿伦尼乌斯(Arrhenius)进一步解释了大气二氧化碳容量增加与地球温度上升的关联。[②] 工业革命以来,人类对化石燃料的大量使用加剧了温室气体的排放。因此,减排便成了全球各国共同的使命和任务。交通运输中对于化石燃料的大量使用促使各国对运输行业的温室气体排放进行控制。而海运中的碳排放控制便是其中一个重要组成部分。根据WTO的统计,世界上90%的国际货物是海上运输,海上运输是目前为止对碳排放最节省的运输方式,而航运运输的碳排放量最高,铁路和公路运输的碳排放量介于海运和空运之间。[③] 虽然海上运输是几种交通运输方式中碳排放量最少的一种,但是其运量和需求庞大。而燃油占船舶营运成本的50%以上,为了降低营运成本,世界上大多数船东使用降解残渣燃料油,这些降解的燃料会产生大量黑烟、颗粒物以及氮氧化物、硫氧化物、一氧化碳和二氧化碳等污染物。[④] 为此,IMO专门制定了针对海运减排的MARPOL附件六以应对海上运输带来的大气污染。因此,以MARPOL附件六生效为分界线,船舶大气污染防治原则从采取一般国际环境法中的差别待遇原则向船舶污染防治的同等责任原则转变。

(一)MARPOL附件六生效前船舶大气污染防治的差别待遇原则

对船舶温室气体排放的治理是全球大气污染防治工作中的一个重

[①] 参见王燕、张磊:《碳排放交易法律保障机制的本土化研究》,法律出版社2016年版,第7页。

[②] See C. L. Spash, *Greenhouse Economics: Values and Ethics*, Routledge, 2002, p. 11. 转引自王燕、张磊:《碳排放交易法律保障机制的本土化研究》,法律出版社2016年版,第7页。

[③] See Pascal Lamy, *A Consensual International Accord on Climate Change Is Needed*, WTO (May 29, 2008), https://www.wto.org/english/news_e/sppl_e/sppl91_e.htm.

[④] See Md. Saiful Karim & Shawkat Alam, *Climate Change and Reduction of Emissions of Greenhouse Gases from Ships: An Appraisal*, Asian Journal of International Law 1, No. 1, p. 131 – 132(2011).

要组成部分。国际环境法中对于大气污染的一般要求和原则同样对船舶的大气污染防治起到规范作用。这一点主要体现在一般大气污染防治中的差别待遇原则上。

国际法上的差别待遇一般是指在尊重国家主权原则的基础上,考虑国家之间存在的广泛而深刻的差异,针对不同国家设定有区别的权力和义务,以便使处于不利地位的国家获得一定优待,从而使各国都愿意参加统一国际合作安排的创建。[①] 在环境保护问题上,其共益性的本质使环境法治建设需要在制度设计上尽量确保每个国家的参与,而发达国家和发展中国家在经济、政治等方面差异明显,使环境保护合作从一开始便存在合作上的本质差异。为了促进全球环境合作,国际环境法从一开始就努力融入有利于发展中国家的安排,进而体现出了制度上的差别待遇。[②] 1972年的联合国人类环境会议的宣言(《斯德哥尔摩宣言》)是国际社会对国际环境保护法治建设中差别待遇形成的开始,1992年联合国环境与发展会议上通过了气候变化框架公约(《里约环境与发展宣言》),该宣言中确立了"共同但有区别的责任"与"各自的能力原则"。

自此,在国际环境法领域的差别待遇被正式确立,在多边环境公约和协定的制定中也大都体现出了这一原则。与大气环境有关的公约主要包括《保护臭氧层维也纳公约》(1985年)、《关于消耗臭氧层物质蒙特利尔议定书》(1989年)、UNFCCC(1992年)、《京都议定书》(1997年)、《卡塔赫纳生物安全议定书》(2000年)、《斯德哥尔摩公约》(2001年)等。UNFCCC中将"差别待遇"原则作为一项正文条款,一改之前差别待遇在有关国际公约和文件中的"软法"性质。

差别待遇在国际法律文件中体现为核心条款上的区别对待。UNFCCC第3条第1项便规定了各缔约方在公平的基础上,根据共同但有区别的责任和各自的能力进行气候保护,而发达国家缔约方应率先应

[①] 参见李春林:《国际环境法中的差别待遇研究》,中国法制出版社2013年版,第17页。
[②] 参见李春林:《国际环境法中的差别待遇研究》,中国法制出版社2013年版,第57页。

对气候变化及其带来的不利影响。UNFCCC 在对缔约方要求的减排义务中,对发达国家和发展中国家设定不同的减排指标。《京都议定书》是对 UNFCCC 中的减排义务和减排责任进行的进一步强制性规定并进一步解释了 UNFCCC 中"共同但有区别的责任"以及通过附件 B 明确了发达国家的排放量限制或削减承诺。①《京都议定书》对于发展中国家的要求只是承诺"考虑"作出减排,对发达国家则要求其共同确保人为排放量不超过所分配数量。有关减排的国际公约在差别待遇基础上为发展中国家变相地赋予了"宽限期",使发展中国家得以不必如同发达国家一般承担具有拘束力的减排义务。②

2012 年召开的 UNFCCC 第 18 次缔约方会议和《京都议定书》第 8 次缔约方会议上,各方就《京都议定书》第二承诺期达成了"一揽子承诺",但美国和加拿大仍然游离于《京都议定书》之外,日本、俄罗斯、新西兰等国家没有加入第二承诺期。③ 2017 年,美国时任总统特朗普宣布美国退出《巴黎协定》,④而在 2021 年 1 月 20 日,美国时任总统拜登又重新宣布加入《巴黎协定》。⑤ 从上述国家的表现来看,京都体制中的差别待遇原则已经在发达国家和发展中国家之间产生了分歧,该体制下各国减排工作的执行效果也会受到影响。

此外,2021 年 11 月 10 日,中国和美国在格拉斯哥联合国气候变化

---

① See Kyoto Protocol to the United Nations Framework Convention on Climate Change, UN, Dec. 10, 1997.

② 参见李春林:《国际环境法中的差别待遇研究》,中国法制出版社 2013 年版,第 199 页。

③ 参见张梦旭:《多哈气候大会达成一揽子协议》,载人民网,http://world.people.com.cn/n/2012/1210/c1002-19839662.html。

④ See Joel Jaeger, Tom Cyrs & Kevin Kennedy, *As Trump Steps Away from Paris Climate Agreement, U. S. States, Cities and Businesses Step Up*, World Resources Institute (Oct. 23, 2019), https://www.wri.org/insights/trump-steps-away-paris-climate-agreement-us-states-cities-and-businesses-step.

⑤ See Nathan Rott, *Biden Moves To Have U. S. Rejoin Climate Accord*, NPR News, NPR (Jan. 20, 2021), https://www.npr.org/sections/inauguration-day-live-updates/2021/01/20/958923821/biden-moves-to-have-u-s-rejoin-climate-accord.

大会期间发布了《中美关于在21世纪20年代强化气候行动的格拉斯哥联合宣言》,两国在减少温室气体排放、清洁能源转型、推动终端用户行业脱碳、减少和控制甲烷排放、消除全球非法毁林等方面加强合作和作出承诺。① 2021年11月13日,UNFCCC第26次缔约方大会上,各领导人签署了《格拉斯哥气候公约》。② 该公约进一步强调了在2030年全球温室气体排放减少45%以及构建全球碳市场框架等内容的共识并将各国削减温室气体二氧化碳排放的时间从2025年提前到2022年。③ 中美之间的合作为气候变化领域的多边合作提供了可能,而《格拉斯哥气候公约》的达成将对发展中国家和发达国家在《巴黎协定》下的减排工作产生积极影响。但由于其并未生效,发展中国家和发达国家在《格拉斯哥气候公约》下的差别还未于实践中显现,因此,各国在气候变化的合作以及由此产生的对包括渔船在内的船舶气体减排工作的影响仍有待观察。

(二)MARPOL附件六生效后船舶大气污染防治同等责任原则的影响

环境差别待遇既缓解了国家间相互依存的生态法则与国家间相互分离的现实法则之间的紧张,又为各国从不同的物质平台进入同一制度搭建了桥梁。④ 船舶的大气污染防治作为国际气候治理的一部分,理应与气候治理的原则保持一致,但实际上,海运减排中有着不同于差别待遇的责任制度。根据《京都议定书》中包含的国际航空和航运温室气体减排条款,IMO作为航运的特别组织积极开展提高船舶能效和减轻国

---

① 参见《中美关于在21世纪20年代强化气候行动的格拉斯哥联合宣言》,载中华人民共和国中央人民政府网,http://www.gov.cn/xinwen/2021-11/11/content_5650318.htm。
② See UNFCCC, *COP26 Reaches Consensus on Key Actions to Address Climate Change*, UNFCCC (Nov. 13, 2021), https://unfccc.int/news/cop26-reaches-consensus-on-key-actions-to-address-climate-change.
③ See UNFCCC, *Glasgow Climate Pact*, UNFCCC (Nov. 12, 2021), https://unfccc.int/documents/310475.
④ 参见李春林:《国际环境法中的差别待遇研究》,中国法制出版社2013年版,第76页。

际航运温室气体排放工作。① 此后,IMO 便开始将国际海运减排作为一项重要议程在 MEPC 进行讨论。根据 IMO 大会决议的要求,IMO 秘书处根据"国际航空和海上运输所用燃料的排放"议程向 UNFCCC 报告并参与联合国系统的相关活动。② 1997 年,IMO 通过了 MARPOL 的附件六,也通过了关于船舶二氧化碳排放的第 8 号决议,该决议中邀请 MEPC 根据二氧化碳与其他大气、海洋污染物之间的关系考虑可行的二氧化碳减排策略。③ 2003 年 12 月,IMO 通过了与减少船舶温室气体排放相关的政策和做法的 A.963(23)决议,敦促 MEPC 发展限制或减少国际航运温室气体排放机制。

  以 MARPOL 为核心的 IMO 温室气体减排立法,作为全球气候治理的一部分,并没有将国际环境法中的差别待遇原则作为其立法原则。这主要体现在 MARPOL 及其附件都是将"船舶"作为承担责任的主体,所有符合公约条件的船舶都将同等地承担公约下的责任和义务。一方面,公约和附件都没有区分发达国家和发展中国家,而是将 IMO 所有缔约方一视同仁,承担同等的减排义务。发展中国家发展航运起步较晚,航运规模和航运水平与发达国家都存有一定的差距。国际航运界目前在许多制度建设领域都是源于英国等西方国家的传统制度。因此,发达国家和发展中国家采取同等的责任和义务承担原则,将给本来就处于发展阶段且有待完善的发展中国家的航运业造成巨大影响。另一方面,对于商船和渔船采用同等的排放标准和减排义务。MARPOL 对公约中"船舶"的定义非常广泛,是指"在海洋环境中运行的任何类型的船舶,包括水翼船、气垫船、潜水船、浮动船艇和固定或浮动的工作平台",④ 其附件六对"船舶"的规定如前文所述除部分条款另有规定外适

---

① 《京都议定书》第 2 条第 2 款。
② See IMO, *IMO and the UNFCCC Policy Framework*, IMO(Jun. 24,2021), https://www.imo.org/en/OurWork/Environment/Pages/Historic%20Background%20GHG.aspx.
③ See IMO, *IMO Begins Work on GHG Emissions*, IMO(Jun. 24,2021), https://www.imo.org/en/OurWork/Environment/Pages/Historic%20Background%20GHG.aspx.
④ MARPOL 第 2.4 条。

用于所有船舶。① 从 MARPOL 及其附件六的文字表述来看,渔船是应当按照公约的规定履行减排义务的。UNFCCC 和《京都议定书》中对发达国家和发展中国家的差别原则与 IMO 的同等原则相互矛盾以及有关国家对适用的不同解释阻碍了商船温室气体减排制度的发展。② 而渔船相较于商船,从船舶的体量、吨位、航行区域、航行时间都存在较大不同,因此,对二者采用相同的减排标准将不利于渔船的远洋活动。

第四节　中国渔船海洋和大气环境污染防治法律制度的相关问题

渔船有关环境污染防治适用法律的问题主要体现在两方面,一是环境立法中的一些内容尚有待完善,二是渔船可以适用的国际公约缺少完善的配套国内立法。

一、渔船海洋环境污染防治法律制度需要完善的问题

渔船海洋环境污染法律制度的完善主要在于要重视渔船对海洋水体的污染以及在海上活动中对环境的救助和环境救助格式条款的适用问题。

(一) 国际公约与相关国内法律规范的衔接适用问题

渔船与商船不同,并不需要将油类或有毒有害物品等会对海洋环境造成损害的物资作为运输对象。因此,渔船在海洋环境保护方面的问题更多体现在以下两方面:一是建立于商船领域但没有排除渔船适用的国际公约的履约效果问题,二是由于对渔船海上航行特质的忽视所导致的相关国内法配套不够完善的问题。除以油类和有毒有害物质作为规范

---

① MARPOL 附件六第 1 条。
② See Derya Aydin Okur, *The Challenge of Regulating Greenhouse Gas Emissions from International Shipping and the Complicated Principle of Common but Differentiated Responsibilities*, Dokuz Eylul Universitesi Hukuk Fakultesi Dergisi 13, No. 1, p. 28 (2011).

对象的污染防治公约之外，对于船舶燃油、船舶生活污水、船舶垃圾、有害防污底和压载水等可能对海洋环境造成损害的物质为规范对象的国际公约在国内法层面上并没有形成有关渔船海洋污染防治的部委规章之上的法律文件。

首先，交通运输部在其制定的相关海洋环境防治规定中排除了对渔船的适用，例如，《船舶及其有关作业活动污染海洋环境防治管理规定》在其附则第 62 条排除了国务院交通运输主管部门所辖港区水域外渔业船舶的海洋污染防治工作的适用，而该规定将船舶作业活动的范围规定得较广，几乎可以涵盖商船参加的海洋环境污染防治公约中规定的相关方面，因此，商船以国务院制定的行政法规的立法位阶实现了在《海商法》《环境保护法》《海洋环境保护法》等法律位阶之下的进一步补充。相比于商船，渔船在各法律位阶上的立法不够完善。

其次，渔船的主管部门并没有对渔船向海洋中的排放行为制定相关部委规章之上的防治规范，对渔船的海洋环境污染防治主要体现在渔船检验工作中。目前，包含渔船海洋环境污染防治的船舶检验规则主要有《渔业船舶检验条例》和《渔业船舶法定检验规则》。这些规则主要是从船舶检验的角度对渔船在航行和作业中的污染进行防治。例如，《渔业船舶检验条例》是国务院依照《渔业法》制定和颁布的规范渔业船舶检验、保证渔业船舶具备安全航行和作业条件以及防治环境污染的行政法规，而《渔业船舶法定检验规则》是具有强制力的行业规则，从内容上看主要是通过初检、年检和定期检查等来保证渔船在航行和作业中符合防止污染环境的重要设备、部件和材料的技术状态等要求，从而对渔船作出适航、合格等判定。

无论是商船还是渔船，国际公约在国内的适用一般有两条途径：一是直接适用，二是转化为国内法的间接适用。[①] 无论是哪种途径都需要

[①] 参见张普:《国际民商事条约在我国法院的可适用性及其适用模式》，载《河南财经政法大学学报》2022 年第 1 期。

相关的国内法予以细则上的衔接。这是由于作为规范各国权利和义务的立法文件，国际公约在立法中不能事无巨细地考虑每个国家的实施效果，因此，有关公约或国际规则的参加国(方)需要在公约制定的大规则下在其国内法中制定相应的符合其国情的规定以更好地履行国际公约的义务和责任。而渔船在这方面的立法欠缺一方面表现出了目前国际公约在立法上虽然没有排除渔船的适用，但其立法的实施主体仍然是商船的事实；另一方面也凸显出无论是国际社会还是我国国内都没有认识到渔船随着航行能力的发展可以适用商船规则以及在国内法中还没有相应规则衔接。因此，渔船适用商船规则的实效以及有关国际规则在国内法中的衔接问题是目前我国渔船产业发展亟须解决的一个适用法律问题。

(二)环境救助格式条款的引入和适用问题

环境救助格式条款在渔船中如何应用的问题，主要体现在对SCOPIC的适用。如前文所述，为了更好地实现《1989年国际救助公约》中对于环境救助的要求，P&I Club制定了SCOPIC。SCOPIC针对的是民间船舶之间的救助行为。我国管辖海域内发生的海上救助行为主要体现为海事部门的搜救以及船舶之间的互救。船舶对海洋环境的救助是体现在海上救助活动中的，国际公约以及《海商法》对于救助环境的规定并不是要求船舶只救助环境，而是在救助财产的同时能够减少或者防止船舶海上事故对海洋环境的影响。因此，无论是在海事部门搜救还是在船舶之间互助救助，渔船海上救助中对于海洋环境污染的控制都需要依靠对事故的救助活动。

首先，理论上，SCOPIC虽然基于商船体系建立，但其并没有排除对渔船的适用，船舶对于渔船的互救行为可以适用SCOPIC。SCOPIC与本书第三章所述的LOF一样，都是海难救助的行业格式合同文本。二者的区别在于，LOF是海难救助合同的标准格式，SCOPIC则是针对"特别补偿条款"制定的标准合同条款。SCOPIC在《1989年国际救助公约》第14条对环境救助报酬的特别补偿规定的基础上，设定了固定费率作为计算救助方对环境救助报酬的计算方式。在进行海难救助活动时,双方当事人可以选择将 SCOPIC 是否并入 LOF 中,如果选择并入将按照 SCOPIC 对环境救助的报酬进行计算和赔偿。SCOPIC 最新的版本是 2020 年的修订版,该版本并没有从适用的船舶范围上进行特别说明而是一直秉持了 SCOPIC 自创设以来的一贯做法,即 SCOPIC 作为 LOF 的一个可并入条款存在。① 选择适用该并入条款的 LOF 当事人受到该合同其他条款的约束,而 SCOPIC 的适用也自然与 LOF 的适用条件保持一致。LOF 并不排斥对于渔船救助活动中双方当事人的选择适用,因此,SCOPIC 从理论上是可以在渔船海上救助中适用的。

其次,实践中,渔船的互救行为受到很多因素限制且我国管辖水域中的渔船救助一般以海事部门的搜救工作为主,对 SCOPIC 的选择适用具有实践上的困难。在船舶之间的互助救助行为中救助渔船的救助成本、救助难度和救助报酬取得难易程度等现实问题会使路过船舶面临对财产和环境"救与不救"的选择难题。上述困难在第二章第三节对于渔船适用有关海难救助标准合同的实践问题中已作阐述,在此不再赘述。只有救助方在作出"救"的选择时,才可能涉及双方当事人协商选择适用 SCOPIC 以实现对救助报酬的约定。但是这种选择往往是基于救助方的"自愿"而不是来自主管当局的要求。在对渔船的救助活动中,除救助方的自愿选择之外还有两种主要的救助模式。第一,通过海上救助主管机构开展的救助工作。作为交通运输部海事局主管的全国海上搜救机构,中国海上搜救中心的职责之一便是协调组织我国的海上搜救工作和加强应对海上突发事件的能力。② 随着渔船作业从近海向远洋进发,海上搜救中心的救助飞机和船舶无法及时抵达救助地点的风险增大。海上搜救机构在无法及时前往搜救援助时往往会利用北斗卫星等

---

① Lloyd's. SCOPIC 2020 Art. 2.
② 参见《国家海上搜救应急预案》,载中华人民共和国中央人民政府网,http://www.gov.cn/zhuanti/2006-01/23/content_2615966.htm。

通信手段联系附近船舶开展施救。第二,一些社会志愿组织也组织了救援队伍针对我国近海的相关海域开展救助工作。但上述的这两种救助体现出了主管当局行使权力的延伸以及公益救助的性质,并不符合 SCOPIC 条款适用的条件。

二、渔船大气环境污染防治法律制度需要完善的问题

渔船的大气环境污染防治法律制度的问题在于是否需要遵循国际船舶减排的同等责任原则以及如何完善国内法中的法律层级结构和相关内容。

(一)渔船国际减排是否需要遵循同等责任原则

渔船在国际减排方面是否需要遵循同等责任原则整体上包含在船舶是否应当在国际减排上承担同等责任问题之中。正如前文所言,在国际大气环境污染防治中,一系列国际大气污染防治的一般性公约中都秉持了"共同但有区别的责任"原则,但在船舶大气污染防治中,IMO 却采取了"同等责任原则"。这也是发达国家和发展中国家在船舶大气污染防治领域中存在争议和博弈的重点问题。这一问题主要体现在以下两点:一是发达国家和发展中国家基于不同的利益而主张的诉求不同;二是船舶污染排放防治监管受"方便旗船"的限制。

首先,发达国家和发展中国家具有不同的利益主张并由此产生博弈。在国际大气环境保护中,形成了以欧盟、美国和中国为代表的发达国家和发展中国家的不同主张。其中,欧盟主张不论发达国家或者是发展中国家都统一采用"同等责任"原则;[①]美国作为发达国家则主张"有条件责任"原则,即新型的经济体国家(如中国)需要与发达国家一样作出减排承诺;[②]中国作为发展中国家的代表认为海运作为国际大气减排

[①] 参见肖洋:《国际海运减排博弈及中国面临的"碳陷阱"》,载《现代国际关系》2013 年第 6 期。

[②] 参见肖洋:《国际海运减排博弈及中国面临的"碳陷阱"》,载《现代国际关系》2013 年第 6 期。

工作中的一部分,应当以《京都议定书》框架下的"共同但有区别的责任"作为制定规则的法理基础,尤其是 IMO 在制定有关船舶减排措施时不应当违背联合国在气候变化中创设的总体原则。[1] 欧盟在 IMO 制定国际航行船舶温室气体减排中推动了 IMO 在《京都议定书》"共同但有区别责任"之外创设"强制、平等的适用于所有船旗国"条款。[2] IMO 的 MEPC 在第 59 次会议上通过了 EEDI 和 SEEMP 等技术和监管措施,这些措施与 MARPOL 附件六一样同等地适用于所有的成员方。虽然 IMO 对船舶的温室气体减排取得了一定的成果,但有关减排措施在发达国家和发展中国家都颇有微词,以美国为代表的发达国家认为船舶减排要依靠技术促使和营运措施,而发展中国家则认为需要首先解决技术、资金援助和能力建设等问题。[3] 以欧盟和美国为代表的发达国家由于船舶产业发展较早,目前有关船舶建造和船舶监管的制度和水平已经较为成熟,而与之相对的是以中国为代表的发展中国家,相关产业的建立和制度的建设还有待完善。而中国目前大力发展航运和远洋渔业,如果严格按照 IMO 制定的标准实施于所有船舶,必然会引起一大批船舶的改造与淘汰。而且,船舶的改造和淘汰再造必然会造成金钱与时间的消耗,不利于我国海运业和远洋渔业的发展和竞争力的提升。

其次,船舶"方便旗"现象使其不利于在"共同但有区别"责任下实施有效监管。一方面,方便旗国对于方便旗船的监控力度不大,公约中减排措施的效果无法充分实施。本书在第三章中有关船舶物权的论述中已经提及船舶登记的相关内容。船舶国内航行和国际航行的流动性决定了船舶动态监管的特性。船舶建造完成之后,必须进行登记才可以

---

[1] 参见肖洋:《国际海运减排博弈及中国面临的"碳陷阱"》,载《现代国际关系》2013 年第 6 期。
[2] 参见肖洋:《国际海运减排博弈及中国面临的"碳陷阱"》,载《现代国际关系》2013 年第 6 期。
[3] See Yubing Shi & Warwick Gullett, *International Regulation on Low-Carbon Shipping for Climate Change Mitigation: Development, Challenges and Prospects*, Ocean Development and International Law, Vol. 49:2, p.140(2018).

营运和航行,而对其具有监管权利的国家为其"船籍国"。但各国由于发展航运和船舶产业的需求不同,各国对于船舶申请登记条件的严格程度也各不相同。例如,根据联合国贸易和发展会议的统计,巴拿马是船东选择方便旗船登记频率最高的国家。① 方便旗国采用"开放登记制度"的登记注册方式,对登记限制的条件少、费用和税收较低,有利于船东降低营运成本。方便旗船的弊端在于由于方便旗国对船员的雇佣不加限制、对船舶的营运不加干涉、对船舶税收和相关费用收取不高等因素使船旗国对于船舶的控制力不强,而方便旗国的疏于监管使船舶大气污染减排的相关措施不能得到充分执行。另一方面,方便旗国会成为发达国家船东逃避国际减排义务的避风港。② 以巴拿马为代表的方便旗国都是发展中国家,如果船舶减排采取了"共同但有区别"的责任,发达国家的船东完全可以通过在方便旗国进行船舶登记而使其船舶成为悬挂有发展中国家旗帜的船舶而免于实施严格的排放标准和减排措施。方便旗国将成为"共同但有区别"责任下发达国家的避风港。

(二) 国内渔船大气污染防治法律制度不完善

国内渔船的大气污染防治主要依托大气污染防治的有关规定,而我国的大部分船舶大气污染防治法律规范在很多情况下都不能适用于渔船。但一些国际公约却并没有排除对于渔船的适用。国内立法影响了渔船大气污染防治的国际公约履行能力。同时,渔船大气污染防治法律制度的不够完善也多少影响了国内海事和渔业部门对渔船的有效监管。

1. 船舶大气污染防治的国内法法律位阶较低和立法尚不完善

目前我国国内专门针对船舶的大气污染防治立法在法律位阶层面主要体现在《环境保护法》和《大气污染防治法》中对于船舶大气污染排放控制的总体性规定上。而对于在法律位阶之下的其他法律规范,主要

---

① Review of Maritime Transport 2011 (UNCATD/RMT/2011), UNCAD, 2011, p. 47.
② See Md. Saiful Karim & Shawkat Alam, *Climate Change and Reduction of Emissions of Greenhouse Gases from Ships: An Appraisal*, Asian Journal of International Law 1, No. 1 p. 138 (2011).

是交通运输部为了履行 MARPOL 附件六的要求而制定的有关减排的实施细则。除交通运输部制定的实施细则之外中国船级社也对 MARPOL 附件六中有关能效设计进行了指南性的规范。渔船作为船舶减排的一个方面,在受到大气污染防治的一般性法律约束的同时必然会受到对船舶大气污染防治专门立法的约束(除一些规则明确排除对渔船适用之外)。但是从国内对船舶大气污染防治的法律规范文件的法律位阶上看,主要的问题有两个方面:一是现有的法律规范文件位阶过低;二是存在针对船舶大气污染防治的立法空白。

首先,目前国内针对船舶减排所制定的特别法律规范位阶较低。对于船舶减排而言,无论其是否适用于渔船,对船舶减排的特别立法从总体上来说主要包括了交通运输部和中国船东协会制定的相关规范。根据《立法法》中的规定,全国人大、全国人大常委会、国务院和有关部委分别可以制定法律、行政法规和规章。[1] 而目前国内对于船舶大气污染防治的特别规定并不在这些法律位阶之中,交通运输部和中国船级社制定的实施细则和指南性规范只能作为规范性文件对可以适用的船舶类型具有一定拘束力。换言之,这些船舶减排的规定虽然是我国船舶减排法律体系中的重要组成部分,但是法律位阶较低便意味着一旦有与其规定不同的上位法出现,这些规定的约束力都将让位于上位法。而上位法的层级越高其规定的内容将更为宏观,有可能其规定的原则性或者框架性规定与现行的低位阶规范相冲突,而目前低位阶的规范已经被相关行业实施。

其次,在我国现有的法律体系下,有关船舶大气污染防治的法律规范存在立法上的不完善。有关船舶减排的相关规定,无论是由交通运输部制定的实施细则还是由中国船级社制定的指南性规范,都不属于我国《立法法》中规定的行政规章位阶之上的法律规范。虽然目前《环境保护法》和《大气污染防治法》中对船舶减排都有所提及,但船舶本身在法

---

[1] 《立法法》第 10 条、第 72 条、第 91 条。

律位阶上还没有制定相关立法。而法律位阶之下,在船舶减排的具有约束性的规范文件中,便是交通运输部制定的实施细则和中国船级社制定的指南性规范。一方面,从《立法法》中明确的主要立法层级来看,尚无国务院制定的行政法规和由相关部门制定的部门规章。另一方面,在内容上,商船和渔船在大气环境污染防治中的相关制度从国际上和国内上仍需高位阶立法的衔接。如果低位阶的规范性文件与其他相关领域的高位阶立法发生冲突,低位阶的立法将无条件地受到《立法法》中有关适用法律规则的影响而无法适用。但其他领域的更高位阶法律的制定可能并不是针对船舶或者渔船本身,这样的非针对性的高位阶立法能否促使船舶和渔船适用法律的更好发展有待商榷。

2. 尚无对渔船大气污染防治的特别法律规范

首先,渔船或船舶的大气污染防治缺少专门立法。与商船一样,渔船能够适用的法律位阶的规范是《环境保护法》和《大气污染防治法》。我国从法律这一位阶便没有针对船舶这一种类作出特别的规定,因此,依托船舶立法的渔船也自然不具有法律位阶的立法。

其次,法律位阶之下的立法文件的缺失。其具体表现在两个方面,一是船舶大气污染防治法律位阶之下的立法规范不够完善影响了渔船在该领域的立法;二是渔业监管部门还没有针对渔船作出有关大气污染防治的相关规定。与商船不同,除交通运输部所制定的一些不排除渔船适用的法律规范之外,渔船还受到渔业部门的监管。负责监管渔船的部门主要有农业农村部以及其所属的渔业渔政管理部门。但目前渔业部门所制定的关于渔船的规范文件主要体现在寻求渔船捕捞活动的经济价值和海洋生物资源可持续发展之间的平衡上,其关注的焦点更多地在于捕捞活动对于渔业经济的促进。因此,依托商船法律体系的法律制度的有待完善以及有关渔业部门立法关注焦点的不同,使渔船大气污染防治的特别立法游离于商船法律体系和渔业法律体系之外。

本 章 小 结

　　船舶对于环境的污染防治主要体现在海洋环境污染和大气环境污染两方面。从法律规范的创设来看,二者的差距明显。船舶在海洋环境污染上的防治立法较大气环境防治立法而言相对完善和具有针对性。国际社会和各国对船舶大气污染防治工作的认识相较于对船舶的海洋环境污染防治工作的认识也较晚。渔船对海洋环境和大气环境的污染防治的作用还没有引起足够的重视。目前,我国渔船可以适用的环境污染防治法律规范都是以商船或者船舶整体为规范对象的,我国渔船的环境污染防治法律制度中的主要问题在于渔船可以适用的环境污染防治法律规范较少,国际公约和我国国内法对船舶环境污染防治的立法有待完善以及渔船可以适用的国际公约和国内法衔接度还不够等。

　　首先,在船舶海洋环境污染防治的适用法律上,商船和渔船的差异性明显。国际社会对于船舶海洋环境污染防治立法始于20世纪的几次重大海上油污事故。因此,从立法背景上来看,有关船舶对海洋环境污染防治的国际公约是基于商船活动而创设的。但是随着人类对于海洋认识的加深和国际航运的发展,一些防治船舶污染海洋环境的国际公约开始扩大其适用的船舶范围,旨在将更多的船舶作为公约规范的对象纳入海洋环境保护的法律机制中。在这些公约中,许多公约都没有将渔船作为不能适用的对象进行排除,这为渔船在该公约下的适用提供了可能性。换言之,只要符合公约中对可适用船舶范围的规定,渔船便可以适用这些公约。在国内法中,《海商法》并没有针对环境保护的专门规定,而在其他的法律规范文件中,对商船和渔船的法律规制差异性较大。一些可以适用渔船的国际公约并没有能与之衔接的国内法律规范。

　　其次,在船舶大气环境污染防治的适用法律上,国际公约和国内法中专门针对船舶进行大气污染防治的立法比较少。在国际公约中,专门针对船舶大气污染的国际公约是 MARPOL 附件六。该公约没有排除渔船的适用,但是商船和渔船在该公约下适用法律的最大差异就在于公约的实践效果不同。交通运输部、海事部门和渔业部门给予该公约重视有限导致国内法律规范的立法和修法对渔船的考量还不够充分。换言之,国内法中有关船舶的大气污染防治法律体系并不十分完善,有关渔船的规定则更是有待完善。除此之外,在船舶大气污染防治适用法律中的一个比较突出的问题是发展中国家与发达国家、船舶(包括渔船)是否需要遵循减排的同等责任原则。根据《京都议定书》,全球大气减排的总体原则是"共同但有区别的责任",但 IMO 却违反了这一原则直接将其有关大气减排的措施同等地适用于各方主体。IMO 的这一强制性适用规则将给我国的远洋渔业发展带来不利的影响。

第五章 中国渔船法律制度完善的实施路径

中国渔船法律制度的完善涉及渔业法、海商法和环境法等相关法律部门。面对中国渔船法律制度中存在的主要问题，我国渔船法律制度的完善将在整体制度完善设计的引领下，打破法律部门之间的固有界限，客观合理地选取解决方案。对于我国国内法而言，其完善路径主要表现为对法律规范内容和法律制度结构两方面予以完善。在国际公约和国际事务方面，中国渔船法律制度的完善则表现为中国对国际渔业、海事和环境事务的积极参与，以及在相关国际规则的制定和完善中表达出的中国态度，并对我国是否加入一些国际公约持有的谨慎态度。

第一节 中国渔船法律制度完善的设计理念和路径

渔船海洋捕捞的可持续发展需要完善的法律制度作为保障。法律制度的整体设计理念决定了自上而下的各法律位阶立法在法律层级、要素和相关内容的统筹规划，其目的是使法律制度的构建从系统上更能有效地集中有效资源,能够高效快捷地实现立法目的。相关法律规则组成一个内容完整、前后一致、结构合理、逻辑严密的有机整体,而在这个有机整体中,相关的法律规则要符合贯穿始终的价值要求。[1] 这个贯穿始终的价值要求就是法律制度整体设计思路的体现。中国渔船法律制度的完善将从结构上和内容上展开:一方面可以通过立法使法律层级更完整;另一方面可以通过修法将商船法律制度中可以适用于渔船的原则、要素和相关内容补充进合适的法律制度中。

一、中国渔船法律制度完善的设计理念

以渔船为规范对象的法律规范涉及渔业、海商和环境保护等诸多方面。面对渔船在商船法律制度适用中存在的相关问题,中国渔船法律制度的完善首先需要明确采用何种理念予以引领。现行的中国渔船法律制度虽然以渔业法为核心,但渔船在适用商船法律制度中所产生的问题也与海商法和环境法相关。因此,对于中国渔船法律制度中跨法律部门的适用问题,不能仅在单一法律部门中解决。多维度融合、完善理念才能够最大限度地将相关的法律原则和法律规范进行整合。

(一)设计理念中体现横向维度的融合和纵向维度的统一

中国渔船法律制度的顶层设计要考虑到原则和规则之间的内部联系。而渔船法律制度的核心在于平衡好捕捞活动发展、海洋生物资源养护以及船舶航行活动有序开展之间的关系。从港航交通安全、船舶营运和环境保护方面的法律问题出发,在对海洋生物资源养护的大前提下,提高中国渔船港航安全、营运和环境保护等方面的整体保障水平。因此,由于渔船海上捕捞作业的特性,渔船法律制度相较商船法律制度更为复杂。但正如前文所述,渔船和商船在是人类进行海上活动所依赖的主要工具这一特点上是一致的,因此,在求同存异的前提下,相对成熟的商船法律制度将给完善相关渔船法律制度提供有益

---

[1] 参见徐以祥:《论我国环境法律的体系化》,载《现代法学》2019 年第 3 期。

的参考。

1. 横向维度：不同法律部门法律制度理念的融合

横向维度中不同法律部门的法律制度交叉适用和影响主要体现在：一方面，渔船法律制度本身涉及渔业、海商和环境保护的诸多方面，这些涉及不同法益的立法构成了渔船法律制度；另一方面，商船法律制度中的一部分可以适用于渔船，这些规则将成为渔船体现船舶特性的相关法律制度的重要组成部分。这些创设于其他领域的相关法律规则同样构成渔船法律体系的法律基础，进而减少了立法成本。

首先，有关渔船的国际立法分别体现在渔业、海事和环境国际规则中，这些法律规则体现出了对渔船捕捞作业和船舶特性的不同规定。目前，涉及渔船的国际规则主要体现在以联合国、FAO 和 IMO 为代表的国际组织制定的立法中（在本书第一章中有具体的说明，在此不再赘述）。其中，体现船舶特性的渔船海上活动规则大都与商船法律制度中的相关国际规则有关，与渔船捕捞作业相关的规则大都与国际渔业公约有关，而船舶污染防治规则主要与船舶对海洋环境和大气环境的污染防治有关。因而，与渔船相关的这些国际规则是中国渔船法律制度的重要组成部分。

其次，国内法中规范渔船的相关法律规则主要体现在渔业法、海商法和环境法中。在法律位阶的层面上，渔业法部门的《渔业法》、海商法部门的《海商法》《海上交通安全法》和环境法部门的《环境保护法》《海洋环境保护法》《大气污染防治法》等相关法律中都有涉及渔船的部分。相关的行政法规和部门规章等法律规范与上述法律一起在资源的养护、船舶和各方当事人利益保障、改善环境和防治污染等方面进行了规定。而这些内容与渔船捕捞作业、海洋资源保护、港航安全、船舶营运和环境污染防治等方面的立法价值一致。

因此，中国渔船法律制度的完善需要融合各相关部门的法律理念，做到兼容并蓄。中国渔船法律制度涉及不同法律部门的相关法律规范，不同的部门法具有不同的核心价值取向。① 虽然目前不论是有关渔船的国际立法还是国内立法对以渔船为规范对象的法律规则的构建仍有待完善,但这并不意味着这些零散于其他部门法中的相关规则对渔船便不具有借鉴和完善的价值。相反,对中国渔船法律制度的完善,一方面要认识到各相关部门法中法律制度和法律规范的理论和实践价值;另一方面则是要打破固有的法律部门的限制,重视横向维度上的各部门的交集。随着渔船航行水平的提高和捕捞作业范围由近及远的需要,渔船逐渐摆脱了原来最基本的作为温饱的单一性捕捞工具的属性,逐渐向产业型的复合性工具转变。渔船法律制度中也逐渐融入了有关商船法律制度的内容。这些法律部门现有的立法理念能够支撑起渔船法律制度的基本需要。重视这些不同法律部门的立法理念并将其最大可能地融入渔船法律制度是整体制度设计上的重要内容。

2.纵向维度:同一法律部门法律规范完善理念的统一

渔船法律制度的立法理念还表现在同一法律部门中纵向规则完善理念的统一,这也是对现有相关法律制度立法理念的尊重。中国渔船法律制度的完善并不是要改变这些相关法律部门的立法理念,而是要在求同存异的基础上有条件地将渔船适用的相关规则进行完善。这意味着,中国渔船法律制度完善所采取的立法和修法措施要既不超前也不滞后,在重视交叉融合内容的同时也要注意到各法律部门的独特性。

第一,中国渔船法律制度的完善要尊重和维护相关法律部门的独特性。首先,渔业法立法理念在于促进渔业发展和保护生态平衡。国际渔业立法和国内渔业立法由于立法主体的不同在整体理念上略有差别。例如,FAO 重点关注渔业对全球经济增长、脱贫和捕捞生产管制等方面的正面和负面影响,②其立法理念更多地倾向于确保海洋生态资源的可

---

① 参见蒋春华:《部门法本质问题的价值取向分析路径探析——兼论环境法的本质》,载《甘肃政法学院学报》2013 年第 2 期。

② See FAO, *FAO's Role in Fisheries*, FAO(Jul. 19,2021).

持续性,以维持全球生活和生产需求;①而 IMO 的渔业立法理念则更倾向于海上安全保障和环境保护。国内的渔业立法理念主要体现在《渔业法》中,其与 FAO 的立法理念具有一定的相似性,二者都较为关注渔业资源的保护、开发、利用以及保障渔业生产者的合法权益。其次,海商法是以海上航行和运输为核心的平等主体间的贸易、服务和应对海上风险等方面的体系性立法。从国际公约的角度来看,IMO 和 CMI 作为主要的专门针对海事的国际组织,其制定的国际公约涉及海上航行、运输和船舶等诸多方面。而且海商法体系的一个重要特点是其相关制度的形成和发展与航海实践密切相关。海商法体系中除国际公约之外,国际航运惯例也是一个重要的组成部分。从国内法角度来看,《海商法》的立法宗旨是调整海上运输关系、船舶关系和维护各方当事人的合法权益。②《海商法》在立法过程中主要借鉴和移植了相关国际公约、国际惯例和英国法的规定,与国际规则保持了高度一致。最后,环境法的立法理念在于污染防治和资源保护。无论是国际法还是国内法,由船舶造成的污染都是环境污染防治工作中的一部分。而船舶对环境的污染首先便体现在对海洋环境的污染上,相关的海洋环境保护公约和国内法大都是针对包括船舶在内的运输部门的污染防治。随着国际社会对气候变化的关注度提高,船舶减排工作也被 IMO 和我国逐渐重视,陆续制定了国际公约和国内配套规则对船舶污染物向大气排放予以法律约束。综上,相关的国际渔业立法是渔船区别于商船的立法领域,而在海商法和环境法中,商船和渔船的立法理念既有相同之处又有所差别。这些差别决定了在渔船法律制度完善过程中并不是要打破其他法律部门的立法理念,而是要在尊重并保持相关法律部门理念一致性的基础上进行完善。

第二,同一法律部门相关规范的完善理念的统一可以减少中国渔船

---

① 2021 COFI Declaration for Sustainable Fisheries and Aquaculture,FAO,2021,p. iv.
② 《海商法》第 1 条。

法律制度完善过程中所可能产生的法律适用的偏差。商船法律制度本来就是以商船为对象而构建起来的,渔船因为与商船具有一定的相似性而可以适用其中的部分法律制度和法律规范。但这种源于立法原意上的相对偏差是客观存在的。渔船可以作为商船法律制度规范的对象,有关商船和渔船的法律规范在完善的时候就需要考虑到渔船适用的因素。统一的完善理念有助于将相关法律规范的完善置于相同目的之下,便于完善后的法律规范更加具有系统性。由于与渔船相关的法律规范分布于渔业法、海商法和环境法领域,在适用法律规范的过程中,一些海商法或者环境法的法律规范并不能精准地适用于渔船或者在适用过程中可能会产生法律效果上的偏差。如果有统一的制度设计理念为指导,那么在对与渔船相关的法律规范完善的过程中便可以关注这些可能产生于适用中的偏差。减少这些适用法律中的偏差有助于提升中国渔船对商船法律制度的实践效果。

(二)设计理念中重视时间和空间维度的融合

渔船法律制度完善的设计理念需要考虑到法律的历史沿革和实践需求。历史沿革主要是指国际渔船立法和国内渔船立法的主旨演变,而实践需求主要是指航行能力提升所带来的由近海向远洋的工作需求。因此,法律制度完善的设计既需要考虑到渔船本身基于演化历史的时间维度的变化,也需要考虑随着行业发展而产生的空间维度的延伸。重视时间与空间维度的变化能够使法律制度完善的设计更加连贯和完整。

1.时间维度:重视历史传承和提高法律制度之间的衔接度

中国渔船的法律制度与沿海国家对其渔船的监管以及国际社会对于海洋法律体系的建立密切相关。中国渔船法律规范不可回避的一个问题是如何将国际立法与国内立法进行有效衔接以及如何在历史传承的基础上进一步完善现有的法律制度。

第一,中国渔船法律制度完善的设计要重视法律制度的历史演化。首先,中国渔船法律制度完善的顶层设计需要考虑渔船法律制度立法精神的延续性。渔船法律制度的历史延续性与其相关的渔业、海商和环境法律制度的历史发展和交互影响密切相关。渔船法律制度除需要关注渔船捕捞作业的经济效果之外还需要考虑渔船作为船舶本身所具有的特质。因此,渔船法律制度具有其特殊性。例如,国际公约和国内法都将船舶捕捞活动与保护生物资源多样性之间的平衡作为立法时重点考虑的内容。这种以渔船为规范对象所创设的法律规范的理念本身就具有特殊性并随着人类认知的发展而不断演化,目前形成了以可持续发展为核心的规则体系。其次,我国渔船法律制度完善的设计重视历史的演化也是对由古至今不断发展的现行法律制度的肯定,而且对现有法律规范的完善可以避免不必要的立法负担。国际公约的制定是由具有共同需求和共同利益的国家经过谈判、磋商和妥协最终达成的。[1] 因此,国际公约在制定和修改的过程中需要更多的立法成本。在公约形成统一文本之后的生效程序也为国际公约的适用带来了一定的困难。一些国际公约虽然被有关国际组织或者一些成员方签字批准,但由于公约中既定的生效条件没有达到而无法适用,还有缔约方对有关条款进行保留。[2] 而已经生效的国际公约的修改与公约的制定和生效的困难程度相似,国际公约的制定与修改困难将影响我国对是否加入一些公约的决定。在国内法方面,不同位阶的法律规范中既有专门针对渔船而制定的特别规定又有其他法律部门中涉及渔船适用的规定。在这些规定已经生效的情况下要避免在相同领域重复立法。

第二,中国渔船法律制度完善的设计要提高法律制度之间的衔接度。一方面,大部分有关渔船的国际公约已经制定完成并适用了一段时间,我国法律制度的完善要注意后制定或者修订的法律规范与先制定的国际公约的衔接。换言之,中国渔船法律制度的一个重要问题是如何适用构建于商船法律体系中的有关国际公约以及这些国际公约如何与国内相关法律文件进行衔接和落实。虽然商船法律制度中的一些国际公

---

[1] 参见黄惠康:《论国际法的编纂与逐渐发展——纪念联合国国际法委员会成立七十周年》,载《武大国际法评论》2018 年第 6 期。

[2] 参见张乃根:《国际法原理》(第 2 版),复旦大学出版社 2012 年版,第 357~358 页。

约不排除渔船的适用,但是对符合其适用条件的渔船应当如何保障法律适用的效果仍存在问题。例如,对于船舶大气污染减排的要求,渔船在自身船舶和航行条件都与商船不同的情况下,如何实施国际公约的减排要求。国际公约实施效果在很大程度上取决于其成员方国内法对公约中的有关要求和措施的落实情况,而渔船的相关国内法与有关国际公约的配套立法不完善甚至缺失。另一方面,在国内法中要注意不同部门法之间的立法衔接,这意味着新制定或修订的渔船法律规范不能与先前不同部门的立法原则和立法理念相冲突或产生矛盾。渔船法律制度涉及渔业、海商和环境等方面的规范文件,专门针对渔船的立法都相对来说位阶较低。因此,在高位阶的法律规范文件中,不可避免地要适用渔业、海商和环境方面的法律规定。而这些方面的规定由于其自身立法目的和制定机构的不同,涉及渔船的内容有交集也有差异。因此,这些不同部门的立法之间应当在有交集的内容部分保持立法理念的一致性。

2. 空间维度:实现从近海向远洋延伸的实践需求

一些有能力的沿海国家逐渐将渔船捕捞活动从近海向远洋发展。例如,日本的岛国的地理环境所产生的对海洋资源的需求促使了其远洋渔业迅速发展,其远洋渔业始于1897年明治政府颁布实施的《远洋渔业奖励法》。[1] 而我国发展远洋渔业的起步时间较晚,[2]相关配套机制的建设时间相对不长。因此,随着我国渔船工作区域的由近及远,有关的配套规范也要与之相适应。

实现渔船立法理念向远洋延伸的实践要求有助于完善当前法律规范在国家管辖区域外适用的问题。远洋通常位于公海而远离国家管辖范围,[3]虽然这些海域可以适用国际公约,但总体上来说,规范渔船远洋活动的国际立法客体较为单一,不能涵盖渔船远洋航行和作业中的要

---

[1] 参见王国华:《近代日本远洋渔业人才的培养及影响研究》,载《大连大学学报》2020年第4期。
[2] 根据《中国远洋渔业履约白皮书(2020)》的"前言",我国远洋渔业始于1985年。
[3] 根据《远洋渔业管理规定》第2条对远洋渔业的定义,远洋是指公海和他国管辖海域。

求。例如,FAO制定的有关国际公约对公海捕鱼活动进行了规范,尤其是对IUU捕鱼的限制和监管。这些法律规范制定的出发点主要在于国际社会对于海洋生物资源多样性的保护。从国际海事立法以及有关国际环境立法来看,对于渔船的相关规定较少,大部分都是符合条件的渔船适用商船法律规则体系下的有关规定。国际渔业公约对渔船远洋作业的规定也大都是基于海洋资源多样性保护的角度。国际海事规则的制定源于规范商船行为的需求,以IMO为例,IMO目前针对渔船的国际公约主要体现在海上安全和船员权益保障上,对于渔船的更多需求以及有关国际公约如何在渔船上适用的问题并没有给予过多关注。[1] 国际环境公约的主旨是以环境保护为主,对渔船的关注度更低。中国渔船法律制度在完善的过程中需要考虑到渔船切实面临的远洋活动的需求,在制定相关法律规则时需要考虑到从立法理念上对渔船远洋作业在空间上适用的可能性。

二、中国渔船法律制度完善的路径

在路径选择上,中国渔船的法律制度可以选择从法律机制和法律规范两个层面上分别采用不同的方式。从法律机制层面上,对于中国渔船可以适用的商船法律制度可以有选择性地借鉴,将商船法律制度纳入渔业法律制度中。从法律规范完善层面上,可以在商船法律规范中加入或者考量渔船的因素以增强商船法律制度对渔船的可适用性。

(一)对商船法律制度的合理借鉴

中国渔船法律制度对相关的商船法律制度的合理借鉴意味着这种借鉴是需要与渔船相适应的。商船法律制度较为成熟,渔船对其的可适用性使其具有了被借鉴的可能性。但是由于商船法律制度源于海上运输和贸易,其中必然有一些是无法适用于渔船或者在适用于渔船时无法

---

[1] See IMO, *Fishing Vessel Safety*, IMO (Nov. 30, 2021), https://www.imo.org/en/OurWork/Safety/Pages/Fishing%20Vessels-Default.aspx.

实现该制度本来的立法目的的。在这种情况下,中国渔船法律制度的完善就不能完全照搬商船法律制度,而是要在符合中国渔船捕捞活动发展的前提下对可以借鉴的商船法律制度予以借鉴。

首先,对商船法律制度的合理借鉴可以使渔船的相关法律制度保持与国际规则的统一。我国的《海商法》在制定时将国际公约移植进来,迅速建立起了国内的海商法规范体系。① 《海商法》也因此与国际接轨。渔船法律制度对商船法律制度的借鉴是将这些已转化为符合中国国情的法律制度在适用范围上进一步拓展。

其次,合理借鉴也是为了避免商船法律制度本身未明确或不足之处。我国海商法法律制度在构建时参照了当时的国际公约、国际惯例等内容,相关的国际公约和国际惯例往往只涉及若干重要的问题而没有从体系的角度上进行立法。② 国际公约或惯例是分别基于不同的立法目的而制定的,彼此之间的协调未必是立法者所要考量的要点。③ 因此,海商法也并不完美。例如,海商法中对环境保护方面的立法相对较少,对海洋环境和大气污染的防治需要借由有关的环境法律规范进行补充。国际公约从环境保护与可持续发展的角度对船舶污染防治进行了规定。国际公约对于船舶污染的规定有强制性的也有非强制性的。国内法中虽然没有对船舶污染做出专项立法,但是有关环境立法中或多或少地体现出对于船舶污染的关切。《民法典》对环境污染损害进行了原则性的规定。④ 《海商法》并没有针对船舶污染进行规定,但在其第十一章"海事赔偿责任限制"中提及了有关油污损害赔偿的责任限制问题。《海洋环境保护法》对船舶污染问题进行了规定且没有区分商船和渔船。⑤

---

① 参见郭瑜:《海商法的精神——中国的实践和理论》,北京大学出版社2005年版,第12页。
② 参见郭瑜:《海商法的精神——中国的实践和理论》,北京大学出版社2005年版,第14页。
③ 参见郭瑜:《海商法的精神——中国的实践和理论》,北京大学出版社2005年版,第15页。
④ 《民法典》第七编第七章"环境污染和生态破坏责任"。
⑤ 《海洋环境保护法》第28条、第82条、第85条。

《大气污染防治法》中对船舶也没有进行特别的区分,而是将船舶与机动车作为一个整体对大气污染防治进行了规范。①《防治船舶污染海洋环境管理条例》专设一章对船舶污染事故损害赔偿进行规定,明确了赔偿原则和责任基础等内容。②

商船和渔船法律制度之间既有可以共同适用的法律规范,又有法律制度上的差异性。随着渔船航行能力的提升和远洋捕捞作业的需要,船舶海上航行这一共同的特性将二者有机联系起来,因此,我国渔船适用商船法律制度相关问题的完善将突破海商法、渔业法和环境法的拘囿,以系统化的视角进行综合考量。

(二)全面审视对国际公约的参与

我国渔船法律制度的完善需要对相关的国际渔业公约以及商船法律制度下的国际海事公约和国际环境公约的参与予以整体考量。由于国际公约的制定和修改会受国际政治、国际经济等相关要素的影响,国际公约的制定和修订也都需要一定的时间成本,因此,对于已经制定的国际公约相关内容的调整和规范,我国需要结合渔船发展的实际作出是否参与的决定。中国是否加入某些国际公约将会直接影响到中国渔船法律规范的构成。此外,中国如果选择加入某些国际公约,对相关国际公约的履约能力也需要被考虑。

与渔船相关的国际公约中国是否参加还需要考虑到对我国渔业政策、海洋主权以及渔业经济发展的影响。与商船海上运输属于服务类别不同,渔船在海上航行是为了捕捞作业,而获取的渔获可能进入加工以及贸易等其他产业。因此,就渔船捕捞活动本身而言,国家基于海洋权益的考虑当然要优先保障本国国民的用海权。而从发展渔业经济和可持续发展的角度来看,限制渔船数量增长的相关制度贯穿了渔业捕捞活动,这些制度也会对国际公约的适用产生影响。各国发展渔业捕捞的水

---

① 《大气污染防治法》第四章第三节"机动车船等污染防治"。
② 《防治船舶污染海洋环境管理条例》第七章"船舶污染事故损害赔偿"。

平不同,国际公约的制定主体相对还是由发达国家主导,[①]由发达国家建立起来的规则是否适用于发展中国家也是需要谨慎考虑的因素。

(三)法律制度层级的金字塔结构

中国渔船法律制度完善也需要中国渔船法律规范能够形成自上而下完整的层级结构。因此,从法律制度的建构和完善角度来看,根据上位法优于下位法的基本原则,法律制度的最佳结构应当是一个金字塔形。作为国家根本法律的宪法位于金字塔塔顶,其下按照法律效力层级分别罗列。这样的结构既能保证法律制度结构的稳定性,又能体现出各法律位阶层级制度规范需求的多寡。根据《立法法》第2条的规定,我国在国家层面上的法律规范按照层级可以分为法律、行政法规、部门规章(见图5-1)。

图5-1 国家层面法律制度体系的金字塔结构

地方性法规、自治条例和单行条例由于其制定主体为地方性人民代表大会或政府,具有较强的地方特色。在渔船法律制度中,渔船的海上作业活动与我国沿海地区关系紧密,因此,有关沿海地区也陆续根据其自身自然条件和经济发展需要制定了相应的地方性要求。[②] 但这些地方性文件从法律位阶上都不能与上位法相违背,即不能与国家层面上的

[①] 参见孙溯源:《中国参与国际规则的制定与变革——兼论中国与国际贸易规则改革》,载《复旦国际关系评论》2020年第1期。

[②] 原农业部《关于进一步加强国内渔船管控、实施海洋渔业资源总量管理的通知》,农渔发〔2017〕2号。

立法相违背。因此,中国渔船法律制度完善的整体思路应是重点关注国家层面上的制度建设和设计,地方层面上的法律规范则只要遵循国家层面的大方向并主要突出和地方实践的有机结合即可。

我国渔船法律制度与其他法律部门相关制度的不同之处在于:在地方法律规范层面上渔船法律规范并不具有全国性。首先,能够发展沿海渔船作业的各地受到地理位置的限制。由于各沿海地区所处的地理条件不同、面对的海域和海域周边情况不同,各沿海省、自治区、直辖市对于渔船的规定并不具有全国性的普遍意义。其次,地方性的法律规范主要体现在落实国家层面的法律制度和原则,与实践紧密结合的同时也较为零碎。由于各沿海地区的地理环境和经济发展水平不同、需要解决的具体问题不同,各地渔船的规范也不尽相同。这些差异性使得地方性法律规范无法在规范内容、法律效力的范围、法律文件数量的多寡等方面设定统一标准。而沿海地区的差异性正是地方性法律规范能够立法和存在的基础。因此,我国渔船法律制度在结构上的完善在于确定好上位法尤其是国家层面法律规范的完整性。只有国家层面上法律制度得到了完善,各地方政府的规范文件才有可能符合整体的制度设计要求。

(四)对中国渔船法律规范以立法和修法方式完善

中国渔船法律规范的完善在国内法上主要可以采取立法和修法的方式进行。立法是探讨以渔船为规范对象制定专门法律规范的可能性。修法则是在现有法律规范的基础上,通过补充或者改变某些法律规范的内容将渔船可适用的商船法律规范的因素在法的内容上予以呈现。

1. 进行专门立法

渔船与商船具有天然上的使用差别,虽然渔船可以适用部分的商船法律规范,但这些法律规范往往在形成和发展过程中没有考虑过渔船或者没有过多地考虑过渔船的因素。因此,在对法律内容进行完善的过程中,需要考虑到渔船在某些制度下的特别需求。专门立法是一种可行的路径。但不同法律位阶上的立法程序不同,需要的立法成本也不相同,在对渔船进行专门立法时也需要考虑到近期和远期效果的问题。

首先,以海商法为借鉴,完善渔船在船舶登记、船员权益保障、船舶碰撞、海难救助和海事赔偿责任等方面的立法。这些具体的内容除可以适用于某些和商船有关的法律规范之外,在法律位阶之下应当根据现实需要逐渐规定于专门针对渔船的法律规范中。例如,在船员权益保障方面,还没有针对渔船船员的部门规章;在渔船航行安全方面也还没有适合渔船的航行规则,很多商船的航行规则并不十分适用于渔船;在海难救助领域,对于渔船的救助如果适用商船的规则会存在很大的实践操作问题;等等。

其次,在环境保护领域,由于国际组织和我国国内立法机构似乎都没有将渔船作为特定对象纳入海洋环境和大气环境污染防治的规范范围中,可以考虑通过法律位阶之下的专门立法对其进行完善。一方面,渔船对海洋环境的影响更多体现在捕捞活动和生态资源多样性的平衡上。对于渔船而言,渔船的燃油和船源垃圾等污染物的排放也会对水体环境造成影响。而且渔船更多的是在渔场和生物资源丰富的海域活动,对于海洋生态环境的影响更为直接。渔船从 20 世纪开始便被有能力的海洋国家赋予了更多的捕捞任务。① 随着我国渔船整体水平的提升,渔船对海洋环境污染的规范客体需要得到有效拓展。另一方面,在大气环境污染方面,国际公约还没有意识到如何对渔船的大气污染排放进行有效的监管和控制,②我国的国内法整体上对船舶大气污染的防治工作重视度不足。IMO 和相关国际组织针对船舶大气污染防治的国际公约和相关规则虽没有排除对渔船的适用,但在一定程度上忽视了渔船的大气污染情况。国内有关船舶的污染规范一般交由交通运输部门制定,这在一定程度上排除了相关法律规范对非交通运输工具的渔船的适用。相对而言,这些规范在国内的配套立法法律位阶不高,而且往往排除了对渔船的适用。这也影响了在大气污染防治方面国际公约与国内法的实

---

① 参见张建华:《日本和韩国海洋捕捞渔船发展概况》,载《船舶工程》2014 年第 5 期。
② See IMO, *Marine Environment*, IMO (Nov. 30, 2021), https://www.imo.org/en/OurWork/Environment/Pages/Default.aspx.

施效果。

2. 对中国渔船现行法律规范的补充和修订

中国渔船法律制度的完善在整体设计中需要重视对现有法律制度的完善以减少不必要的立法负累。这也是对中国渔船法律制度完善的近期路径。这种完善不意味着对海商法法律规范中存在的问题只能在海商法法律规范中完善，而是将需要完善的法律规范内容置于最适宜的法律部门。海商法法律规范的适用问题也可以选择对渔业法的相关内容进行完善。正是渔船法律制度涉及渔业法、海商法和环境法中的相关内容，才有可能采用这种跨部门完善的方式。

第一，重视商船法律制度对中国渔船的重要意义，将相关的商船法律规范补充进中国渔船法律制度中来。以《海商法》《渔业法》《环境保护法》《海洋环境保护法》《大气污染防治法》为基础确立其在渔船法律制度中的重要地位。渔船与商船在海上活动中既有联系又有区别，以商船为核心的海商法中的一部分法律规范可以适用于渔船，[①]但这些内容在过去并没有进行明确，也少有学者进行专门整理。而《渔业法》中有关渔船的规定主要体现在平衡渔船捕捞与海洋生物资源保护的利益博弈上，其中最为主要的内容是从海洋生态保护的角度对渔船捕捞资格的取得进行了规定，这一规定将直接影响渔船的营运活动。《环境保护法》《海洋环境保护法》《大气污染防治法》是从环境保护角度对包括船舶在内的机动车船的环境污染防治工作进行规范。其中，《环境保护法》较为具有原则性和概括性，保护海洋和大气环境只是其中的一部分。这些内容中由于都会涉及对渔船作业的适用，上述法律规范已经成为中国渔船法律规范的一部分，也是我国渔船法律制度金字塔结构中法律位阶的重要组成部分。

第二，以现行中国渔船法律规范为基础，从结构上完善渔船法律制

---

① 《海商法》第3条对船舶的定义中没有排除渔船，因此，《海商法》中除与海上货物和旅客运输的相关规定外，诸如本书第二章和第三章中所论述和分析的内容可以适用于渔船。

度所欠缺的法律层级并补充相应的内容。如上文所述，我国渔船法律制度的完整性在于法律、行政法规和部门规章在各自的法律位阶上都是连续的和完善的，这种连续和完善不仅体现在结构的完整性上，也体现在内容的清晰和明确上。首先，《海商法》《渔业法》《环境保护法》《海洋环境保护法》《大气污染防治法》的修改将会对渔船法律制度产生影响，上述法律在修改过程中需要重视并考虑对渔船的适用。《海商法》于1993年施行之后再未作任何修改，2018年9月才被纳入全国人大常委会五年立法规划中，拟对其中某些不合时宜的部分进行修改，但至今仍处于修改稿草拟阶段。① 而其他几部法律虽历经多次修改，但相关法律中有关渔船的内容并不充分。而随着渔船捕捞活动能力的提升，面对渔船规模化、远洋化发展的法律制度需求，可以充分利用好修法的机会，将渔船作为影响因素考虑进法律的修改内容中。例如，《海商法》可将渔船作为相关制度修改的考量因素予以审查。其次，在行政法规和部门规章的法律位阶上，适当增加针对渔船的配套规范。目前针对渔船的行政法规和部门规章的立法主体主要为国务院、交通运输部、原农业部以及其所属的海事和渔业部门，针对船舶的相同内容的规定可能出于两个不同的国家部委，抑或商船和渔船在相同事项上的法律规范并不属于同一法律位阶等。因此，行政法规和部门规章在制定有关渔船的法律文件时，要注意保持相同事项的法律位阶的统一并在此基础上按照部门职权分别制定属于各法律位阶的法律规范。

第二节　中国渔船港航交通安全法律制度的完善

　　渔船的海上航行安全一直都是国际组织和我国重点关注的内容。IMO在1959年成立时的首要任务便是通过SOLAS，在此之后，IMO陆

---

① 《十三届全国人大常委会立法规划（共116件）》。

续制定并通过了其他有关海上航行安全的国际公约和规范。我国国内法与船舶海上航行安全的有关法律制度大都体现在《海商法》以及《海上交通安全法》中。这些国际公约和国内法律在有关海上航行安全的规范中并没有排除对渔船的适用。因此,相关部门可以对法律位阶之下的行政法规和部门规章有针对性地对渔船海上安全保障的相关规定进行补充和明确。

一、船舶碰撞法律制度的完善

船舶碰撞法律制度主要表现在相关的国际公约以及《海商法》《海上交通安全法》中。在部门规章的制定上,规范渔船和商船的规则一般由交通运输部和农业农村部分别制定。这也体现出商船和渔船在规则制定中不同的法律价值倾向。而在有关海上交通安全部分,商船和渔船的共性表现明显。虽然商船和渔船在航行区域、航线以及作业活动海域等方面存在较大差异,但在船舶海上避碰规则的遵守上仍然具有较高的同一性。因此,在有关渔船碰撞法律规则的制定上,渔船和商船并不需要特别区分立法主体,同一立法主体制定的规则更具有统一性和整体性。我国国内的海上避碰规则的完善可以采用"由同一部门进行一般性立法,而由多部门联合进行特殊立法"的路径。

首先,船舶海上避碰规则是保证海上航行安全的重要规则,该规则对所有船舶具有普遍适用的意义,因此,由国家海事部门就船舶避碰规则作出统一的规定和解释能够保障海上避碰规则适用的整体性与实践性。国际海上避碰规则主要体现于《1972年国际海上避碰规则》,这一规则是商船和渔船共同适用的国际通行规则。在我国,调查和处理海上交通事故的机构主要是国家海事局[1],一旦发生海上事故,国家海事局

---

[1] 《海上交通安全法》第80条、第118条。《渔业船舶水上安全事故报告和调查处理规定》第2条和第5条规定了渔船在渔港水域内、渔船之间发生的水上安全事故由县级以上人民政府渔业行政主管部门及其所属的渔政渔港监督管理机构负责渔业船舶的水上安全事故报告。

将依照统一的海上避碰规则对发生在商船之间和商船与渔船之间具体案件进行处理。因此，由国家海事局随着案件处理和行业实践发展的需要而对我国国内避碰规则予以制定和完善更符合当前我国国情。而由一个部门对海上避碰规则进行统一梳理也能够保证在与国际公约相适应的基础上使我国国内相关法律制度更加具有连贯性。

其次，渔船和商船在海上航行和管理方面存在一定的差异性，为避免商船和渔船碰撞事故的发生，交通运输部和农业农村部等多部委可以联合制定规则或发文以保障具体适用规则中可能出现的特殊性。交通运输部和农业农村部作为管理商船和渔船的部委机构，二者共同对船舶的海上避碰规则作出规定能够拓展部门规章适用范围。尤其是在我国机构改革之后，渔船检验和监督管理职责由原农业部划归到交通运输部，体现出我国对于船舶安全和监管方面"一类事项原则上由一个部门统筹、一件事情原则上由一个部门负责"①的整体改革要求。在渔船避碰规则中，与船舶质量本身的相关事项是由交通运输部进行统筹规划的，例如，机构改革之后有关全国性的渔船检验技术规范由交通运输部负责拟定。而国际避碰规则在我国法律和实践的转化和适用中，交通运输部与农业农村部等相关部委如果可以联合发布规则，那么在渔船适用法律规则过程中将可以有效避免一些法律规范对渔船的排除适用，能够更加有效地规范渔船的海上航行活动。

二、在渔业法中增加渔船的适航规则

商船的适航规则主要体现在与海上货物运输活动有关的环节，这种适航规则不仅体现在有关海上运输的国际公约中，也体现在《海商法》中。而对于渔船而言，无论是国际公约还是国内法，都没有明确的关于船舶适航的规定。根据《统一提单的若干法律规定的国际公约》（以下简称《海牙规则》）和《海商法》中对于适航的要求，船舶的适航主要包括

---

① 中共中央印发《中国共产党机构编制工作条例》第 11 条第 2 款。

以下三个方面：一是船舶的适航，即船舶本身的良好状态；二是船员的适航，即配备数量充足、取得适任资格证书的船员；三是货物的适航，即船上所载货物的装载和运送符合运输合同的要求。[①] 上述对于适航的要求需要在船舶开航前或开航时予以满足。而渔船并不运载货物，因此，《海牙规则》和《海商法》中有关适航的要求，渔船不能适用。

虽然目前渔船并没有明确的适航要求，但是渔船的海上航行不可避免地会涉及对船舶和船员的要求。首先，在船舶本身的良好状态的要求中，《渔业法》对船舶允许下水作业的前提是从事捕捞作业的船舶必须经过渔业船舶检验部门检验合格。[②] 该要求中所指的下水作业前的船舶可以是经过建造后、更新改造后、购置和进口的船舶。《渔业法》对于"下水作业"的要求存在语义上的模糊，换言之，"下水作业"是指在整个捕捞活动开始前还是指捕捞活动中每次下水前并不明确。其次，对于船员的适航，《渔业法》中并没有明确的规定，有关船员配备的规定主要体现在《渔业法实施细则》对捕捞许可证的规定中。《渔业法实施细则》第17条第3项中规定，未按照国家规定领取职务船员证书、渔民证等证件的不得发放捕捞许可证。虽然上述规定中对于渔船船员的适任证书进行了要求，但与商船中要求船员适航的规定不同。在《渔业法实施细则》中对船员适任资格的要求是船舶取得捕捞许可证的一个必要条件而不是船舶安全航行的必要条件。因此，在《渔业法》中，船舶本身和船员配备的适航规定需要在现有法律规则基础上参照商船适航的条件进行补充和完善。

第一，借鉴商船的适航制度，在《渔业法》中规定渔船在"开航前"和"开航时"保证船舶和船员适航的原则性要求。"适航"理念源于海上运输活动中对船东和承运人要求的义务，这一义务在《海牙规则》和《海牙－维斯比规则》中都有规定。[③] 渔船虽然并不用来进行海上运输，但是不可

[①] 《海牙规则》第3.1条、《海商法》第47条。
[②] 《渔业法》第26条。
[③] 《海牙规则》第3.1条、《海牙－维斯比规则》第3.1条。

否认的是,在船舶适航要求中对于船舶和船员的要求为船舶的航行安全提供了有效的保障。《渔业法》在整体的立法布局上倾向于监管和许可等行政法事务。《渔业法》第三章"捕捞业"一章主要对控制捕捞量、实行捕捞许可证制度和检验监督管理方面进行了规定。如果将适航要求机械性地填补进《渔业法》第三章则会略显突兀,因此,《渔业法》中适航的原则性规定可以在第一章"总则"中予以明确,也符合《渔业法》促进渔业生产发展和保障渔业生产者合法权益的立法需求。

第二,立足于渔船捕捞的特殊性,在《渔业法实施细则》中细化渔船适航的标准。《渔业法实施细则》是对《渔业法》的补充,也对《渔业法》中的一些未尽事项进行了细化。《渔业法》做出适航的原则性要求之后,《渔业法实施细则》也应当相应地作出修改。渔船的适航与商船不同,适航标准将主要包括船舶和船员的适航。《渔业法实施细则》中可以考虑根据渔船的海上作业范围和捕捞对象对渔船船舶、船员和证书的适航要求予以细化。[①] 例如,渔船的适航标准之一可以与渔船检验和船员发证相结合。渔船的捕捞活动要与自然资源的生长规律以及休渔期、禁渔期制度相结合。渔船在一个捕捞期内往往需要频繁出海作业,因此,在船舶检验和船员发证中可以考虑以一个捕捞周期的开始作为船东适航义务的起始点。一方面可以保证渔船在一个捕捞周期内的船舶和船员的安全性,另一方面也可以减少船东和监管部门的工作负累。因此,渔船的适航标准不能完全照搬《海牙规则》和《海商法》中的规定,特别是细化标准的制定需要充分考虑到渔船捕捞的特殊性进而在商船适航标准上作出适当的修改。

三、海难救助规则的完善

渔船适用海难救助规则需要根据渔船救助工作的现实情况出发,采

---

① 参见段穷、裴兆斌、郭昕黎:《影响我国渔业船舶适航行为的法律责任分析》,载《沈阳农业大学学报(社会科学版)》2020 年第 3 期。

取不完全依照海难救助规则原则的方式适用。

(一) 渔船救助不能完全依照"无效果无报酬"原则

首先,渔船海上救助规则可以按照是否为当事人合意救助而决定是否适用"无效果无报酬"原则。"无效果无报酬"原则在海上救助规则中的核心地位毋庸置疑,当前海上救助规则中对于财产的救助以及对环境的救助都建立在这一核心原则上。而渔船的海上救助活动较为特殊,渔船之间的救助虽然可以基于当事人之间的合意,但大部分对渔船的救助作业(尤其是发生在我国近海的救助活动),仍然以行政救助为主。渔船发生事故之后需要及时向海事部门报告,海事部门组织具体的搜救工作。遇险渔船附近的其他船舶便会成为海事部门调度指挥参与救助的重要对象。基于双方当事人合意的海上救助行为和由于海事部门调度而参加的海上救助活动有着显著区别。因此,"无效果无报酬"原则可以在渔船之间的合意救助中适用,而不当然地适用于渔船参与的行政救助行为。

其次,渔船获得海上救助报酬也不应完全根据"无效果无报酬"原则计算。如上文所述,如果是渔船之间的合意救助,那么可以按照"无效果无报酬"原则计算。但是如果渔船是由于海事部门的调度要求而参与到海难救助作业中来,这一部分的救助报酬不应当按照"无效果无报酬"原则计算。实践中,海事部门对于参与搜救的渔船通常会给予一定数额的补贴。[①] 因此,渔船的海上救助报酬的获得需要参考所实施的救助行为是否为当事人合意进而决定是否采用"无效果无报酬"原则。

(二) 对渔船救助人命的报酬可以予以适当的补偿

按照传统海商法的海上救助报酬获得原则,救助人命是一种道德义务,救助方并不能据此主张救助费用。虽然渔船在合意救助中也要遵循该原则,但是由于渔船体量相对较小、进行捕捞的海域情况受自然影响

---

① 参见董加伟:《渔业海难救助困境解析》,载《大连海事大学学报(社会科学版)》2014年第6期。

较大且较为复杂,因此,渔船发生海上事故的可能性较大而且救助的难度也较大。① 商船的航线相对固定,往来船只较多,有经验的船长通常可以凭借自己的经验规避一些海上风险。但渔船的作业区域通常为渔场,海洋环境复杂、洋流多变,渔船之间的救助会受到自然因素、人力消耗和因救助而导致捕捞利润损失等多方面因素的影响。渔船之间对人命的救助如果无偿,那么会导致本可以进行施救的渔船会由于高风险、无报酬而采取不救助的决定。因此,渔船的救助需要跳出海上人命救助报酬获得的传统规则的拘囿,对救助方能够给予一定数额的补偿以鼓励广大渔民积极参与海上救助活动尤其是对人命的救助。有关救助补偿的发放规则可以由农业农村部或者交通运输部单独或联合制定。

四、海上拖航和海难救助标准合同适用的慎重选择

本书在第二章中对商船在海上活动中所形成的有关行业标准合同进行了分析。渔船对行业标准合同的适用主要涉及海上拖航合同和海难救助合同。上述在商船海上运输活动中形成的标准合同适用的本质在于双方当事人的选择,渔船是否适用相关标准合同也取决于当事人之间的合意。虽然这些标准合同中并没有排除渔船的适用,但是根据标准合同的制定主体或者基于渔船行业实践的考量,一些标准合同并不适合渔船。而上述标准合同在制定时并没有考虑渔船的适用因素,因此,渔船双方当事人在决定合意适用有关行业标准合同时需要注意该合同的有关内容与渔船的适配度。例如,对于海难救助和海上拖航合同,如果渔船在进行合意救助或者拖航时希望双方减少事后争议而选择适用拖航合同、LOF 或者 SCOPIC,那么应当尊重当事人的选择按照标准合同中约定的内容处理相关事项。

由于上述行业标准合同主要是由国际行业协会、国际组织或船舶公

---

① 参见刘勤:《海洋捕捞渔民应对自然灾害之策——基于社会支持的粤西经验表达》,载《河北渔业》2020 年第 6 期。

司制定,因此,这些规则制定主体的业务范围是海上运输,上述主体在制定和修改标准合同中往往并不会考虑渔船。而渔船公司目前尚未形成如同大型海上运输公司一样的在其行业中的主导性,有关的国际渔业组织和渔业协会目前也还没有对渔船在海商法律关系方面的活动给予充分关注,因此,从国际组织或者行业公司的角度制定海商法律关系中的渔船标准合同较为困难。在没有专门针对渔船的行业标准合同的前提下,渔船在有关海上活动中如果要适用基于商船海上运输活动而制定的标准合同需要慎重。

第三节　中国渔船营运法律制度的完善

渔船在营运过程中涉及船舶物权、船员适任与职业保障等相关法律规范的适用问题。经过第三章中对渔船适用商船法律制度的分析,渔船在适用相关的商船法律规范中会受到渔船有关捕捞限额和捕捞许可制度的影响。渔船在适用商船法律规范中必然会遇到因为立法法益不同而产生差异。对这些问题的完善不能简单的在商船法律规范中加入渔船因素,而是要从我国渔船法律制度的整体上对相关的渔业法和海商法进行完善。有关海事赔偿责任限制在实践中运用较少的问题,需要引起渔业捕捞从业者的重视。而对于渔船适用的海上保险规则,由于商船和渔船并无显著区别,渔船海上保险的问题主要在于实践中的行业发展,渔船海上保险规则的完善主要在于渔业互保协会需要发展相关的保险业务。

一、渔船登记法律制度的完善

国际组织和我国都对渔船的捕捞活动和海洋生态资源保护之间的平衡高度关注,并由此在国际公约和我国国内法中创设了对于渔船捕捞活动的限制机制。① "三无"渔船和 IUU 捕鱼活动都与渔船登记制度有关。因而,有关渔船作为船舶进行捕捞活动的法律规范中,针对上述问题主要可以从两个方面予以应对:一是船舶登记规则应当与国家发展海洋捕捞产业相适应;二是对于 IUU 捕鱼的管制也需要对外国渔船在我国管辖海域内的 IUU 捕鱼行为予以相应的规则完善。

(一)船舶登记规则要考虑我国渔船捕捞规模化发展需求

船舶登记是渔业船舶进行合法海上捕捞活动的前提。而对于渔船来说,船舶登记、船籍证书和船名并不是相互孤立的。从《渔业船舶登记办法》第三章"所有权登记"和第四章"国籍登记"中规定的在进行相关登记中要提交的材料要求来看,如果申请人没有同时申请所有权登记和国籍登记,渔船要先进行所有权登记然后再申请国籍登记。而在渔船所有权登记和国籍登记之前,渔船所有人或承租人需要向登记机关申请船名。② 根据《渔业船舶登记办法》第 11 条第 1 款的规定,捕捞渔船的船名申请核定需要提交由省级以上人民政府渔业行政主管部门签发的渔业船网工具指标批准书,如果是从境外租赁的渔业船舶还需要提交原农业部同意租赁的批准文件。因此,由于受到捕捞限额制的影响,相对于商船来说,渔船在登记规则的设置上便对渔船所有人或承租人进行了权利限制。我国渔船的捕捞活动(尤其是渔船进行远洋捕捞活动)需要从整体上形成一定的规模才能更合理地规避和对抗海上风险。因此,渔船登记规则的制定和完善需要考虑到渔船捕捞规模化发展的现实需要,有关的国家主管部门在进行渔船登记审核的过程中,除对渔船检验质量进行严格要求之外,还需要从海洋战略角度考量渔船船队规模发展和限制捕捞制度之间的平衡。

---

① See FAO, *International Plan of Action for the Management of Fishing Capacity*, FAO (Dec. 3,2021), https://www.fao.org/fishery/en/ipoa-capacity/zh. 参见《渔业法》第 21 条、第 22 条。

② 《渔业船舶登记办法》第二章"船名核定"。

(二) 完善我国管辖海域内渔船非法捕鱼的管制规则

我国海岸线绵长、周边的海洋邻国较多,在我国的黄海、东海和南海海域都存在与周边海洋邻国之间由于海洋捕捞活动而产生的摩擦和纠纷。但我国目前对于外国人在我国管辖海域内非法捕鱼的规定还有待完善。

在我国管辖海域内实现对 IUU 捕鱼的有效管制需要在国内法中明确 IUU 捕鱼的行为含义和内容。根据目前《渔业法》的规定,外国渔船进入我国管辖水域进行捕捞活动以及中国的自然人、法人对其所有的船舶或者境外租赁的船舶要在国内登记并必须遵守中国法律的规定。[①]船舶登记是自然人或者法人的自由,即使是中国的自然人或者法人也可以选择外国作为船籍国。而国际社会打击 IUU 捕鱼的一个重要原因在于渔业捕捞活动具有经济价值,而一旦渔船进行了船籍国的登记,船籍国便有权对该渔船行使管辖权,进而会要求该渔船按照其国内要求进行有限制的捕鱼活动。而一旦渔船未经国籍登记,船籍国不知晓该船舶的存在也就不能对其进行有效监管。渔船便可以肆意地在相关海域进行捕捞作业而无视国际社会和我国对于限制过度捕捞的规定,从而获得更大的经济效益。但是目前我国对于何为 IUU 捕鱼还没有在法律条文中予以明确。例如,在《渔业法》中对于捕捞活动的处罚一般是通过"非法捕捞"和"未依法取得捕捞许可证擅自捕捞"等作为非法行为的概括。[②]这种规定对于 IUU 捕鱼而言较为笼统,从法律概念的内涵和外延上都与 IUU 捕鱼存在一定衔接上的不足。因此,在《渔业法》或者相关的行政法规中,可以借鉴国际组织对于 IUU 捕鱼的定义在法律法规中明确 IUU 捕鱼的内涵和范围。这样才能进一步在法律概念明晰的基础上谈及对处罚规则的完善。

国际上对于 IUU 捕鱼的定义主要体现在 FAO 制定并通过的《预

[①] 《渔业法》第 8 条。
[②] 《渔业法》第 30 条、第 38 条、第 41 条。

防、制止和消除非法、不报告和不管制捕鱼行为的国际行动计划》（International Plan of Action to Prevent, Deter and Eliminate Illegal, Unreported and Unregulated Fishing, IPOA – IUU）。IPOA – IUU 是适用于所有国家和地区的自愿性文件，其中对 IUU 捕捞的范围进行了明确。[①] IPOA – IUU 通过第 3 条对非法捕鱼、不报告捕鱼和不管制捕鱼的性质和范围进行了规定，并通过第 4 条确定了 IPOA – IUU 是一份自愿性文件。由于 IPOA – IUU 并不是具有强制力的国际公约，我国在对 IUU 捕鱼范围和性质的参考过程中可以对其作出适当的取舍，以更好地适应我国的渔业发展和限制捕捞制度。

二、船员适任与培训制度的完善

船舶海上航行的安全问题除与"船舶"本身相关之外，更重要的在于"人"的因素。在人工智能与船舶完全结合的超人工智能船舶纳入产业营运之前，"人"的因素仍然在船舶海上航行中占据了重要地位。[②] 我国已经加入了 STCW，因此，商船船员的适任和培训规则将随着我国履约情况而逐渐与国际标准保持一致。但是我国并没有加入 STCW – F，渔船船员的适任和培训规则目前仍以我国国内的相关规定为主。

第一，渔船船员的适任和培训规则可以参照商船船员的规定在一定程度上进行完善。一方面，对于渔船船员的适任和培训的总体性规定可以通过制定渔船船员的行政法规予以体现。行政法规将船员适任和培

[①] International Plan of Action to Prevent, Deter and Eliminate Illegal, Unreported and Unregulated Fishing, FAO, Feb. 23, 2001, p. iii.

[②] 现阶段人工智能在船舶领域的应用仍不能完全脱离"人"的参与，一方面是受到人工智能技术发展的限制，另一方面是目前海上航行仍需要人的参与。根据人工智能科学的理论，人工智能主要有三个递进阶段：第一是限制性的人工智能（弱人工智能或者应用型人工智能）阶段；第二是通用人工智能（强人工智能）阶段；第三是超人工智能阶段。人工智能与船舶结合之后，人的参与度逐渐降低，最终将可能实现船舶完全的自主能力，即完全脱离人的要素具有自主意识。在人与船舶完全分离而使船舶具有独立的"人"格之前，仍需要人的不同程度的参与。这种程度主要体现在船员配置的逐渐减少以及人对船舶操控系统的参与度逐渐减弱的过程。

训的内容纳入其中,能够使船员的适任和培训规则可以在现有的《渔业船员管理办法》位阶之上使法律结构更为完善。另一方面,有关渔船船员适任和培训的细则可以通过完善《渔业船员管理办法》中有关渔船船员适任和培训的相关内容来实现。《渔业船员管理办法》第二章是"渔业船员任职和发证",第四章是"渔业船员培训和服务"。通过与规范商船船员的《船员条例》进行对比,对《渔业船员管理办法》的第二章和第四章内容可以进行选择性的补充。由于商船和渔船具有本质上的不同,这种补充是选择性的且需要符合渔船船员的实际要求。

第二,渔船船员海上航行中的职责可以通过其他的部门规章进行补充。船员在海上航行中需要值班和保持瞭望以使船舶能够安全行驶从而可以提前规避风险。如果船员疲劳值班或者疲劳瞭望则可能会引发航海事故。而大部分的渔船船员在船需要从事捕捞工作,值班和瞭望活动中往往存在被忽视甚至缺少足够的人力资源替换等问题。因此,如果能够以商船对船员值班和瞭望规则为基础制定相应的部门规章进而提高对渔船船员的要求,那么在一定程度上将减少渔船在海上航行中可能发生的诸如触礁、碰撞和搁浅等事故。

第三,强化和落实对渔船船员有关避碰规则的培训。随着渔船发生碰撞事故的增多以及商船和渔船之间的碰撞事故在近海和渔区时有发生,国家重视对于船员避碰规则的强化培训和落实工作。2021年7月28日,农业农村部、交通运输部联合开展专项行动遏制商船和渔船碰撞事故并制定了《"商渔共治2021"专项行动实施方案》,要求各级渔业渔政主管部门和海事机构加强沟通,开展商船和渔船船员防碰撞培训并强化主体责任落实等工作。[1] 多部委联合组织的培训和制度体现出了渔船兼具捕捞和航行的双重性质,多部委联合制定相关制度能够对各部门职责进行综合考量进而减少由于立法部门不同而导致的法律适用的不协调。

---

[1] 参见《农业农村部交通运输部联合开展专项行动防范遏制商渔船碰撞事故》,载中华人民共和国农业农村部网 2021 年 7 月 28 日,http://www.moa.gov.cn/xw/zwdt/202107/t20210728_6373031.htm。

三、船员职业保障制度的完善

随着我国船舶海上活动能力的增强,船员作为进行海上航行活动的主体是我国建设海洋强国和发展海洋经济的重要影响因素。船员队伍的稳定将对海上运输和海上捕捞活动产生积极影响。我国要建设海洋强国需要高水平、高素质的船员队伍。而保证船员队伍的稳定性和可持续性是对船员的职业权益进行保障的基础。否则,数量充足、素质优良、结构合理的现代船员队伍建设就是无源之水、无本之木。

(一)提高对渔船船员职业保障的整体意识

目前,我国没有制定《船员法》。《船员条例》和《渔业船员管理办法》主要侧重于对船员的管理而在职业保障方面涉及较少。《海商法》中虽有"船员"一章,但是主要是对船员和船长的权责进行了规定,对船员的权益保障鲜少提及。我国船员作为特殊的劳动群体,需要面对高风险的海上工作环境,因此,目前我国亟须建立起有关船员的职业保障制度。船员由于其工作的船舶类型不同,可以分为商船船员和渔船船员。商船船员相对来说职业保障机制更为成熟。在立法数量和法律位阶上,渔船船员的整体权益保障水平都低于商船船员。而改变这种立法差异的重要途径是提升社会对于渔船船员权益保障的意识,进而能够将渔船船员保障纳入相关的法律制定和法律修订活动中。

商船船员的职业权益由我国参加的国际公约以及国内法进行保障,国内法通过立法和修法将有关的法律规范和国际公约实现了有效衔接,商船的船员可以适用《船员条例》,但是渔船船员却并没有与之相同法律位阶的规范对其进行权益保障。在内容上,由于商船船员的权益保障需要与国际公约相适应,商船船员不论是从船员资质获得、培训、船上工作还是生活环境的保障以及社会保障的实施都在国内法中有相应的规则安排。但是渔船船员在立法上还没有如此具有针对性的规定。尤其是在有关船员保障的国内法制定和修订中,立法主体往往关注商船船员的权益保障而对渔船船员的权益关注不足。例如,在《海商法》修订过程中,学者主要关注的领域仍然是以商船为规范对象的海上运输相关的内容,对于船员的权益保障尤其是渔船的船员权益保障没有给予足够的重视。① 而渔业船舶作为我国发展海洋经济和海洋强国战略中的重要组成部分,在现有立法尚无法满足实践需要的情况下,需要各方主体有意识地针对渔船做出立法上的突破和完善。

(二)《海商法》"船员"一章增加有关渔船船员权益保障的内容

《海商法》修订中有在"船员"一章中加入船员权益保障内容的提议。② 由于目前《海商法》的修订仍然在进行中,如果《海商法》的修订稿在最后的定稿中对"船员"一章补充了有关船员权益保障的内容,那么在有关船员保障内容确定的过程中建议也要考虑有关渔船船员的权益保障。

第一,船员的海上工作与陆上工作环境差异较大,应当对船员作为一类劳动主体的权益进行特别规定,保障船员的"体面劳动"。《海商法》"船员"一章增加有关船员权益保障的内容不仅是对"船员"一章内容上的补充也体现了船员有别于其他劳动主体的特殊性。对于船员权益保障的内容固然可以通过诸如《民法典》《劳动法》《社会保险法》等法律从人力资源和社会保障角度予以规范,但这些法律维护的是公民在劳动中享有的权益,而船员劳动关系比较特殊,需要面对较之陆上劳动主体更为复杂的劳动环境。因此,船员的职业保障应重点突出其特殊性。船舶的远洋航行,往往需要长时间的海上漂泊和作业,工作环境较之陆上工作更为艰苦。面对高风险的船员工作环境,以 ILO 为代表的国际组织提出的"体面劳动"原则适用于各个领域的劳动者。③ "体面劳动"原则在船员权益保障法律制度中的体现能够使《海商法》的修订更加人

---

① 参见王淑梅、侯伟:《关于〈海商法〉修改的几点意见》,载知识产权司法保护网 2017 年 11 月 11 日,http://www.chinaiprlaw.cn/index.php?id=4967。

② 《〈海商法〉修订说明》。

③ ILO Implementation Plan 2030 Agenda for Sustainable Development, Goal 8 of Sustainable Development Goals.

性化并能提升船员整体的职业荣誉感。因此,"体面劳动"原则是《海商法》在进行"船员"一章修改时必须重视的一项核心立法理念。

第二,渔船捕捞活动风险大且渔船船员的人身安全更容易受到损害,《海商法》对"船员"一章的修订要重视与渔船船员权益保障有关规定之间的协调。由于渔船受到禁渔期的限制,渔船的捕捞活动往往会充分利用非禁渔期进行,这会导致渔船船员的工作强度较大,经常出海作业远离家庭和社会。相对来说商船上的工作环境较为稳定和密闭,商船船员的人身和财产风险来自航行过程中管船和管货等工作。而渔船船员除需要面对与商船船员同样的海洋环境和气候条件影响之外,还受到作业网具对人身安全的影响。比如,渔船船员在捕捞作业中首先要保证能够在颠簸的海洋环境中在船上站稳,在此基础上还要操作捕捞网具进行作业,如果操作不慎或者遇到海洋环境恶劣的情况,渔船船员很容易掉进海里而导致失踪或死亡。《海商法》实施较早,而有关渔船船员权益保障和管理办法出台较晚。为了减少《海商法》修订后与下位法和其他有关法律规范的冲突进而保持法律的连贯性和协调性,《海商法》在对船员权益保障规则进行修订过程中需要注意在整体框架和具体规则上与一些有关渔船船员权益保障相关的术语和法律概念、法律规则保持一致。

(三)参照《船员条例》制定有关渔业船员权益的行政法规

在行政法规的法律位阶上,制定渔船船员权益保障的规范。《海商法》第 34 条将船员权益保障相关规定指向为"有关法律、行政法规"的规定,而目前除商船船员的《船员条例》为行政法规之外,渔船船员尚无相关规定。在行政法规的法律位阶上,渔船船员需要通过完善立法来创设相关权利和义务的规定。

首先,有关渔船船员保障行政法规的制定可以参考同法律位阶的《船员条例》。《船员条例》虽然不适用于渔船但却经过多次修订(最近一次修订在 2023 年 7 月 20 日)能够较为贴合目前商船行业的发展实际和商船船员的基本需求,因而在针对渔船船员权益保障制定行政法规时,立法部门可以参考《船员条例》中的有关内容。《船员条例》主要包括船员管理(包括注册、发证和培训)、船员权益保障和船员职责等内容。其中,有关船员权益保障的规定作为单独一章对船员应当享有的各种社会保险、工作和生活环境、职业健康和劳动关系等方面进行了规定。[1] 鉴于目前国内渔船船员整体保障水平一般,渔船船员的行政法规立法中也需要加强对船员管理、权益保障和职责等方面的规则制定。在与船员权益保障相关的立法内容中,立法者需要对目前实践中渔船船员需要解决的诸如培训水平、社会保险和劳动关系以及生活和工作环境标准等问题给予重点关注并在立法中对上述问题予以回应。如此,通过行政法规的制定,我国可以提升渔船船员的职业认同感和实现渔船船员"体面工作"的国际法要求。

其次,有关渔船船员权益保障行政法规的制定需要考虑其与上位法和下位法之间的制度统一性和衔接性。渔船船员权益保障的上位法主要是《海商法》《劳动法》《社会保险法》等。渔船船员权益保障的下位法主要是《渔业船员管理办法》。而有关渔船船员保障的行政法规在法律结构上正处于一个承上启下的位置,在制定时不仅要考虑到上位法的立法精神和规则而且也不能忽视下位法中已经被实践认可的相关规则。《渔业船员管理办法》是从船员的角度对渔船船员的权益保障的部门规章。除此之外,《渔业船舶法定检验规则》从船舶检验的角度对船员的生活、工作环境和安全等要素提出了具体标准。这些标准可以在行政法规制定中予以考虑,除在具体内容的设置上作为规则内容展现之外,还可以通过授权性条款来适用这些细化的规则,以避免立法的重复。

此外,国家海事局修订后的《船舶船员新冠肺炎疫情防控操作指南(第十二版)》,[2]是由国家海事局制定并随着疫情防控工作的推进而不

---

[1] 《船员条例》第四章"船员职业保障"。
[2] 海事局《关于发布〈船舶船员新冠肺炎疫情防控操作指南〉(第十二版)的通告》。

断更新的指南性文件,该指南也在颁布之后得到了 IMO 的高度认可。[①]但该指南性文件的责任主体是航运公司,因而目前只能适用于商船。IMO 在疫情暴发之后针对渔船船员的健康措施向其所有成员国以及相关的国际组织发布通函鼓励推广世界卫生组织《在货船和渔船上促进应对 COVID-19 的公共卫生措施》。[②] 因此,渔船船员权益保障的行政法规立法工作中,可以借鉴国内和 IMO 对于商船和渔船船员的指南性规定中有关船员健康防护和伤病处置的内容以促进当前疫情期间以及疫情之后的船员健康防护工作的开展。

第四节　中国渔船环境污染防治法律制度的完善

渔船环境污染防治的法律制度主要包括海洋环境污染防治和大气环境污染防治两方面。我国渔船的环境污染防治法律制度相对于商船不论是在制度的结构上还是内容上都有待完善。因此,完善我国渔船环境污染防治法律制度主要体现在以下两方面:一方面使立法者认识到渔船作为船舶在整个船舶环境污染防治法律制度中应承担相应的义务和责任;另一方面使立法者认识到渔船与商船之间的显著差异性并重视渔船在环境污染防治工作中的特殊性。

一、渔船海洋环境污染防治法律制度的完善

渔船海洋环境污染防治法律制度完善在于要重视渔船对海洋水体的污染并将渔船这一污染防治对象通过立法和修法体现在相关法律规范中。

---

① Circular Letter No. 4221/Add. 8,IMO,Feb. 10,2021.
② Coronavirus(COVID 19)- WHO Guidance to Promote Public Health Measures on Cargo Ships and Fishing Vessels(Circular Letter No. 4204/Add. 28),IMO,Aug. 26,2020.

(一) 海洋环境防治理念下重视渔船的海洋环境污染防治

当代海洋环境保护理念在于"防治",防治工作中治理理念的融入将法律规范的污染物范围进行了一定程度的扩大,对船舶环境保护法律制度的发展产生了积极影响。船舶的海洋环境污染防治立法和修法工作都不能脱离当前防治工作的核心,尤其是渔船对海洋环境的污染更容易影响到海洋生物族群的养护。因此,我国渔船海洋环境污染防治法律制度的完善需要在多方协作机制下重点考虑以下两个方面:一是在船舶海洋环境污染防治法律制度中增加对渔船防治工作的考量;二是以渔船为规范对象的海洋环境污染防治法律制度的完善需要综合考量相关法律部门的规定,既保有对船舶的普遍性规定又能突出渔船的特殊性。

首先,我国船舶海洋环境污染防治法律制度需要加大对渔船防治工作的考量。除法律位阶上的《环境保护法》《海洋环境保护法》《海商法》《海上交通安全法》等法律规范中对船舶的海洋污染防治进行了无差别的规定之外,法律位阶之下的相关行政法规和部门规章由于制定的主体不同而对商船和渔船给予了不同程度的立法倾斜。在交通运输部制定的相关法律文件中,要么是对"船舶"本身的定义没有十分明确而使渔船可以在法律的模糊地带具有适用该规则的可能性,要么是相关法律文件中明确排除了渔船的适用。但是,交通运输部制定的法律文件所约束的船舶活动中的一些环节也是渔船可能对海洋环境造成污染的环节,例如,船舶的洗舱、油料供受、修造、打捞、拆解、污染清除等。[①] 因此,相关的海洋环境保护法律规范中需要加大对渔船污染的认识程度并将渔船纳入完善船舶污染防治法律制度的工作中。

其次,我国渔船海洋环境污染防治法律制度的完善需要重视渔船有别于商船的特殊性,在立法和修法中重视多部门协调合作并避免法律冲突。渔船和商船在海上航行中的区别在于商船有固定的航线,而渔船则

---

① 《防治船舶污染海洋环境管理条例》第 20 条。

是根据渔业资源的分布情况有动态变化的航区。① 渔船的海洋环境污染除在航行过程中对海洋水体的污染之外,还会在海上捕捞作业活动时排放污染物而直接对水体中的海洋生物资源造成污染。相对于商船在固定航线中的污染,渔船的这种污染对海洋生物资源的损害更为直接。因此,渔船除作为船舶而应当承担相关海洋污染防治义务和责任之外,还需要重视海洋捕捞活动的特殊性,尤其是海洋污染排放标准的制定以及排放的监管工作。

(二)《海商法》修订应考虑渔船的海洋环境污染损害

2020年交通运输部提请国务院审议《海商法(修改送审稿)》的请示中,船舶油污损害责任作为《海商法(修改送审稿)》中新增加的章节出现。② 在新增加的"船舶油污损害责任"章的一般规定中,该章的适用范围是"在中华人民共和国管辖海域和与海相通的可航水域发生的船舶污染损害,以及无论在何处为防止或减轻此种损害而采取的预防措施"。③ 因此,从原则性规定上来看,修改送审稿中并没有排除对渔船的适用。

在该送审稿中,船舶油污损害责任所面向的污染对象分为两类,一类是船舶油类污染,另一类是船舶燃油污染。在第二节对"船舶油类污染损害责任"的规定中,对于适用的船舶规定为"运输散装油类货物而建造或者改建的船舶"。④ 在第三节对"船舶燃油污染损害责任"的规定中,采用了和国际上规范燃油污染公约类似的规范模式,即以船舶装载燃油为对象来确定船舶燃油污染损害责任。燃油是指"用于或者拟用于操纵或者推进本船的烃类矿物油,包括润滑油,以及此类油的任何残

---

① 参见李先强:《基于中国沿海商渔船碰撞事故的商船安全航行对策分析》,载《世界海运》2018年第7期。
② 《交通运输部关于提请审议〈海商法(修改送审稿)〉的请示》(交法发〔2020〕10号)附件1第十二章"船舶油污损害责任"。
③ 《海商法(修改送审稿)》第247条。
④ 《海商法(修改送审稿)》第257条。

余物",而该章适用于"本章第二节规定的船舶装载的非持久性燃油以及除该节规定的船舶之外的其他船舶装载的燃油造成的污染损害责任"。① 因此,修改送审稿中有关船舶油污损害责任的内容在实际适用上将有一部分不能适用于渔船,即有关船舶油类污染的规定不能适用于渔船,而有关船舶燃油污染的规定可以适用于渔船。

虽然在《海商法(修改送审稿)》中新增加的船舶油污损害责任一章并没有排除对渔船的适用,但是从整体上看,该章的内容并没有对渔船给予充分的考量,大部分的条款仍是以商船为对象的规定。例如,与船舶油类污染配套的"船舶油污损害赔偿基金"是针对海上运输油类货品的所有人或代理人。《海商法(修改送审稿)》"船舶油污损害责任"章共有四节,只有第三节的三个条款(第263~265条)是对船舶燃油污染损害责任的规定。而船舶燃油污染损害不仅是商船可能引发的污染,也是渔船可能对海洋环境造成的损害,因此,在《海商法》的进一步修改过程中,如果能够对"船舶油污损害责任"一章予以保留的话,建议相关的立法主体重视并考虑渔船在有关船舶燃油污染损害责任规定中的适用,也可以考虑将渔船海上航行燃油污染损害的情况纳入该章节的法律规范情形中。

(三)相关行政法规和部门规章的立法和修法

目前不论是国务院的行政法规还是交通运输部的部门规章都没有特别针对渔船的海洋污染防治立法。因此,渔船海洋污染防治的立法和修法中应当注意在行政法规和部门规章的位阶上进行完善。

首先,国务院可以对船舶海洋污染防治的行政法规进一步完善,并在该法规中注意考虑到渔船的适用性,避免国务院制定的行政法规与下位法和国际通行规则的冲突。国务院制定的《海洋倾废管理条例》中排除了"船舶、航空器及其他载运工具和设施正常操作产生的废弃物的排

---

① 《海商法(修改送审稿)》第263条。

放"①,而该条例中并没有对控制倾废的关键词"正常操作"进行解释。《海洋倾废管理条例实施办法》中也没有对"正常操作"作出进一步的解释。从 IMO 对于国际航行船舶污染物排放控制的通行做法来看,船舶对于污染物的排放并没有所谓的"正常操作",而是无论船舶采用何种操作方式进行排放都应当将排放的污染物控制在一定的标准之下。生态环境部也在《环境保护法》框架下制定了《船舶水污染物排放控制标准》(GB 3552 – 2018),该标准也是采用了设定排放标准的方式控制船舶对水体的污染。因此,国务院的《海洋倾废管理条例》需要改变以"正常操作"作为判定是否适用《海洋倾废管理条例》的标准,而可以以国际通行做法以及部委相关配套规定相适应的方式对该条作出调整,保证法律制度适用的整体性和同一性。

其次,各相关部委可以参照商船的规定制定渔船海洋污染防治的部门规章以及相关的防污标准。交通运输部《船舶及其有关作业活动污染海洋环境防治管理规定》《船舶安全监督规则》《船舶压载水和沉积物管理监督管理办法(试行)》部分或者全部排除了对渔船的适用。而上述法律规范以商船为规范对象不仅回应了中国参加的国际公约中的义务和责任,也为商船在我国海域内的相关活动提供了更为细化的环保规则。虽然渔船能够适用的国际公约并不多,但是有关渔船燃油和船源垃圾等生产和生活污染物的排放还需要进一步规范。尤其是,交通运输部、农业农村部和生态环境部可以根据渔船在交通安全、渔业捕捞作业和环境保护的角度以渔船为特别规范对象制定与商船法律规范类似的船舶作业、监管和环境污染防治规定和相关办法。例如,交通运输部可以在其统一管理水上交通安全和防治船舶污染的职能基础上在制定相关规范时考虑到渔船的适用并能够针对渔船制定海洋防污细则。在细则的制定中可以考虑相关部委共同组织制定并联合发文。

---

① 《海洋倾废管理条例》第 2 条第 2 款。

二、渔船大气环境污染防治法律制度的完善

我国渔船大气环境污染防治法律制度完善的路径主要体现在一方面要提升国家和社会对渔船大气污染防治的认识，另一方面则要对国内船舶大气污染防治进行整体性立法。

（一）提升对渔船大气污染防治的整体认识

提升渔船大气污染防治的认识有利于完善当前国际立法和国内立法中以船舶为规范对象的外延。国际组织和我国立法者如果能将渔船考虑进船舶污染防治法律制度中，将会使一些国际公约和我国国内法在立法和修法时能够更加妥善地考量"船舶"的内涵和外延。特别是有些公约或者国内法并不适用于渔船，在立法或修法时如果考虑了渔船的因素，那么就可以在相关法律规范中明确地将渔船的适用予以排除。这主要是为了防止由于"不排除适用"的规定而将本不适合的渔船纳入法律规范的适用中。但如果是为了扩大法律的适用以及为了将更多的主体（包括渔船）纳入法律规范的适用中，还可以利用"不排除适用"的立法技术进行处理。通过对"船舶"内涵和外延中是否包含渔船的考量，也能够确保以船舶为规范对象的国际和国内立法的实施效果。随着对渔船大气污染防治工作认识的不断深入，国际公约以及我国国内法可以根据立法需要制定针对船舶整体或者分别针对商船和渔船的立法或条款。

IMO 在 UNFCCC 体系的授权下制定了 MARPOL 附件六作为国际海事部门保护大气环境的法律措施。[①] 但不可否认的是，不论是 UNFCCC 体系还是 IMO 针对船舶大气污染防治的国际公约的制定，联合国和 IMO 都没有对船舶进行区分，因此，这为渔船适用有关大气污染防治的国际公约提供了可能。由于我国是 UNFCCC 和 MARPOL 的参

---

① See IMO, *Historic Background on Prevention of Air Pollution from Ships*, IMO (Dec. 6, 2021), https://www.imo.org/en/OurWork/Environment/Pages/Historic-Background - .aspx.

与方,我国国内法在大气污染防治立法上与国际公约的规定保持一致。但是,在我国现行立法中针对船舶的大气污染防治立法仍然很少,在这种立法不足的基础上制定的专门针对渔船的法律规范则少之又少。综观目前相关国际公约和我国国内法,不论是国际组织还是我国的相关立法主体都将立法活动侧重于商船以减少其在国际航运中的大气污染。但是船舶的大气污染排放不只是由于海上运输活动,渔船在海上进行捕捞作业同样要向大气排放各种污染气体。因此,在船舶大气污染防治工作中需要认清渔船气体排放的现状,立法者能够在立法活动中认识到除商船外,渔船也应当是一个需要重点规范的对象,进而能够在有关条款的制定和修改中考虑到渔船的特殊情况。

(二)完善国内船舶大气污染防治的整体性立法

目前我国国内对于船舶大气污染防治的相关规定主要体现在船舶与机动车一起作为《环境保护法》和《大气污染防治法》中的"机动车船"进行整体规定。因此,无论是渔船还是商船都没有对其特别立法。考虑到法律位阶立法的程序以及实践中对船舶大气污染防治工作的需要,目前,在我国现行的渔船法律制度下,通过行政法规或者部门规章进行单独立法的路径较为合适。

首先,我国立法主体可以考虑将渔船作为完善船舶大气污染防治规则的重要因素,将排除渔船适用的减排规则和指南性文件进行一定程度的修改,在修改中补充有关渔船大气污染防治的内容。国家部委对船舶排放控制的方案可以考虑将渔船纳入规范对象中,从而更好地实现有关船舶节能减排以及绿色环保的生产理念。而中国船级社作为制定船舶技术标准的机构,在其职责范围内可以增加渔船的减排指南,在和商船的各项计划指南标准进行对比的基础上,适当地将渔船作为相关指南性文件的适用对象。在修改相关的船舶减排规则和指南性文件时需要考虑到 MARPOL 和其他我国参与的国际大气污染防治公约中的规定,将我国需要履行的国际义务在国内法中进行落实。而渔船和商船之间的天然不同使有关减排规则在针对渔船进行设计时需要特别注意渔船有别于商船的情况,例如,排放监管、减排装置、减排标准和能效设计等。

其次,我国的立法主体可以考虑制定关于渔船大气污染防治的特别立法,使渔船大气污染防治在行政法规和部门规章位阶上的法律规范更加完善。渔船与商船具有天然的不同,当前针对船舶大气污染防治的国际公约和国内法大都是在以商船为核心的海上运输体系基础上进行的相关制度设计。这种设计有些并没有排除对渔船的适用,但是不可否认其在一定程度上会为渔船在具体适用法律规则的实践中带来一定的困难。因此,如果能以渔船为对象进行专门的立法,既可以消除渔船适用商船规则的困难,又可以将渔船中有别于商船的特性予以特别规范。渔船的减排规则与商船最大的不同之处在于如何基于限制捕捞制度来实现减排规则的适用。由于限制捕捞制度是《渔业法》中确定的我国海洋捕捞活动的基本制度,因此,无论是行政法规还是部门规章在进行渔船减排规范制定时都需要特别考虑我国渔船捕捞活动有别于海上运输的特殊性。例如,对于已经取得海洋捕捞许可的远洋船舶,如果渔船的减排规则要遵循 MARPOL 附件六的限硫要求,那么这些远洋船舶都需要按照国际公约的要求进行改造;而对于新造船舶,如果要进行远洋捕捞活动,那么是否需要按照国际公约的要求提高准入门槛。因此,渔船的减排规则相较于商船的减排规则更为复杂,对渔船进行的大气污染防治的特别立法可以由交通运输部牵头,联合农业农村部、生态环境部等多部门联合制定。

第五节 审慎加入国际公约和积极参与国际渔船事务

我国作为渔业大国,在加入与渔船相关的海商和环保领域的国际公约时的态度应保持谨慎。对于国际渔船的相关事务,尤其是在船舶海上航行安全和打击 IUU 捕鱼等方面,我国作为大国既要积极参与国际组织中相关事务的讨论和磋商并提出有效提案,也要积极与相关海洋国家开展合作。在环境污染防治的国际法制建设中需要坚定发展中国家立场,进而才能在与发达国家谈判和制定规则中实现我国和其他发展中国家的利益诉求。

一、谨慎考虑是否加入有关的国际海事公约

与商船的海上活动相比,在有关船舶以及海上航行安全的相关国际公约中,以商船为规范对象的部分国际公约排除了渔船的适用。而对于以商船为规范对象构建的且没有排除渔船适用的部分国际公约以及少数以渔船为规范对象的国际公约而言,我国是否要加入这些国际公约是随着渔船航行能力提升和规模扩大而产生的现实问题。渔船的国际航行和船舶本身建造标准的变化使一些本来渔船不能适用的公约而具有可适用性。针对这些可以适用于渔船而我国并没有加入的公约,我国需要在国家渔业产业发展和海洋战略的总体考量上慎重考虑加入。

(一)有关船舶物权领域国际公约的暂不加入

首先,船舶优先权和抵押权的规定与船籍国本国的法律政策规定有关,因而船舶优先权的性质很难统一。例如,在日本和法国,船舶优先权被认为是一种担保物权,[1]而在美国和加拿大则认为其是特殊的财产权。[2] 由于相关国家对船舶优先权性质认定的不同,在其本国海商法中对船舶优先权标的的规定也会存在一定的差异。其次,船舶抵押权还与其本国国内的金融政策有关。[3] 而由于国情不同,金融领域的开放程度、方式和金融工具的规定都不尽相同。金融市场的基础设施建设、规则设置、市场监管等方面都涉及国家的金融安全。而与传统的国家安全不同,金融安全是逐渐受到重视的非传统领域的国家安全。因此,在船

---

[1] 参见司玉琢:《海商法专论》(第4版),中国人民大学出版社2018年版,第23页。
[2] 参见司玉琢:《海商法专论》(第4版),中国人民大学出版社2018年版,第23页。
[3] 参见赵桂才:《航运融资"中国模式"的实践与思考》,载《现代金融导刊》2020年第1期。

舶融资领域,通过国际公约对缔约方金融政策进行统一标准的做法目前还不能得到国际社会的普遍认可。在这种情况下,渔船贸然进入国际船舶融资领域的做法显然并不合适。此外,《1967年统一船舶优先权和船舶抵押权某些法律规定的国际公约》本身存在诸多问题,为了解决相关问题,联合国贸易和发展会议和IMO在1993年又重新制定了新的船舶优先权和抵押权国际公约[1],我国是否加入某一公约应在基本国情的基础上首先考虑该国际公约是否具有普遍适用性。该公约加入的国家不多,从该公约对商船的普遍适用性来看,我国尚未考虑加入。而渔船作为上述公约可以适用的对象,在这些公约创设时并未给予过多考量,我国需要更加谨慎考虑是否加入相关公约。

(二)针对渔船及渔船船员制定的国际公约或规则的谨慎加入

针对渔船本身而制定的有关渔船IUU捕捞、渔船安全和船员权益保障的国际公约,中国需要根据国情谨慎考虑是否加入。中国对上述领域公约加入的慎重考虑主要是基于国际公约的执行效果和是否具有强制效力。国际组织针对渔船及渔船船员制定的特别国际公约主要有《港口国措施协定》、《渔业劳工公约》、STCW-F、《1977年托列莫利诺斯国际渔船安全公约》及其1993年议定书、《2005年渔民和渔船安全守则》和《2005年设计、建造和装备小型渔业的自愿准则》。

首先,加入执行效力不强的国际公约会影响国家间履约能力的公平性。《港口国措施协定》针对的是IUU捕鱼的监管,该公约规定了港口国对于IUU捕鱼渔船监管的最低标准。但不同的成员方对于最低监管标准的把控能力不同,最终会导致该协定的执行效力也存在差异。港口国对IUU捕鱼的监管是各方主体共同协作的结果,这些主体包括但不限于港口国国内各部门之间、港口国和船旗国之间、港口国和国际组织之间的合作。但各成员方对于IUU捕鱼的管理水平参差不齐。发达国家和发展中国家、不发达国家之间对港口国打击IUU捕鱼措施的实施、

---

[1] 参见傅延中:《海商法》(第2版),法律出版社2017年版,第55页。

协调以及信息的共享、人员培训等方面缺乏交流与合作,这使该协定在执行中效力降低。[①] 我国可以先对该协定的实施效果进行评估,再结合我国渔船发展的实际决定是否加入。

其次,《渔业劳工公约》和 STCW-F 的参加会对目前我国的渔船行业造成冲击。虽然我国渔船的捕捞水平有了较大提升,但不论是渔船质量还是渔船船员的整体素质仍与国际公约的要求存在较大差距。国内法在渔船船员权益保障方面的规范制度尚有欠缺,如果贸然加入上述公约,会加大渔船船东的生产成本,使渔民或者中小企业面临破产风险的同时也会影响我国的履约水平。因此,至少在现阶段,我国仍需加强渔船行业实力和完善相关的法律制度,当硬件和软件条件能够与国际公约相适应之时再考虑是否加入上述公约。

最后,我国对尚未生效和不具有强制力的公约或准则应在与国情相适应的基础上保持观望态度。《1977 年托列莫利诺斯国际渔船安全公约》及其 1993 年议定书、《2005 年渔民和渔船安全守则》和《2005 年设计、建造和装备小型渔业的自愿准则》是 IMO 为渔船设计的安全规则。其中《2005 年渔民和渔船安全守则》和《2005 年设计、建造和装备小型渔业的自愿准则》并不具有强制效力,我国当然可以选择性地参加。为促使《开普敦协定》早日生效,IMO 正积极开展工作推动《开普敦协定》实施。《开普敦协定》可以为渔船的安全航行、减少事故和海洋污染等方面提供国际标准,但是上述内容的开展需要与港口的配套法律制度和监管能力相适应。我国目前的渔船捕捞业配套法律制度和监管水平不能完全满足加入公约之后的履约要求。此外,《开普敦协定》尚未生效,我国可以选择在公约生效之后先对协定的实践效果进行评估再选择是否加入。

[①] 参见余敏友、陈盼盼:《论〈港口国措施协定〉对非法、不报告和不管制捕鱼的管控》,载《中国海洋大学学报(社会科学版)》2020 年第 2 期。

二、积极参与国际渔船规则的制定和开展区域性合作

国际性的多边谈判主要是中国作为渔业大国积极参与国际组织和相关国家针对渔船事务的多边谈判,争取在国际规则的制定和完善中为我国以及发展中国家谋求更大的利益。而区域性的多边谈判主要是针对我国与其他沿海国家之间在渔业和渔船事务方面的协调与合作。区域性的多边谈判的目的在于缓和我国与周边沿海国家在海洋资源和捕捞作业中的矛盾并为我国与其他国家开展渔业事务合作提供合作平台。

(一)积极参与国际规则的制定和完善

我国需积极参与国际组织中有关渔船事务的磋商、规则制定和完善,并根据我国发展的实际需求提出有建设性的提案或建议。国际组织对于渔船事务的关注重点主要集中在对海洋生物资源的养护、船舶的海上航行安全和船员的人身保障以及渔船的环境污染防治等方面。FAO 和 IMO 都十分关注对 IUU 捕鱼的管制。IUU 捕鱼不仅涉及不安全航行或不符合标准的船只也涉及海洋损害等问题,因此,IMO 主要在其职能范围内协助管制 IUU 捕鱼。[1] FAO 的职责之一是实施《港口国措施协定》,这也是 FAO 下属的渔业委员会需要在国际渔业政策方面与政府、区域渔业机构等开展合作的重要领域。[2] WTO 于 2001 年多哈部长级会议上启动对 WTO 现有渔业补贴纪律澄清和改进的议题,在 2005 年香港(地区)部长级会议上呼吁禁止某些会导致产能过剩和过度捕捞的渔业补贴。[3] 我国是联合国的常任理事国之一也是 IMO 重要的理事

---

[1] See IMO, *Illegal, Unreported, and Unregulated（IUU）Fishing*, IMO（Sep. 3, 2021）, https://www.imo.org/en/OurWork/IIIS/Pages/IUU-FISHING.aspx.

[2] See FAO, *FAO's Role in Fisheries*, IMO（Sep. 3, 2021）, http://www.fao.org/fisheries/en/.

[3] See WTO, *Negotiations on Fisheries Subsidies*, WTO（Sep. 3, 2021）, https://www.wto.org/english/tratop_e/rulesneg_e/fish_e/fish_e.htm.

国之一,在参加相关国际渔船事务的磋商和规则制定中,要根据我国国情和发展中国家的立场发表看法并提出建议。

(二)加强与相关沿海国家的区域性合作

我国需加强与相关沿海国家的合作,减少国家间对海洋资源利用的冲突和摩擦。我国在黄海、东海和南海中都与相邻沿海国家存在不同程度的冲突和摩擦。[1] 国内法的制定和完善只是我国从内部对相关问题的应对,而国家间的合作则是从外部着手化解可能出现的冲突和摩擦。由于我国的渔船不仅在近海地区捕捞也在远洋进行捕捞活动,因此,国家间的合作将不仅局限于中国与周边的海洋邻国之间,而且需要随着捕捞活动范围的扩大而逐渐发展到其他海域的国家。国际公约的制定需要更多的国家进行磋商和妥协,相对时间较长而且内容一般较为宽泛。而区域性的合作将面对国家间更有针对性的目标和实施效果,相对多边国际公约而言能够达成一致并执行的可能性更高。因此,在应对渔船在海上航行中可能出现的安全、捕捞和船员权益保障等问题上,我国可以与周边国家和相关沿海国家开展区域性合作,共同发展安全而和谐的渔业捕捞活动。

三、重视环境污染防治国际公约对渔船活动的影响

船舶作为海洋环境和大气污染环境中需要被规范的对象,渔船的海上活动将面临适用商船污染防治规则的现实。而现行的商船规则往往由西方国家和航运大国所主导,这些规则中不仅没有区分商船和渔船,而且将发展中国家和发达国家置于同等责任之下。中国作为发展中国家和渔业大国,正积极努力地发展海洋经济和远洋捕捞业。随着渔船活动范围的扩大,有关环境污染防治的国际公约将会对渔船活动产生越来越深刻的影响。中国需要秉持发展中国家的立场、立足于中国的实际,

---

[1] 参见彭飞、牟进进、王淑云:《以捕鱼权维护国家主权的双重博弈:政治博弈与经济博弈》,载《发展研究》2019年第7期。

重视并积极参与相关的国际渔船环境污染防治工作。

(一)重视渔船海洋环境污染防治国际规则的制定和完善

首先,我国要重视渔船可以适用的海洋环境污染防治国际公约并对渔船适用规则的特殊性予以关注。IMO 对商船和渔船一视同仁制定的规范使渔船在公约的适用上存在实践上的困难。一方面,渔船的海洋环境污染防治需与商船承担同等的防治责任和义务。这种同等的义务将会加重渔船的生产负担和经济成本,作为本身产业体量相对较弱的渔船行业,这些规则的同等实施将对渔船的发展产生负面影响。另一方面,我国国内的渔船配套法律制度仍有待完善,我国在参加或者适用某些国际公约时应当注意船舶中可能包含渔船的情况。如果不重视渔船的特殊性,我国的国际履约能力以及国内法的配套建设都会大打折扣。

其次,在国际组织中针对船舶或者渔船的海洋环境污染防治规则制定中,我国需要基于现有法律制度和行业发展实践积极参与规则的制定和完善。目前有关船舶海洋环境污染防治规则的制定主要由 IMO 进行。虽然我国并不是一个传统的航运国家,但是 20 世纪 90 年代之后,尤其是在《海商法》制定并生效之后 IMO 所制定和修订的国际公约中,我国的参与度仍有待提高。[1] 2000 年之后,我国远洋渔业发展迅速,远洋渔船更新改造和建造水平的提升使渔船已经逐渐面临如何适用商船相关规则的难题。而我国作为发展中国家需要改变发达国家和传统航运大国主导国际规则制定的局面。我国作为 IMO 的重要理事国之一应当在职责范围内表达出发展中国家的诉求。

(二)渔船大气污染防治原则的中国立场

根据 UNFCCC 体系,大气污染防治的总体原则是"共同但有区别",但这一原则在船舶大气污染防治领域却发生了政策性偏移。IMO 在减

---

[1] 参见肖洋:《当前国际海运硫减排的博弈态势及其对中国的影响》,载《和平与发展》2017 年第 3 期。

排措施中改变了这一基本原则进而将所有成员国的船舶平等纳入规则体系中,即实质上偏离了"共同但有区别"责任而采用了"同等责任"。中国作为发展中国家显然将面临由于减排原则政策性偏移而带来的挑战。因此,中国需要积极应对国际法原则在船舶大气污染防治中的转变以及在此基础上结合国内船舶大气污染防治的实践确立自己的原则立场,进而能够在此立场上积极参与下一步的规则制定。

1. 坚持发达国家和发展中国家"共同但有区别"原则

"共同但有区别"原则是在考虑发达国家和发展中国家的国情和履约能力等方面所作出的一个既体现了形式正义又体现了实质正义的原则。IMO 在船舶大气污染防治措施上所遵循的"平等原则"只是形式上体现了国家间平等但是实质上并没有考虑到发展中国家的履约能力。而 IMO 制定的减排规则已经生效,中国无法回避应当承担的履约责任。在 IMO 的现行规则下,中国作为发展中国家应当坚持"共同但有区别"原则在环境保护领域的核心地位,以此作为与发达国家博弈的基本立场并积极参与接下来的有关规则的制定和提高相关议题的提案质量。

首先,坚持"共同但有区别"原则在船舶大气污染减排规则制定中的实践效果。一方面,在 MARPOL 附件六中所要求的有关船舶能效、污染物排放标准、对缔约方减排措施的评估等技术规则中,能够在 MARPOL 附件六的整体规范要求下弹性地设置发展中国家的技术标准从而实现实质上的对发展中国家的保护。另一方面,对除 MARPOL 附件六之外的其他减排规则,中国需要在"共同但有区别"原则的基础上推动 IMO 采取针对发展中国家和发达国家不同的灵活机制。由于目前 IMO 针对大气污染防治的国际公约只有 MARPOL 附件六,该规则制定时中国的话语权并没有得到充分展示。因此,IMO 如果未来制定其他大气污染防治公约,中国作为发展中国家需要代表发展中国家表达自己的立场并将"共同但有区别"的责任体现在其他公约中。

其次,在 IMO 议事规则下,中国需要提高对有关议题的参与度并在 IMO 进行规则、行动计划或者数据评估时能够以"共同但有区别"的立场表达意见。IMO 有关船舶大气污染防治的话题主要有空气污染、能源效率、数据采集系统、技术合作和温室气体排放。① 中国在 IMO 有关制度设计和政策实施事务中参与起步较晚且参与度仍有待提高。IMO 从 2000~2020 年先后组织了四次对温室气体的研究,通过大学、研究机构以及专家学者提供的数据和分析对一段时间内的船舶温室气体排放进行了评估。② 中国没有参与 2014 年的第三次调查,在最近一次的第四次调查(2020 年)中,来自复旦大学和大连海事大学的学者参与了撰写。③ 中国参与 IMO 事务较晚,在一些关键公约的制定和讨论中还没有取得具有实效的成果。展望未来,如果中国能够积极地参与更多的 IMO 相关事务,尤其在国际公约和国际规则的制定和实施中能够表达出中国立场并被 IMO 采纳进而形成有利于发展中国家的法律规范,那么这种有效果的表达和国际法规则不仅能够使发展中国家和发达国家之间的利益得到实质平衡也有利于我国减少因为"同等适用"原则而带来的政策实施和行业改革成本。

2. 重视渔船和商船"共同但有区别"原则

有关船舶的大气污染防治工作的国际公约和规则大都是以商船的海上活动为基础而制定的。虽然在 UNFCCC、《京都议定书》以及 MARPOL 附件六中都没有明确将渔船排除在适用范围之外,但是不可否认的是,这些有关船舶减排国际规则制定的初衷是减少航运活动所带来的大气污染。由于渔船可以适用其中的部分规定,因此,不论是国际组织还是我国都应当认识到渔船和商船在大气污染防治工作中的不同,二者在适用规则上既有统一又有所区别。除将船舶作为统一整体进行

---

① See IMO, *Topics of Air Pollution*, *Energy Efficiency and Greenhouse Gas Emissions*, IMO (Aug. 22, 2021), https://www. imo. org/en/OurWork/Environment/Pages/AirPollution-Default. aspx.

② See IMO, *IMO GHG Studies*, IMO (Aug. 22, 2021), https://www. imo. org/en/OurWork/Environment/Pages/Historic%20Background%20GHG. aspx.

③ Third IMO GHG Study 2014 Executive Summary and Final Report, IMO, 2014, Preface. Fourth IMO GHG Study 2020 Full Report, IMO, 2020, List of authors.

规范的一般国际环保公约之外,我国需要重视在 IMO 公约、规则以及有关船舶减排的多边协议中二者的差异性。

首先,渔船和商船作为船舶应当有统一的框架性减排规则。从国际公约的制定来看,将船舶作为一个整体进行规范是非海事国际组织的一般做法。这种做法也符合一般性的国际组织对于船舶减排工作的认定。目前的国际温室气体减排法律制度中,联合国制定的 UNFCCC 是此后制定相关气候变化公约和规则的基础。以 UNFCCC 为核心的一系列的国际公约和规则形成了当前的 UNFCCC 体系。而联合国作为世界上最大的政府间国际组织,有关全球气候变化问题的应对只是联合国职能中的一部分。因此,从联合国所设置的国际环保减排合作框架上来看,船舶作为一个整体进行规范具有其理论和实践价值。

其次,在专门国际组织的规则制定中,渔船和商船的差异性需要得到重视。目前在 UNFCCC 体系中,IMO 作为制定船舶减排规则的专门组织而得到授权。虽然目前 MARPOL 附件六并没有排除渔船的适用,但是在 MARPOL 附件六的规则下,一些船舶减排的措施在具体推行过程中并不能完全和渔船相契合,例如,MARPOL 附件六所提出的 EEDI 和 SEEMP。中国作为 IMO 的 A 类理事国之一应当通过提案来提高中国在规则制定中的话语权进而促进 IMO 相关制度设计的公正性。[1] 在船舶减排工作中,中国作为发展中国家和渔业大国应当注意到渔船在减排工作中的特殊性:一方面,随着渔船远洋活动能力的增强,渔船的温室气体排放需要引起国际社会的重视并在条件成熟的情况下,国际组织和有关国家能够制定针对渔船的减排规则;另一方面,渔船在国家监管、产业组织结构以及海上作业活动特性都与商船存在较大差异,国际组织和有关国家在讨论制定船舶温室气体减排规则时需要考虑渔船适用的可能性,如果渔船不能适用则需要明确将渔船排除。

---

[1] 参见肖洋:《国际海运减排博弈及中国面临的"碳陷阱"》,载《现代国际关系》2013 年第 6 期。

本 章 小 结

中国渔船法律制度的完善是在整体设计思路下的统筹规划。中国渔船法律制度完善的整体设计理念需要考虑多维度的法律融合,即基于渔船法律制度的发展历史和发展需求,形成横向与纵向、时间与空间的多维度融合。中国渔船法律制度的完善路径是在选择性借鉴商船法律制度的基础上通过立法和修法的方式进行。同时,对于与渔船相关的国际公约要重视并谨慎考虑是否加入。中国渔船法律制度的完善是要实现在制度结构和相关法律规范内容上的完整性,这也符合我国《立法法》的规定。

第一,考虑到立法成本等因素,可以借鉴相关的商船法律制度以完善我国现行的渔船法律制度。一方面,在结构上,通过相同位阶的法律规范的对比,渔船在行政法规和部门规章位阶上还需要进行修改或补充;另一方面,在内容上,对比商船的相关规定,渔船可以参照商船的规定对有关现行法律制度中尚不完善之处予以修改或补充。通过第二章和第三章的分析,中国渔船法律制度需要在港航交通安全和营运法律制度中对相关法律规范进行补充或完善。

第二,渔船的环境污染防治需要从海洋环境和大气环境两方面着手,对有关规范的制定和完善要充分考虑到渔船以及渔船的特殊性。在《海商法》的修订中,对于海洋环境污染部分需要考虑渔船的因素。国家需要在行政法规或部门规章中对渔船和商船有区别地给予立法倾斜,并重视渔船在海洋环境污染中对于海洋生物资源影响的特殊性。在大气环境污染防治的法律制度中,除重视渔船作为排放主体之外还需要考虑到对船舶的大气污染防治的整体立法。而我国是 MARPOL 的参加国,在实施 IMO 所要求的船舶减排标准时,需要在考虑公约中并没有排除渔船适用的规范。由于渔船适用 MARPOL 存在一定实践上的困难,我国远洋捕捞活动的大气污染防治法律规范可以考虑由多部委联合制定。

  第三,我国需要提升对国际渔船事务和公约的参与度。国际渔船事务主要是指我国作为联合国的常任理事国和 IMO 的理事国之一理应积极参与相关议题的讨论和规则的制定。目前国际上通行的有关渔船的国际公约中,我国大部分没有参与制定。因此,在现有国际规则的修订和后续规则的制定中,我国要在国际公约的制定和修订中保持发展中国家的立场并充分考虑到渔船和商船的差异性。同时,我国需要积极参与与渔船有关的事务并提出有效的提案以保障我国和发展中国家的利益诉求。

结　语

随着渔船建造和航行能力的提升,渔船从为了满足温饱的生活所需而逐渐向为了生活和生产的综合性需要转变。近年来,我国鼓励和扶持远洋渔业的发展,渔船捕捞的作业区域也随之由近及远。渔船逐渐可以适用一些商船法律制度。而当前,无论是国际组织还是我国都没有对渔船可以适用的商船法律制度给予足够的重视。因此,本书突破现有渔船和商船法律制度的拘囿,将我国渔船可适用的商船法律制度作为研究对象,分析渔船在适用相关制度和法律规范中存在的问题,进而对这些问题提出相应的完善建议。

我国渔船法律制度体现出以渔业法为核心的特点,相关的渔船法律制度主要体现在对渔船的监管上。在我国渔船现行法律制度下,有关渔船的法律规范还涉及海商法和环境法中的相关内容。渔业法对我国渔船法律规范的影响在于渔业捕捞限额制度和渔船捕捞许可制度的建立。与渔船相关的国际公约主要集中在FAO制定的国际渔业公约、IMO对于船舶污染和渔船安全制定的国际公约、UNFCCC以及区域性组织制定的有关渔业的区域性规则等。我国国内法有关渔船的法律规范主要体现为渔业法、海商法和环境法方面的法律以及由国务院、农业农村部和交通运输部等部门制定的相关行政法规和部门规章。这些与渔船相关的法律制度对保障当前渔船海上作业活动的有序性、海上航行的安全性和环境污染的初步防控起到了积极作用。

虽然当前的渔船法律制度为渔船捕捞行业的发展起到了一定的积极作用,但随着渔船航行能力的提升,渔船捕捞活动产生了对法律规范的实践需求与现行法律制度难以有效回应其需求的困境。渔船的相关法律规范由于受到捕捞作业活动与海洋环境保护之间平衡理念的影响,国际组织和相关国家大都在有关渔船的法律规范立法中关注对渔船的管控而忽视了渔船作为船舶也具有的海上航行的特性。目前,我国渔船能够适用商船法律制度大都是基于法律规范中"不排除适用"的方式。这种"不排除适用"的方式一方面给渔船适用商船法律规范提供了可能,另一方面也会出现渔船适用商船的相关法律规范时不甚适配以及实践效果有限的情况。在实践中,一些商船法律制度已经被我国渔船法律制度通过立法认可(如国际船舶避碰规则),还有一些商船法律制度可以被渔船适用但尚未引起足够的重视(如渔船的拖航)。此外,在商船和渔船共同关注的制度中,商船和渔船适用的法律规范会存在差异(如有关船员适任的制度,商船和渔船在相关的法律规范适用中存在差异)。这些共性和差异既体现了我国渔船法律制度有别于商船法律制度的特点,又为我国渔船法律制度以商船法律制度为借鉴提供了可能。相对来说,商船法律制度较为成熟,我国渔船法律制度的完善需要在求同存异中对其合理地借鉴。

商船和渔船作为船舶,在海上航行中所要面对的问题较为相似。商船和渔船在港航交通安全、船舶营运和环境保护方面具有共同的价值追求。因此,借鉴商船法律制度具有理论和实践意义。我国商船法律制度的立法核心是《海商法》和《海上交通安全法》等法律规范。这些法律涉及商船营运、航行安全、海上运输等海商法法律制度,有关环境保护的内容虽有涉及但并不全面,还需要与环境法中的内容结合适用。

我国渔船在适用有关港口交通安全、船舶碰撞、海难救助、海上拖航和共同海损制度中能够部分或者全部地适用商船法律规范的规定。但在法律规范的具体实施中仍然存在船舶性质不同而导致的制度设计上的匹配度和实践效果有限等问题。在有关船舶营运活动中,渔船和商船都需要解决船、人、经营人责任和风险承担问题。渔船作为船舶可以适用《海商法》中有关船舶物权的规定,但渔船由于受到渔业捕捞限额制度和渔业捕捞许可证制度的限制,在船舶登记制度上与商船的差异明显。渔船在租船方式和租船标准合同的适用上与商船规则也存在较大差异。在船员适任和职业保障法律制度中,渔船船员的相关国际立法和国内立法以及国际法和国内法的衔接上仍存在一定不足。海事赔偿责任限制制度的创设意在保障船舶经营人的利益并维持航运市场的发展。该制度适用于渔船也可以保障渔船经营人不承担过高赔偿而避免导致经营不能的风险,在一定程度上也起到了繁荣海洋捕捞产业的作用。渔船的海上保险能够在一定程度上起到对渔船营运的保障作用,但目前的问题在于行业发展还相对滞后。

船舶的环境污染防治可以分为海洋环境污染防治和大气环境污染防治。船舶海洋环境污染防治始于20世纪的几次重大油污事故,从立法背景来看有关船舶环境污染防治的规则是基于商船的海上活动。海商法中对于商船的环境污染防治主要体现在对于油污、有毒有害物质的运输等方面,这些规定是源于对海洋溢油事故的反思和发展,其中大部分都不能适用于渔船。但一些以商船为对象的防污规则并没有排除对渔船的适用。由于商船和渔船之间仍存在较大程度的不同,渔船适用有关公约仍然需要面临国际公约和国内法之间衔接度仍有待提高等问题。我国渔船海洋环境污染防治在法律、行政法规和部门规章上缺少专门的法律规范。在船舶大气环境污染防治立法方面,目前在国际公约中只有IMO制定的MARPOL附件六是特别以船舶为规范对象的立法。MARPOL附件六的适用规则是发展中国家和发达国家、商船和渔船同等适用的规则。这一规则会给渔船的规模化发展以及我国作为发展中国家发展渔船捕捞行业带来一定的影响。

我国渔船法律制度的完善是在整体设计思路下的统筹规划,总体路径是合理地借鉴商船法律制度对渔船整体法律制度结构和法律规范内容进行完善。我国渔船的国内立法要在借鉴商船法律制度的同时考虑到国家公权力对渔船作业活动的限制。这种限制要求渔船法律制度在完善时需要对相关领域的法律制度予以通盘考量,而不是简单地将渔船纳入商船法律体系或者在有关的渔业法中考虑商船法律制度的因素。我国渔船法律制度的完善可以从总体上考虑制定专门立法或者完善现行立法两种途径。专门立法主要体现为根据渔船的特性而为渔船"量身定制"相关的法律规范,但考虑到立法程序和立法成本,"修法"是实现我国现行的渔船法律制度在制度结构和相关法律规范在内容上完善的首要方式。而"修法"也体现出了用尽现行法律制度的完善思路,相对来说可以减少立法成本。港航交通安全中有关船舶碰撞、适航、海难救助规则和相关行业标准合同等问题,船舶营运中所涉及的船舶登记、船员适任和培训、船员职业保障等问题以及在环境保护中所涉及的海洋和大气污染防治问题等都需要在法律制度整体设计的理念下解决。

作为世界上主要的渔业国家,尤其是在我国要建设成为海洋强国的总目标引领下,渔船捕捞活动作为提升海洋经济发展的重要内容理应受到重视。但我国需要结合国内渔业和渔船发展实际对是否加入国际公约保持审慎态度。我国作为发展中大国、联合国安全理事会常任理事国和相关国际组织的重要参加国要积极参与和推动国际渔业事务的发展与合作。随着渔船航行能力的增强,我国要在有关渔船的国际事务中基于国情实际和发展中国家立场提出有效的议案并表达出中国声音。

本书通过对渔船可适用的商船法律制度的研究,为我国渔船法律制度的完善提供了新的思路。我国是海洋大国,在发展海洋经济的道路上,渔业是重要的生产部门而渔船是重要的生产工具。我国渔船法律制度的完善能够为我国更安全、更可持续地发展海洋捕捞和海洋经济提供法律保障。

主要参考文献

一、中文文献

A. 专著

[1]鲍君忠主编:《国际海事公约概论》(第2版),大连海事大学出版社2016年版。

[2]北京大学法学院海商法研究中心:《海商法研究》,法律出版社2000年版。

[3]赵德铭主编:《国际海事法学》,北京大学出版社2002年版。

[4]陈敬根:《国际海事安全条约法律问题研究》,上海大学出版社2018年版。

[5]曹兴国:《海商法自体性研究》,法律出版社2020年版。

[6]戴瑛、裴兆斌编著:《渔业法新论》,东南大学出版社2017年版。

[7][英]布莱恩·费根(Brian Fagan):《海洋文明史:渔业打造的世界》,李文远译,新世界出版社2019年版。

[8]冯辉编著:《英美海商法》,对外经济贸易大学出版社2004年版。

[9]傅崐成、何丽新主编:《两岸海商法现状与修订

论文集》,厦门大学出版社 2014 年版。

[10]傅廷中:《海商法:理念、原则与制度》,法律出版社 2015 年版。

[11]戈华清、唐瑾:《大气污染防治法律制度的变革与创新——以我国〈大气污染防治法〉的修订为轴线》,气象出版社 2017 年版。

[12]葛勇平:《国际海洋权益法律问题研究》,中国政法大学出版社 2020 年版。

[13]耿瑞、张溢卓等编译:《日本渔船相关法律法规编译》,法律出版社 2016 年版。

[14]关正义:《民法视野中的海商法制度》,法律出版社 2015 年版。

[15]郭会玲主编:《国际海事公约与法规》,大连海事大学出版社 2017 年版。

[16]郭瑜:《海商法的精神——中国的实践和理论》,北京大学出版社 2005 年版。

[17]韩立新:《船舶污染损害赔偿法律制度研究》,法律出版社 2007 年版。

[18]华敬炘:《渔业法学通论》(上、下册),中国海洋大学出版社 2017 年版。

[19]江卫平主编:《渔权即海权:国际履约谈判纪实》,上海三联书店 2020 年版。

[20]李春林:《国际环境法中的差别待遇研究》,中国法制出版社 2013 年版。

[21]李冠玉、章文俊主编:《国际海事条约汇编》(第 17 卷),大连海事大学出版社 2019 年版。

[22]李建江:《中国近代海商法》,中国政法大学出版社 2015 年版。

[23]李志文:《船舶所有权法律制度研究》,法律出版社 2008 年版。

[24]马得懿:《海商法及其哲理化初论》,中国商务出版社 2008 年版。

[25]宁清同主编:《海洋环境资源法学》,法律出版社2017年版。

[26]农业农村部渔业渔政管理局主编:《中国渔业年鉴2019》,中国农业出版社2020年版。

[27]彭晓华主编:《渔业海事案例评析》,中国农业出版社2006年版。

[28]屈广清:《海事法律冲突与法律适用研究》,中国书籍出版社2015年版。

[29]饶瑞正:《海商法论》,台北,三民书局股份有限公司2018年版。

[30]司玉琢、张永坚、蒋跃川编著:《中国海商法注释》,北京大学出版社2019年版。

[31]司玉琢:《海商法专论》(第4版),中国人民大学出版社2018年版。

[32]司玉琢、李志文主编:《中国海商法基本理论专题研究》,北京大学出版社2009年版。

[33]司玉琢主编:《海商法》,法律出版社2012年版。

[34]孙颖士、李冬霄:《中国渔船安全分析报告(1999—2008)》,中国农业出版社2009年版。

[35]田其云等:《我国海洋生态恢复法律制度研究》,中国政法大学出版社2011年版。

[36]王小波:《〈罗得海商法〉研究》,中国政法大学出版社2011年版。

[37]王燕、张磊:《碳排放交易法律保障机制的本土化研究》,法律出版社2016年版。

[38]徐峰:《海商法与民商法分立与趋同的效率性及公平性研究》,武汉大学出版社2019年版。

[39]许立阳:《国际海洋渔业资源法研究》,中国海洋大学出版社2008年版。

[40]袁曾:《海难救助中的人命优位法律问题研究》,法律出版社2019年版。

[41]张丽英等:《海洋污染相关法律制度及其新发展》,法律出版社2019年版。

[42]张丽英主编:《海商法》,中国政法大学出版社2015年版。

[43]张仁平主编:《涉渔国际海事公约汇编》(第1卷),大连海事大学出版社2014年版。

[44]赵明华、石秀印、冯同庆:《海洋上的社会:中国商船政委与船员的航海生活》,社会科学文献出版社2004年版。

[45]郑肇芳主编:《船舶权属·涉船合同案例》,上海人民出版社2009年版。

B. 期刊论文

[1]车丕照:《〈民法典〉颁行后国际条约与惯例在我国的适用》,载《中国应用法学》2020年第6期。

[2]陈敬根:《〈联合国海洋法公约〉视角下国际海事安全制度:构成内容与发展面向》,载《社会科学》2020年第6期。

[3]陈磊:《论18至19世纪中期英国保险发展的多样性》,载《人民论坛》2016年第17期。

[4]初北平:《〈海商法〉下海难救助制度的架构完善》,载《环球法律评论》2019年第3期。

[5]邓家元:《事实物权与船舶挂靠纠纷》,载《中国海商法研究》2020年第3期。

[6]方阁、初北平:《海事网络安全风险保险的法律治理研究》,载《江西社会科学》2020年第5期。

[7]傅廷中:《国际海事惯例的适用之反思》,载《社会科学辑刊》2020年第5期。

[8]傅廷中:《海商立法中若干层级与环节的协调》,载《地方立法研究》2018年第5期。

[9]傅廷中:《雇佣救助合同的性质及其法律适用》,载《中国海商法研究》2016 年第 3 期。

[10]高俊涛:《构建海洋环境救助报酬制度的正当性研究——一个法律生态化的视角》,载《中国海洋大学学报(社会科学版)》2018 年第 6 期。

[11]古祖雪:《现代国际法的多样化、碎片化与有序化》,载《法学研究》2007 年第 1 期。

[12]郭建勋:《成文法下英国海上保险保险利益原则的立法演变》,载《中国海商法研究》2017 年第 4 期。

[13]郭萍、黎理:《史径望海,借鉴反思:中国海商法回顾与展望》,载《中山大学学报(社会科学版)》2021 年第 2 期。

[14]郭萍、李雅洁:《海商法律制度价值观与海洋命运共同体内涵证成——从〈罗得海法〉的特殊规范始论》,载《中国海商法研究》2020 年第 1 期。

[15]胡正良、孙思琪:《我国〈海商法〉修改的基本问题与要点建议》,载《国际法研究》2017 年第 4 期。

[16]黄嘉琛:《对船舶碰撞法律关系主体的认识》,载《人民司法(应用)》2016 年第 22 期。

[17]柯淑珠、周竹军:《我国船舶大气污染防治现状与问题探讨》,载《中国海事》2019 年第 8 期。

[18]李红勃:《发展权与环境权的冲突与平衡——基于中国的视角和思考》,载《人权》2017 年第 1 期。

[19]林光纪:《渔业权制度:中国渔业经济体制改革 40 年的探索》,载《中国渔业经济》2019 年第 6 期。

[20]曲涛:《船舶碰撞侵权行为定性之法理分析——以侵权责任法原理为基础展开》,载《东方法学》2020 年第 5 期。

[21]王玫黎、陈雨:《南海 IUU 捕捞:概念界定、治理依据及制度设计》,载《海南大学学报(人文社会科学版)》2021 年第 6 期。

[22]王曦:《为完善环境治理的法制保障而努力——〈环境保护法〉修改研究回顾》,载《环境法评论》2018 年第 00 期。

[23]徐祥民、姜渊:《对修改〈大气污染防治法〉着力点的思考》,载《中国人口·资源与环境》2019 年第 9 期。

[24]徐以祥:《论我国环境法律的体系化》,载《现代法学》2019 年第 3 期。

[25]张宴瑲、张旭东:《论南海区域渔业活动所面临的困境与解决方案》,载《海南大学学报(人文社会科学版)》2020 年第 6 期。

二、外文文献

A. 专著

[1] Baris Soyer & Andrew Tettenborn, *Pollution at Sea Law and Liability*, Informa UK Ltd. ,2012.

[2] Brian D. Lepard, *Customary International Law: A New Theory with Practical Applications*, Cambridge University,2010.

[3] Committee on Fishing Vessel Safety et al. , *Fishing Vessel Safety: Blueprint for a National Program*, National Academy Press,1991.

[4] Greenberg Michael D. , *Maritime Terrorism: Risk and Liability*, RAND Corporation. ,2006.

[5] Hugh Thirlwa, *The Sources of International Law (Second Edition)*, Oxford University Press,2014.

[6] Ingvild Ulrikke Jakobsen, *Marine Protected Areas in International Law: An Arctic perspective*, Koninklijke Brill nv,2016.

[7] Jack W. Harris, *Maritime Law: Issues, Challenges and Implications*, Nova Science Publishers Inc. ,2011.

[8] Justyna Nawrot & Zuzanna Pepłowska-Dąbrowska, *Codification of Maritime Law*, Informa Law from Routledge,2020.

[9] Liang Zhao & Lianjun Li, *Maritime Law and Practice in China*,

Informa Law from Routledge,2016.

［10］Louisa Parks, *Benefit-sharing in Environmental Governance*, Routledge,2020.

［11］Matthias Herdegen, *Principles of International Economic Law (Second Edition)*,Oxford University Press,2016.

［12］Melis Özdel,*Commercial Maritime Law*, HART PUBLISHING, 2020.

［13］McConnell Moira L., Doumbia-Henry Cleopatra & Devlin Dominick,*The Maritime Labour Convention 2006：A Legal Primer to an Emerging International Regime*,Brill Nijhoff,2011.

［14］Shemella Paul, *Global Responses to Maritime Violence：Cooperation and Collective Action*,Stanford Security Studies,2016.

［15］Stephen C. Neff,*Justice among Nations：A History of International Law*,Harvard University Press,2014.

B. 期刊论文

［1］A. Fakhry,*Capacity-building in International Marine Environmental Law：Perspectives of Developing Countries*,International Marine Environmental Law：Institutions,Implementation and Innovations Kluwer Law International, The Hague(2003).

［2］Aaron B. Greenbaum et al.,*Recent Developments in Admiralty and Maritime Law*,Tort Trial & Insurance Practice Law Journal,Vol. 53：2, (2018).

［3］Ahmed Ishtiaque,*Ungovernable Ships at the End of Their Lives and the Response of the Elliott Kyle*,*Trouble in the Caribbean：Responses to a Potential Chinese-Bahamian Bilateral Fishing Agreement*,Duke Envtl. L. & Pol'y F.,Vol. 28(2017 – 2018).

［4］Amy Browning,*The Current State of Ballast Water Regulations*, Environmental & Energy Law & Policy Journal,Vol. 2：2,(2008).

[5] Anastasia Telesetsky, *Scuttling IUU Fishing and Rewarding Sustainable Fishing: Enhancing the Effectiveness of the Port State Measures Agreement with Trade-Related Measures*, Seattle University Law Review, Vol. 38:4, (2015).

[6] Angela Fernandez, *The Motion of the Ship and the Sea: Oceans as Method in Colonial Legal History*, The Journal of Things We Like (Lots), (2020).

[7] Anselno Reyes, *Maritime Law and Practice in China*, Hong Kong Law Journal, Vol. 48:2, (2018).

[8] Antonio J. Rodriguez et al., *Evolution of Marine Pollution Law 1966–2016*, Tulane Law Review, Vol. 91:5, (2017).

[9] Archie Bishop, *The Development of Environmental Salvage and Review of the London Salvage Convention 1989*, Tulane Maritime Law Journal, Vol. 37:1, (2012).

[10] Azmath Jaleel & Devinder Grewal, *A Perspective on Safety and Governance Issues of Fishing Vessels*, Ocean Y. B., Vol. 31, (2017).

[11] Baris Soyer et al., *Tackling IUU Fishing: Developing a Holistic Legal Response*, Transnational Environmental Law, Vol. 7:1, (2018).

[12] Barry Hart Dubner & Loany M. Vargas, *On the Law of Pirate Fishing and Its Connection to Human Rights Violations and to Environmental Degradation-A Multi-National Disaster*, Journal of Maritime Law and Commerce, Vol. 48:2, (2017).

[13] Brian Wilson, *Human Rights and Maritime Law Enforcement*, Stanford Journal of International Law, Vol. 52:2, (2016).

[14] Brevan Marten, *Maritime Law in the Asia-Pacific Region*, Australian and New Zealand Maritime Law Journal, Vol. 30:1, (2016).

[15] Cami Fergus, *Maritime Liens and Ship Management Agreements: Is the Maritime Liens Universe Shrinking or Expanding*, Loyola Maritime

Law Journal, Vol. 16:2, (2017).

[16] Cayla Calderwood, *Climate-Driven Fishery Shifts: Framing the Problem & Proposing Solutions for Shifts across Shared Borders*, Harvard Environmental Law Review, Vol. 44:2, (2020).

[17] Charles B. Anderson & Colin de la Rue, *The Role of the P&I Clubs in Marine Pollution Incidents*, Tulane Law Review, Vol. 85:5 - 6, (2011).

[18] Christopher Kende, *A New Definition of the Concept of Ship in the American Law*, Revista Romana de Drept Maritim, Vol. 1, (2017).

[19] Diane A. Desierto, *China's Maritime Law Enforcement Activities in the South China Sea*, International Law Studies Series. US Naval War College., Vol. 96, (2020).

[20] Eghosa O. Ekhator, *Protection of the Environment and the International Salvage Convention 1989: An Assessment*, Mizan Law Review, Vol. 10:1, (2016).

[21] Fredericque Le Berre et al., *Maritime Law and Judicial Practice in France and Belgium*, Revista Romana de Drept Maritim, Vol. 1 - 2, (2019).

[22] Geoffrey Brice, *Law of Salvage: A Time for Change No Cure-No Pay No Good*, Tulane Law Review, Vol. 73:5 - 6, (1999).

[23] Gotthard M. Gauci, *Protection of the Marine Environment through the International Ship-Source Oil Pollution Compensation Regimes*, Review of European, Comparative & International Environmental Law, Vol. 8:1, (1999).

[24] Guillermo Palao Moreno, *International Maritime Labour Law*, Spanish Yearbook of International Law (SYbIL), Vol. 20, (2016).

[25] In Hyeon Kim, *Korean Maritime Law Cases during 2017 - 2018*, Journal of Maritime Law and Commerce, Vol. 50:4, (2019).

[26]Ishtiaque Ahmed, *Ungovernable Ships at the End of Their Lives and the Response of the Hong Kong Convention: A Critical Appraisal of the Treaty on Ship-Breaking from the Perspective of South Asian Ship-Breaking Nations*, Santa Clara Journal of International Law, Vol. 18:2, (2020).

[27]Inna V. Panova & Svetlana V. Sinitsayna, *Administrative and Legal Regulation of Fishery and Protecting Fish Stocks: Analysis of Foreign and Russian Legislation*, Law: Journal of the Higher School of Economics, Vol. 1, (2019).

[28] Istvan Olajos, *The Opportunities and Place of Fishing and Angling in Our Natural Waters*, Journal of Agricultural and Environmental Law, Vol. 14:27, (2019).

[29] James Allsop, *Comite Maritime International/Maritime Law Association of the U.S.: Comity and Unity in Maritime Law*, Journal of Maritime Law and Commerce, Vol. 47:3, (2016).

[30]Jean-Sylvestre Berge, *Legal Application, Global Legal Pluralism and Hierarchies of Norms*, European Journal of Legal Studies, Vol. 4:2, (2011).

[31]Jianwei Li & Ramses Amer, *Closing the Net Against IUU Fishing in the South China Sea: China's Practice and Way Forward*, Journal of International Wildlife Law and Policy, Vol. 18:2, (2015).

[32] Juan He, *Enhancing Chinese Law and Practice to Combat Illegal, Unreported and Unregulated Fishing and Trade*, Asia Pacific Journal of Environmental Law, Vol. 19, (2016).

[33]Katarina Ivancevic, *Maritime Law: A Comparative Legal Study*, Union University Law School Review (Pravni zapisi), Vol. 11:1, (2020).

[34] Marian Buda, *Common but Differentiated Responsibility-International Environmental Law Principle*, Journal of Law and Public

Administration, Vol. 2:4, (2016).

[35] Mark S. Blodgett et al. , *A Primer on International Environmental Law: Sustainability as a Principle of International Law and Custom*, ILSA Journal of International & Comparative Law, Vol. 15:1, (2008).

[36] Martina Skok, *The IMLI Manual on International Maritime Law, Volume III: Marine Environmental Law and Maritime Security Law*, Poredbeno Pomorsko Pravo, Vol. 171, (2017).

[37] Mary George et al. , *Protecting the Malacca and Singapore Straits from Ships' Atmospheric Emissions through the Implementation of MARPOL Annex VI*, International Journal of Marine and Coastal Law, Vol. 32:1, (2017).

[38] Meinhard Doelle, *Early Experience with the Kyoto Compliance System: Possible Lessons for MEA Compliance System Design*, Climate Law, Vol. 1, (2010).

[39] Muhammad Yusuf et al. , *Legal Effectiveness in Combating Illegal Fishing, Legal Effectiveness in Combating Illegal Fishing*, Journal of Law, Policy and Globalization, Vol. 72, (2018).

[40] Nadia Effanie, *International Law on Marine Pollution from Ballast Water*, Indonesian Journal of International Law, Vol. 8:2, (2011).

[41] Nguyen Van Truong, *Building a New Regulation on Prevention from Marine Environmental Pollution Caused by Ship-Source Pollution*, Journal of Law, Policy and Globalization, Vol. 78, (2018).

[42] Olga Savych & Galyna Pivtorak, *The Ship as an Instrument of the Policy of States in the Struggle for Law and Order in the World Ocean: The Historical and Legal Aspect*, Lex Portus, Vol. 4, (2017).

[43] Osvaldo Urrutia, *Combating Unregulated Fishing through Unilateral Trade Measures: A Time for Change in International Fisheries Law*, Victoria University of Wellington Law Review, Vol. 49:4, (2018).

[44] Paul Stanton Kibel, *Damage to Fisheries by Dams: The Interplay between International Water Law and International Fisheries Law*, UCLA Journal of International Law and Foreign Affairs, Vol. 21:2, (2017).

[45] Rebecca Metzner, *Fishing Aspirations and Fishing Capacity: Two Key Management Issues*, International Journal of Marine and Coastal Law, Vol. 20:3 - 4, (2005).

[46] Reinhard H. Ganten, *HNS and Oil Pollution Developments in the Field of Compensation for Damage to the Marine Environment*, Environmental Policy and Law, Vol. 27:4, (1997).

[47] Richard Coles & Andrew Serdy, *Ship Registration and Brexit*, Tulane Maritime Law Journal, Vol. 43:2, (2019).

[48] Robert Beckman & Zhen Sun, *The Relationship between UNCLOS and IMO Instruments*, Asia-Pacific Journal of Ocean Law and Policy, Vol. 2:2, (2017).

[49] Ryan P. Woodward, *Fishing for Protection at Cashes Ledge: The Ineffective Habitat Protection Measures of America's Oceans*, Ocean and Coastal Law Journal, Vol. 21:1 - 2, (2016).

[50] Saiful Karim, *Implementation of the MARPOL Convention in Developing Countries*, Nordic Journal of International Law, Vol. 79:2, (2010).

[51] Shams Al Din Al Hajjaji, *Civil Liability for Environmental Damage: Discrepancies between National and International Courts in Fishery Cases*, Texas Environmental Law Journal, Vol. 47:2, (2017).

[52] Shi Yubing et al., *Challenges for Chinese Fishermen to Fish in the North Pacific and Their Legal Solutions*, 2018 China Oceans L. Rev., Vol. 50, (2018).

[53] S. M. Ayoob & M. A. M. Fowsar, *Dependency, Exploitation and Poverty among the Labourers of the Fishing Community*, Journal of

Politics and Law, Vol. 13:3, (2020).

[54] Souichirou Kozuka, *Japan's Maritime Law Reform in An International and Regional Context*, Australian and New Zealand Maritime Law Journal, Vol. 30:1, (2016).

[55] Stephanie Guerra, *Ready about, Here Comes AI: Potential Maritime Law Challenges for Autonomous Shipping*, University of San Francisco Maritime Law Journal, Vol. 30:2, (2017-2018).

[56] Taylor Dunne, *MARPOL Annex VI: Disproportionate Burden or Necessary Regulations for the Greater Good: How Pollution Controls on the Shipping Industry Are Currently Affecting and Will Continue to Affect Maritime Commerce and the Global Environment*, Tulane Maritime Law Journal, Vol. 44:1, (2019).

[57] Tetiana Plachkova & Oleksandr Avdieiev, *Public Administration of Safety of Navigation: Multi-Level Challenges and Answers*, Lex Portus, Vol. 25, (2020).

[58] Vesna Crnic-Grotic, *EU Common Fishery Policy and Third Countries: Example of Norway*, Zbornik Pravnog Fakulteta Sveucilista u Rijeci, Vol. 25:2, (2004).

[59] Xiaopu Sun et al., *China's Air Pollution Rules: Compliance and Enforcement Lessons from Global Good Practices*, Environmental Law Reporter News & Analysis, Vol. 46:11, (2016).

[60] Yanti Amelia Lewerissa, *Impersonating Fishermen: Illegal Fishing and the Entry of Illegal Immigrants as Transnational Crime*, Journal of Indonesian Legal Studies, Vol. 3:2, (2018).

[61] Yubing Shi & Warwick Gullett, *International Regulation on Low-Carbon Shipping for Climate Change Mitigation: Development, Challenges, and Prospects*, Ocean Development and International Law, Vol. 49:2, (2018).

[62] Zeljka Primorac, *Contemporary Legal Challenges in Reducing Greenhouse Gas Emissions from Maritime Transport-An International and European Perspective*, Zbornik Radova Pravnog Fakulteta u Splitu, Vol. 57:3, (2020).